L'enseignement traditionnel se transmet essentiellement au travers d'une relation, celle du maître et du disciple.

Le livre, comme expression écrite de cet enseignement, devient alors ce qui relie l'instructeur et le lecteur, ou plus précisément le Réel et le lecteur.

La lecture peut ainsi être l'occasion d'une pratique, celle de la relation consciente.

Lege, lege, relege... et religa.
Lis, lis, relis... et relie.

L'ALCHIMIE DE L'AMOUR
ET DE LA SEXUALITÉ

LEE LOZOWICK

L'ALCHIMIE DE L'AMOUR ET DE LA SEXUALITÉ

Traduit de l'américain par Mona Levinson

Hohm Press
Chino Valley, AZ

Collection « Prétextes »

Remerciements de l'éditeur américain

Ce livre est le résultat de nombreux efforts, principalement ceux fournis par Vijaya (VJ) Fedorshak qui, voici plus de trois ans, se mit sur le projet. Sa passion pour l'ensemble des données qui serviront à faire le livre, son désir irrésistible de les voir partagées, l'ont poussé à passer au peigne fin des milliers de pages d'enregistrements transcrits, à écouter des centaines d'heures de causeries enregistrées pour trouver les mots prononcés par Mr. Lee sur ce sujet mystérieux et important.

Grâce aux habiles efforts de rédaction de Karuna, sa femme, l'ensemble des données a finalement pu être assemblé avec une efficacité telle, qu'il en résulte un livre incontestable.

L'auteur, tout autant que l'éditeur, ne peuvent que leur exprimer leur humble reconnaissance et leur dire combien ils sont sensibles à leur travail.

En couverture :
Peinture de Jung-Kwang

Titre original : « The Alchemy of Love and Sex »
© 1994 by Hohm Press

ISBN: 978-1-942493-44-0

Toute traduction ou toute reproduction par quelque procédé que ce soit interdites pour tous pays.

Hohm Press
PO Box 4410
Chino Valley, AZ 86323
publisher@hohmpress.com
www.hohmpress.com
www.kalindipress.com
www.familyhealthseries.com

*A mon Père, Yogi Ramsuratkumar, sans qui je ne suis rien,
Et avec qui, par la bénédiction de Son regard, je ne suis Rien.
Tout ce qui a de la valeur dans ce texte Lui revient,
Et ce qui n'en a pas est entièrement mien.*

Jai Bhagawan Yogi Ramsuratkumar Ki Jai.

Ainsi, je dis :
Vous voulez Dieu ?
Vous voulez la Béatitude ?
Vous voulez la Vie ?
Que donneriez-vous en échange, hein ?
Votre santé ?
Votre tranquillité d'esprit ?
Votre calme ?
Votre équilibre mental ?
Ah ! attendez-vous à être incompris,
rejeté par vos amis,
évacué dans la fosse septique du « monde ».
Bon, je vous égare.
Ainsi, je vous induis en erreur :
Vous ne pouvez y être préparé.
Seule l'absence de préparation est préparation.
Tout ceci est babillage.
De la poésie ? Non ! Des fadaises.
Jetez ça, oubliez que vous l'avez lu.
Croyez-vous comprendre ?
Avez-vous un jour nagé sur la lune ?
Avez-vous observé votre propre naissance ?
Le soleil vous a-t-il jamais réduit en cendres dans son four ?

Lee Lozowick

O esprit, sois telle une femme !
Pratique ta *sadhana*,
En prenant la nature de la femme.
Et du corps, le feu de la passion s'élèvera.

Chant Bâul

AVANT-PROPOS

De George Feuerstein[1]

Notre Identité transcende le complexe corps-esprit : c'est une vérité bien connue des milieux qui soutiennent la « philosophie éternelle ». Cependant, pareille vérité requiert de nous plus qu'un assentiment intellectuel ou une affirmation pieuse. Elle demande à être réalisée et vécue.

La première étape à franchir sur le chemin de cette réalisation qui va « dans les os et dans la moëlle », est de reconnaître que nous sommes des créatures entravées dans notre développement. Notre personnalité est « nouée ». Ces « nœuds » agissent en nous empêchant de vivre notre dimension authentique, et en limitant apparemment la plénitude de notre Identité qui transcende le complexe corps-esprit. Cette apparente limitation est notre non-éveil.

Une fois éveillé, lorsque tous les « nœuds » sont défaits, notre Identité se manifeste de façon évidente dans son intégralité. Bien plus, nous saisissons que « notre » Identité n'est autre que l'Identité glorieuse qui soutient la création : elle est l'accomplissement ultime de la destinée de tout être et de toute chose. Cette réalisation engendre la paix et l'équanimité. Car, comment pourrions-nous entrer en conflit avec les autres, en avoir peur ou les envier, alors que dans leur essence, ils nous sont identiques ? Comment pourrions-nous ne pas être heureux ?

La plupart des gens n'ont pas la moindre idée de ce que peut représenter un tel état de liberté et de bonheur. Ils s'éreintent à vivre leur existence dans le couloir étroit de leurs comportements impulsifs et de leurs motivations, rejetant continuellement les mêmes thèmes et les mêmes vieux mécanismes qui obstruent leur personnalité.

Une obstruction majeure est la sexualité. Ainsi que le souligne Lee Lozowick dans *L'Alchimie de l'Amour et de la Sexualité*, la révolution sexuelle n'a pas vraiment réussi à nous libérer et à nous rendre plus heureux. Pourquoi ? Parce qu'elle n'a pas détruit la compréhension conventionnelle et « uniforme » que nous avons de la vie, pour la remplacer par une réflexion plus profonde sur la condition humaine, du type de celle proposée par les enseignements de la « philosophie éternelle ». A partir de ces enseignements philosophiques, nous sommes à même de glaner une connaissance exacte de la place que tient la sexualité dans l'ordre naturel des choses — et au lieu de la situer au niveau de la simple fonction biologique ou psychologique, nous pouvons l'élever au rang important, voire sacré, qu'elle tient dans notre dimension humaine : la rencontre du corps, du mental et de l'esprit.

Les soixante-neuf « secrets » qui divisent ce livre en autant de parties, correspondent à des observations plus ou moins capitales, faites sur la vie — aperçus judicieux, ignorés des gens dotés d'une mentalité conventionnelle qui remettent rarement leur existence assez profondément en cause pour en arriver au point d'être abasourdis par le véritable mystère qu'elle représente. Avec ses entretiens qui provoquent la réflexion, et que ce livre rassemble en un bouquet harmonieux, Lee Lozowick vise à faire plus qu'informer ses lecteurs. Il veut créer en eux un espace d'émerveillement, afin qu'ils puissent s'ouvrir à une sagesse supérieure et à la possibilité d'effectuer une transformation authentique dans le cadre de leur vie.

Attendu que nous sommes enclins à entretenir une relation fausse avec notre Identité la plus profonde, qui est la Réalité ou le Divin lui-même, nous avons également pour habitude de gâcher toutes les autres situations relationnelles dans lesquelles nous nous trouvons — entre autres, et non des moindres, celle que nous vivons avec le sexe opposé. En fait, de nos jours, le sexe est le domaine où sont répandus de la façon la plus extrême la confusion, la déception, la frustration, la violence, l'oppression et le désordre de l'éparpillement intérieur.

Dans notre poursuite constante du plaisir sexuel immédiat, nous passons à côté du merveilleux mystère de l'éros, dans ce qu'il a de total. Lee Lozowick a la réputation de ne pas mâcher ses mots et *L'Alchimie de l'Amour et de la Sexualité*, à l'instar de ses autres livres, recèle des entretiens bouleversants donnés dans un langage sans détours. La raison d'une telle honnêteté est facile à deviner : la vie est précieuse et nous devons aller à l'essentiel. Et, l'essentiel est de sortir vainqueur d'un combat qui nous donnera une vision acérée, montrant contrairement à ce qu'il est coutume de croire, que la plupart d'entre nous mènent une vie malheureuse, incomplète, avec une propension à chercher le bonheur là où il n'est pas. Une fois cette vérité comprise, nous pouvons commencer à avancer sur le fil du rasoir du chemin spirituel qui, seul, a le pouvoir de nous conduire au-delà de la souffrance et de toutes les pseudo-joies quotidiennes, pour nous faire atteindre l'état de réalisation extatique de notre vraie Identité.

Lee Lozowick ne prêche pas plus l'ascétisme que l'hédonisme, mais préconise la voie du milieu. Puisque nous sommes munis d'organes sexuels, il soutient qu'il vaut mieux les utiliser — mais les utiliser correctement. Ce qui, pour lui, revient à dire que nous devrions nous engager à accomplir l'acte sexuel et, en fait, toute autre fonction inhérente à notre personnalité humaine, dans un climat de communion profonde avec la réalité.

Il critique ce que j'ai appelé le «néo-tantrisme» — exploitation populaire du Tantra indien — qui, en réduisant la sexualité à un état mécanique, dépersonnalise l'individu. Il maintient qu'être en communion est un sentiment instinctif; que nous savons, d'une manière innée, comment «trouver le chemin qui mène hors du labyrinthe», pour atteindre ce qu'il appelle notre état d'«innocence organique». Une formation — qu'elle soit tantrique ou autre — est inutile et n'aurait pour autre résultat que de nous transformer en robots et de faire de nos organes génitaux des outils. Par contre, ce que nous devons effectuer est un travail sur nos blocages en vue de les faire disparaître, et ce livre nous offre d'importants conseils pratiques pour y parvenir.

Avant de nous essayer au Tantrisme, Lee Lozowick nous recommande de diriger nos efforts sur nos relations intimes, afin de les humaniser. Ainsi, nous devons pouvoir reconnaître ce qui fait la différence entre l'amour chimique (le coup de foudre), l'amour émotionnel (habitudes socialement conditionnées) et l'amour conscient (qui déclenche la transformation voulue du moi). Aussi longtemps que notre but, dans la relation sexuelle, reste l'orgasme, nous nous refusons la possibilité de découvrir l'Homme ou la Femme dans notre partenaire et demeurons à la surface de la personnalité.

Je tiens à souligner ici que quatre-vingt-quinze pour cent du Tantrisme n'a rien à voir avec la sexualité. Au contraire, la plupart des écoles tantriques montrent un penchant marqué pour le célibat. Le Tantra de la main gauche, qui utilise la sexualité, représente l'exception, plus que la règle. Et même dans ce cas, la préservation de la semence est pratiquée.

Dans un franc-parler humoristique qui lui est propre, Lee Lozowick dit la même chose : le Tantra est beaucoup plus qu'une escroquerie sexuelle déguisée sous la forme d'un rituel. Lui aussi préconise la préservation de l'énergie de l'orgasme par le biais d'une sexualité régénératrice. Le surplus d'énergie que permet la préservation de la semence sexuelle doit être transmué en énergie propre à l'effort. Progressivement, le système nerveux apprend à supporter une charge électrique plus élevée qui, finalement, permet à la conscience de dépasser les limites du complexe corps-esprit. Ainsi que l'explique Lee Lozowick : l'acte sexuel vrai, est le S.E.X ou Soudaine Echappée de l'Ego [2].

La communion sexuelle authentique abolit toutes les différences qui séparent un individu d'un autre. Lorsque l'amour véritable a lieu, ou est « créé » dans le lieu du cœur, l'ego disparaît comme par magie. Cette perspective ne devrait pas nous intimider : l'ego ne vaut vraiment pas la peine que l'on s'en soucie. Et, bien plus : l'être demeure, l'amour demeure. C'est le message central que transmettent la vie insensée et le livre de Lee Lozowick.

Lee Lozowick a choisi un chemin difficile — non parce qu'il enseigne selon les voies de la folle sagesse, mais parce qu'il enseigne le genre de choses que si peu d'oreilles sont disposées à entendre. Cela lui donne l'apparence d'un « fou » aux yeux des hommes. Néanmoins, des enseignements comme le sien existeront toujours dans ce monde. Si un jour ils devaient disparaître, l'humanité serait certainement perdue. Il nous faut entendre parler d'amour et de bonheur véritable, du Divin et de notre véritable Identité, et de cette aide toute de grâce qui nous est toujours offerte par les maîtres.

Alors, prêtons une oreille attentive aux conseils avisés de Mr. Lee.

PRÉFACE
DE L'ÉDITEUR AMÉRICAIN

« Nul n'est prophète en son pays », affirment les Saintes Ecritures de la tradition judéo-chrétienne. Il n'est donc pas surprenant que la réponse la plus dynamique à l'enseignement du maître spirituel Bâul, l'américain Lee Lozowick, soit venue du public européen (plus particulièrement français et allemand). Nombre de ses propres compatriotes (hommes et femmes) se sont sentis insultés par ses propos, les ont refusés ou ignorés. Lee Lozowick n'est pas un maître facile. Infiniment simple, son enseignement n'en est pas moins d'une exigence implacable : Lee Lozowick se consacre, en tout et pour tout, à un travail d'annihilation total et définitif, dans le cœur de Dieu.

Aux yeux de beaucoup de ses pairs, amis, élèves et contemporains, Lee Lozowick est tenu pour « éveillé ». Personnellement, il exècre être défini comme tel, en raison des significations que le milieu spirituel à la mode accorde au terme. Il pourrait tout aussi bien recevoir l'appellation de maître tantrique — comme le lecteur perspicace ne saurait manquer de le découvrir dans ce livre. Cependant, Lee Lozowick serait beaucoup plus heureux si son nom était associé au titre de chanteur de *rock and roll*, sous lequel il voudrait qu'on se souvienne de lui. (Il est le parolier et chanteur principal du groupe « *Liars, gods and beggars* »[3] : un fou de

Dieu, ou un esclave, entièrement soumis à la volonté divine.)

L'association bizarre et inattendue, faite avec l'univers du *rock and roll*, ne saurait surprendre quiconque connaît quelque peu les Bâuls du Bengale : l'enseignement de Lee Lozowick est directement dans la lignée de leur tradition. Bien que peu connus en Occident, les Bâuls du Bengale ont plus de cinq cents ans d'histoire. Ils se distinguent en Orient par leur façon passionnée et iconoclaste d'aborder la religion et la spiritualité, leur poésie extatique, leur danse et leur musique à la gloire du Bien-Aimé, *maner manush*, qui réside dans le cœur de chacun, leurs pratiques sexuelles ésotériques jalousement gardées, et qui se retrouvent sous une forme codée dans leurs chansons.

Même en Inde, les Bâuls sont considérés comme hors caste par la haute société, d'une part, parce qu'ils évoquent les pratiques de la *sadhana* [4] sexuelle ; d'autre part, parce que le plus grand nombre d'entre eux ayant entièrement remis leur existence entre les mains de Dieu, sont devenus des mendiants qui chantent pour assurer leur maigre subsistance. On a fait aux Bâuls la réputation de pervertis sexuels et leurs pratiques suffisent à effrayer les religieux traditionalistes, qui pour ne pas être éclaboussés, s'empressent de se mettre à l'abri de leur fréquentation.

A quelques exceptions près, Mr. Lee, nom donné à Lee Lozowick par son propre maître, Yogi Ramsuratkumar, aura mis dix ans avant de prendre au sérieux la pratique sexuelle dans l'enseignement qu'il dispense à ses élèves. Au lieu de traiter la question, il a préféré travailler avec eux sur les premières étapes de la vie spirituelle. De ce fait, il établissait un cadre de travail où la pratique sexuelle pourrait être traitée, plus tard, d'une manière saine et équilibrée — débarrassée, pour notre bonheur, des aspects à la fois scandaleux, émoustillants, honteux et incompris qui l'accompagnent dans notre culture occidentale, prise dans son ensemble, où elle est un sujet lourd de charges émotionnelles.

Cependant, depuis 1984, date de sa première reconnaissance publique et de celle de son appartenance à la philosophie et pratique des Bâuls, Lee Lozowick a longuement parlé des conditions nécessaires pour que les Occidentaux s'engagent dans les rapports sexuels et humains, comme ils le feraient sur un chemin menant à Dieu.

Dans son livre remarquable, *The Path of the Mystic Lover* [5] (Chants Bâuls sur la Passion et l'Extase, Rochester, Vermont, Destiny Books, 1993, page 148), Bhaskar Bhattacharyya explique clairement que le concept central de la voie Bâul est celui « du corps qui sait ». C'est donc dans le corps que « l'Homme du Cœur », *maner manush*, le Bien-Aimé, réside. Que nous soyons homme ou femme, si nous voulons « trouver l'Homme du Cœur, il nous faut, en premier lieu, devenir Femme ».

L'interprétation que donne Lee Lozowick de ce principe ésotérique profond consistant à « devenir femme » pour pouvoir entrer en relation avec le divin (croyance que l'on retrouve dans les enseignements gnostiques d'à peu près toutes les grandes traditions spirituelles) est, peut-être, l'apport le plus précieux dont nous permette de bénéficier *L'Alchimie de l'Amour et de la Sexualité*.

A l'instar de sa façon de traiter d'autres aspects vitaux du chemin spirituel, Lee Lozowick reprend ce principe à son compte, le ramène au niveau du commun des mortels afin de le rendre accessible à tout un chacun — il sait, en le mettant à plat, en donner des explications que l'esprit et le cœur de l'homme occidental peuvent saisir ; Mr Lee va jusqu'à lui suggérer des règles de base, simples, qui lui permettront d'élargir sa compréhension du principe en l'intégrant dans son vécu quotidien.

Mais ce livre, l'auteur n'a de cesse de nous le rappeler, ne traite pas de techniques à même d'améliorer notre vie sexuelle. Il étudie plutôt la possibilité de se servir de l'énergie sexuelle et de l'union sexuelle comme d'une voie de passage conduisant à une vie transformée. Si nous avons pour but la sexualité par elle-même, et en elle-même, alors nous nous fourvoyons complètement. Si notre objectif est d'atteindre le niveau de qualité inhérent à une vie pleinement éveillée, et que caractérisent bonté, générosité et compassion, alors nous trouverons dans ce texte des éléments de valeur.

Comme éditeur apportant la touche finale à ce livre, j'ai la responsabilité de présenter l'ensemble des données qu'il constitue, de façon à les rendre aisément accessibles au lecteur. Pour ce faire, j'ai eu l'idée de les diviser en essais classés selon une logique progressive. Lors de ma première lecture de ce texte remarquable, l'impression que des secrets m'y étaient dévoilés m'a inspiré d'intituler « secret », chaque essai. Mr Lee a paru satisfait de mon petit arrangement (du moins, ne l'a-t-il pas désapprouvé — mais, qui peut être tout à fait certain quant à savoir exactement ce que le maître spirituel aime ?)

Ainsi, nous avons appelé ces morceaux choisis des « secrets », non parce que personne n'en aurait entendu parler auparavant, mais parce qu'ils sont encore inaccessibles à notre compréhension pleine et entière. De bien des façons, nous pouvons dire que ces « secrets » se cachent derrière le caractère d'évidence qui leur est propre. Si nous sommes chanceux, et nos lecteurs malins, ces secrets feront lever le même type de réaction que nous pouvons expérimenter, quand frustrés d'avoir cherché notre paire de lunettes des heures sans fin, nous finissons par la retrouver sur le bout de notre nez.

Ces « secrets » méritent aussi leur dénomination pour la bonne raison qu'ils nous restent incompréhensibles, à moins que nous ne les insérions dans le contexte d'une vie de lâcher-prise, et de sacrifice (deux notions qui, de nos jours, font malheureusement mauvais effet). Pour que ces « secrets » nous soient révélés, il nous faut passer par une initiation qui demande de nous que nous nous mettions à genoux (si ce n'est littéralement, du moins métaphoriquement) et rampions à travers une toute petite ouverture probablement pas plus large que le col de l'utérus. Lorsque Jésus a dit : « Il est plus facile à un chameau d'entrer par un trou d'aiguille à coudre qu'à un riche d'entrer dans le Royaume de Dieu [6] », il ne se référait pas nécessairement aux biens matériels. Il est plus vraisemblable de penser qu'il s'adressait à ceux d'entre nous qui sont si instruits, si érudits et gonflés d'expériences qu'ils ne veulent pas se départir de leurs présomptions afin de voir, comme si c'était pour la première fois, ce avec quoi ils ont vécu toute leur vie. Si vous, lecteur, n'êtes pas prêt à faire ce sacrifice, la lecture de ce livre vous ennuiera et dans le meilleur des cas, vous scandalisera. L'approche de la « folle sagesse », à la façon de ce maître tantrique, chatouillera vos susceptibilités, quelles qu'elles soient. Si vous n'avez pas la disposition intérieure de « l'esprit du débutant », vous ne ferez pas plus de cas de ce livre que si c'était un tas d'ordures. Et n'allez pas dire que je ne vous avais pas prévenu !

« Secrets », certes, mais ces essais auraient tout aussi bien pu s'intituler « indices », allusions, morceaux d'un jeu de patience, renseignements. Ils ne constituent pas des traités élaborés, ce qui pour l'esprit rationnel sera source de grande frustration — un tel esprit demande une méthode scientifique, une progression linéaire, un système de compréhension graduel. Le manuscrit, somme de causeries données par le maître, a été préparé pour la publication d'une manière significative, visant à établir un enchaînement logique des idées. Cependant, lors de ce travail d'organisation, l'éditeur a trouvé qu'il était quasiment impossible d'amener

Mr. Lee à expliquer « toute l'affaire » sur le sujet. Pourquoi ? A cause de la compassion impitoyable dont il fait preuve lorsqu'il s'agit de transmettre la vérité. Lee Lozowick ne transige pas. Il sait que d'autres ont déjà déblayé ce chemin, l'ont balisé d'enseignes lumineuses pour en signaler le point de départ ou son essence ; néanmoins, les êtres humains sont toujours dans le noir en ce qui concerne la compréhension de leur propre nature, et celle de leurs mécanismes qui les maintiennent dans « l'ignorance ». Lee Lozowick sait qu'en s'appuyant uniquement sur les techniques présentées dans ce livre, les gens arrivent à devenir de bons techniciens, tout en passant complètement à côté du sens du voyage spirituel — qui est de mourir à toutes les idées préconçues que nous avons de nous-même et ce faisant, de nous transformer en un être de connaissance. Lee Lozowick sait qu'à moins que nous n'expérimentions cette connaissance « dans le corps », comme il est préconisé de le faire dans la voie Bâul, et à moins que nous n'arrivions par nous-mêmes à tirer les conclusions en rapport avec ce travail d'évolution, ces dernières n'auront aucune valeur. Et éveiller le corps, relève de l'expérience vécue et non du domaine des données intellectuelles et logiques.

En conséquence, le style de ce maître consiste à laisser tomber des indices et à attendre. Il nous donne le temps de les découvrir, de nous mesurer à eux, de les manger et finalement de les digérer. Durée nécessaire pour que la vérité soit reconnue dans le corps !

Si nous abordons la question de l'amour et de la sexualité avec des réponses toutes prêtes, ou même avec celles de Mr. Lee, nous essayerons alors d'adapter notre expérience de la réalité à une grille de données préétablie. Par contre, si nous ne possédons que la carte dessinée pour la chasse au trésor, avec ici et là le tracé de quelques repères, nous serons, en vérité, très chanceux. Une telle carte nous donnera l'entière certitude que nous avançons dans la bonne direction, tout en nous laissant libres de choisir le chemin qui nous convient le mieux et de déterminer le temps que nous voulons passer à voyager. Bien qu'il nous soit urgent de travailler à notre libération, il ne s'agit point d'une urgence relative à notre manière habituelle d'appréhender la durée.

La valeur de l'approche de Mr Lee est de la plus haute importance à ce jour, et en cette époque, où les « secrets des âges » sont empaquetés dans des séminaires proposés clef-en-main, programmés pour avoir lieu le *week-end*, à un coût raisonnable, pour qui a de l'argent en trop ou rien de mieux à faire. Les ateliers tantriques sont de plus en plus à la mode et accessibles dans tous les pays industrialisés. Cependant, peu nombreux sont les formateurs dans ces ateliers, ou les auteurs de livres sur le sujet, qui en offrant les pratiques tantriques, tiennent compte de l'insensibilité grossière qui caractérise la psyché occidentale. Ces méthodologies avancées sont bonnes pour qui est né, et a été élevé, dans une culture qui met à l'ordre du jour le rite religieux, son archétype correspondant et qui favorise l'infiltration du sacré dans tous les domaines de l'existence. Mais nous, occidentaux, manquons d'exemples dans notre tradition pour pouvoir faire nôtres des façons aussi nobles d'aborder la question. En conséquence, nous pensons faire illusion en nous distinguant dans la pratique d'une sexualité compliquée, comme si nous prenions part à quelques Jeux Olympiques. Mais, dans ce domaine, le *handicap* des Occidentaux, en général, est si gros qu'ils sont quasiment disqualifiés avant le départ. En la matière, si nous voulons construire des bases solides, il nous faut d'abord, nous occuper de notre psyché occidentale malade et du regard matérialiste malsain que nous portons sur toutes choses, allant du monde des affaires à celui de la spiritualité.

Venant de la rue, comme les Bâuls, Mr Lee n'a pas besoin d'intermédiaire pour reconnaître l'état dans lequel se trouve cette psyché malade. Dans son livre, *L'Alchimie de l'Amour et de la Sexualité*, la perspicacité incisive et la critique impitoyable dont il fait preuve, permettent d'agrémenter la littérature parue sur le sujet, d'une publication au caractère provoquant et revigorant. D'ailleurs, il refuse d'alimenter l'intérêt pour le sensationnel, la lubricité et le voyeurisme, que nous montrons lors des jeux de l'arène sexuelle, et nous insultera à dessein afin d'empêcher que nous y versions. Mais en même temps, et bien que nous ayons été happé par la machine à fabriquer le plaisir et le sexe, il se servira de ces mêmes caractéristiques de notre monde souterrain comme d'une voie d'accès, où il nous aiguillonnera (parfois comme du bétail) pour nous faire avouer les cruelles vérités concernant notre misère morale et l'échec de notre vie.

Mode d'emploi :

Attendu que ce livre n'est pas une nourriture prédigérée, ce qui en constitue la matière demande à être mâché — voire, parfois, rongé. J'ai retiré de ma propre expérience qu'une lecture trop rapide laisse le lecteur avec une sensation d'indigestion, et, je l'ai déjà mentionné, le lire afin d'y trouver des « vérités pratiques » est une tentative décourageante. Si on se donne le temps, si on approche ce livre avec les précautions requises pour pouvoir manier les matériaux explosifs qu'il contient, potentiellement, je donne au lecteur la garantie qu'il sera grandement récompensé pour ses efforts. C'est ainsi qu'il en fut pour moi.

En ce qui me concerne, pendant les dix mois où je travaillais journellement sur ce texte, il se produisit une « percée » dans la relation qui me tient à cœur, et que je vis depuis vingt ans avec ma compagne : percée qui s'est faite, à la fois, au niveau du degré d'évolution de la relation, et de celui de l'expérience acquise dans la relation. S'agit-il, je me le demande, d'une coïncidence ? Bien évidemment, des percées moindres s'effectuent chaque jour de mon existence — comme pour tout un chacun. Quand nous bénéficions d'un nouvel éclair de compréhension, nous agissons différemment dans le contexte d'une situation qui nous voyait réagir mécaniquement, nous expérimentons l'ouverture du cœur, bien sûr. Et puis tout cela est vite éphémère. Cependant, une percée majeure transforme le théâtre de l'opération qui se déroule dans un registre particulier de notre vie. Par exemple, il s'agit d'une *percée majeure* pour celui qui se met à « chercher premièrement le Royaume de Dieu » en faisant confiance aux paroles de l'Homme (Jésus) disant : « Tout le reste vous sera donné par surcroît. »

La mutation à laquelle je me réfère, qui eut lieu dans ma vie, ne me semble pas être mineure. Bien sûr, seul le temps en témoignera. Néanmoins, pour ce qui est de cet événement, je n'ai aucun doute que l'assimilation des secrets contenus dans le livre ait agit comme catalyseur. Les miracles sont monnaie courante pour qui se trouve dans l'environnement d'un maître tel que Lee Lozowick.

Idéalement, je recommande d'utiliser ce livre comme un manuel d'étude s'adressant aux couples. Lisez-en les passages ensemble ou faites une lecture mutuelle. Prenez le temps de la réflexion et de la discussion. Et ayez tout particulièrement la puce à l'oreille chaque fois que vous vous entendrez dire : « Bon, ce n'est pas de nous dont il parle ! » Ce type de réaction devrait constituer la plus belle preuve qu'en deçà de vos sensations de désintéressement, de blessure d'orgueil, d'inutilité, se trouve, pour vous, quelque chose d'appréciable.

Une autre façon valable d'utiliser le contenu de ce livre serait de l'aborder à l'intérieur d'un groupe réunissant des couples. Au rythme d'une rencontre hebdomadaire ou mensuelle, les sujets présentés dans ces pages peuvent motiver, pour longtemps, les participants en leur fournissant matière à étude et discussion. N'oubliez pas : ce livre n'est pas une réponse. Il est plutôt un ensemble de « secrets », présentés comme des indices que vous devez chercher et vérifier par vous-mêmes, puis amener au grand jour, et suivre de concert.

Que l'on ait ou non une compagne (un compagnon), que l'on soit ou non impliqué dans une sexualité active, quoi qu'il en soit, ce livre aura pour chacun une importance extrême. Un(e) célibataire retirera tout autant de bénéfices des descriptions qui y sont faites, qu'un couple. Au fur et à mesure que vous avancerez dans la lecture du texte, vous sentirez à la façon dont Mr Lee traite son étude, combien il y inclut, tout le temps, les célibataires. L'énergie sexuelle à laquelle il se rapporte, s'applique à tous, à nos amis, parents, à tout un chacun. L'essentiel étant de « devenir Femme » pour pouvoir entrer en relation avec la vie, avec toute la vie.

Ce livre indique la direction à suivre.

INTRODUCTION

de Lee Lozowick

D'un point de vue philosophique, tout ce qui existe est Dieu, ce qui en soi est bel et bon. Mais, d'un point de vue pratique, lorsqu'un homme doit gagner son pain, assurer son bien-être matériel, vivre avec les autres, goûter l'élégance, l'art, et j'en passe, le «jargon» philosophique ne lui sert à rien. La forme d'enseignement qui m'est propre se penche d'abord sur les obstacles qui nous empêchent de réaliser le Divin. Mes propos n'ont rien à voir avec les envolées poétiques doucereuses sur Dieu qui, en elles-mêmes, ne changent absolument pas la vie des humains. Je suis d'un naturel très pratique, j'ai les pieds sur terre et je n'y vais pas par quatre chemins pour dire ce dont nous avons besoin.

La nature du Divin est dualiste, en ce sens que tout ce qui fait partie du manifesté est constitué de contraires qui s'attirent. Donc, d'un point de vue énergétique, l'homme et la femme sont deux pôles électriques contraires, ou encore ils sont comme les pôles positif et négatif d'un aimant. Fondamentalement, l'homme et la femme sont faits pour s'attirer. Mais voilà, le pôle positif d'un aimant n'a pas de queue et son pôle négatif n'a pas de nichons. En conséquence, les gens ont à prendre en considération bien plus que le point de vue énergétique, ce qui complique ce qui devrait être un processus simple et évident.

Même Dieu ne verse pas dans un humour assez noir pour faire de l'homme et de la femme des êtres essentiellement antagonistes. Aussi, l'homme ne devrait pas représenter un problème pour la femme et la femme ne devrait pas représenter un problème pour l'homme ; malheureusement, ce n'est pas le cas ! Si l'homme n'arrive pas à résoudre l'énigme posée par la femme, et si la femme n'arrive pas à résoudre l'énigme posée par l'homme, autant qu'ils fassent une croix sur la compréhension de la nature divine. C'est la raison pour laquelle j'ai écrit ce livre.

La révolution sexuelle a déferlé sur l'Occident comme un raz-de-marée et, néanmoins, les gens sont encore plus malheureux dans leur vie sexuelle qu'ils ne l'ont jamais été auparavant. Bien qu'aujourd'hui ils puissent acheter n'importe quel bidule électrique, des tas de bouquins et de vidéos leur expliquant « comment s'y prendre », ils ne s'y sont jamais aussi mal « pris ».

Voici peu de temps, je feuilletais un magazine allemand, à gros tirage, qui ne parlait que d'ateliers tantriques et de comment « trouver la béatitude » par le Tantra. Je me suis dit qu'en pareil cas, ce but devenait le pire des prétextes pour s'abandonner à une masturbation égotique. Dans ces dits ateliers on peut voir les autres à poil, s'y renvoyer des compliments du style : « Dis, j'suis super ? Ouais, plus puissant que moi et j'meurs ! Y'a pas plus libre que bibi ni plus chouette ! » Mais, pour vous dire ce que j'en pense, c'est un tas de merde... de l'exhibitionnisme, du voyeurisme, cela relève de l'immaturité juvénile. Ecoutez bien, ce n'est pas en « planant » toujours plus haut que vous trouverez le Divin. Vous trouverez le Divin en devenant complètement normal.

L'homme restera éternellement un mystère pour la femme et la femme restera éternellement un mystère pour l'homme. Lorsqu'on découvre le mystère de l'autre par le biais de l'expérience, et si la situation permet au mystère de subsister en tant que tel, alors on a vraiment découvert quelque chose. Devenir de grands spécialistes des techniques sexuelles est le moyen le plus rapide pour détruire le mystère du partenaire. Par exemple, si un homme est avec une femme, dont il ressent le mystère, et qu'elle se mette à lui donner le mode d'emploi de son anatomie pour pouvoir mieux jouir, à ce moment-là tout son bla-bla-bla enlève la saveur du mystère.

Il est vrai que pour un homme ou une femme sexuellement frustré(e), un partenaire qui sait y faire peut paraître vraiment idéal, mais c'est un vernis qui craque vite. Dans le même ordre d'idées, celui qui veut uniquement apprendre des trucs pour bien maîtriser l'existence, sans se soucier le moins du monde d'être complètement séparé de Dieu, se doit de chercher à devenir un bon technicien ; mais, nul degré de maîtrise technique n'influera sur la communion avec Dieu.

Il va de soi qu'un bon technicien sait se débrouiller pour exciter quelques terminaisons nerveuses dans le cerveau de son ou sa partenaire, ce qui, à la rigueur, peut lui provoquer une sorte d'extase divine, ou être ressenti comme telle. Mais quelle que soit l'expérience, et le niveau d'extase qu'elle permet n'entre pas en compte, si elle ne transforme pas l'expérimentateur en quelqu'un qui sait foncièrement s'y prendre avec les enfants, se conduire envers les membres de sa famille, fonctionner d'une manière profondément attentionnée et aimante avec son compagnon ou sa compagne, se positionner dans tous les domaines de l'existence, cette expérience n'est pas divine ! La vie habituelle, celle de tous les jours, comme elle se présente, constitue le creuset alchimique — l'espace à l'intérieur duquel la transformation se produit.

Il n'a pas été dit que le Divin devait être découvert au paradis. Si le Divin devait être découvert au paradis, nous *serions* tous au paradis ; pas là où nous sommes. Et, en dépit de l'idée philosophique que le Royaume des Cieux est « ici et maintenant », que nous devons faire de notre vie sur terre un paradis, je suis désolé d'avoir à vous dire, qu'ici-bas, ce n'est pas le paradis !

Quelques mots sur mon maître

J'aurais beaucoup à dire sur mon Père, Yogi Ramsuratkumar, mais les liens les plus sacrés qui unissent un fils à son Père m'en empêchent : ils tissent, souvent, des secrets qui doivent rester enfouis dans le cœur. Malgré tout, j'ai pas mal à partager avec vous. Yogi Ramsuratkumar est un mendiant. Vêtu de haillons, il vit au milieu d'une collection énorme de « souvenirs » en tout genre, allant de sacs bourrés de papiers aux « malas »[7] de fleurs séchées qui débordent de partout. Des dévots, qui cherchent à recevoir sa bénédiction, déferlent en un flux régulier dans ce décor apparemment de bon augure malgré son aspect non conventionnel. Une des caractéristiques (choisie dans une liste trop longue pour être énumérée ici) les plus frappantes qui émane de sa personne est son rire. Yogi Ramsuratkumar n'arrête pas de rire, d'un rire pur et joyeux, jailli de l'innocence même, qui ruisselle en clapotis pétillants de gaieté et l'inonde de délices dont seul, peut jouir un homme à la fois libre de toute forme d'attachement et, paradoxalement, à jamais esclave de l'espèce humaine. Alors qu'il rit, ses yeux, pierres précieuses à l'éclat incomparable, scintillent du plaisir qu'éprouve celui dont l'unique souci est le bien-être absolu de ses enfants.

Voici vingt ans, je rencontrais Yogi Ramsuratkumar pour la première fois sur le plan physique car, en vérité, je le connais, ou il serait plus exact de dire, il me connaît de toute éternité. Je pense que personne ne peut se vanter de le trouver, mais l'illusion de le trouver est caractéristique de la nature même de l'appel.

L'amour intarissable et la force d'attraction inépuisable qui se dégagent de sa personne attirent à lui, aussi sûrement que la limaille de fer est attirée par l'aimant. Sa compassion infinie est si forte que celui qui se trouve au nombre de ses *gopis* [8] n'a plus qu'à s'abandonner dans le sanctuaire de bien-être total créé par sa bénédiction et sa grâce.

Il n'est ni un maître, ni un gourou, ni un saint, ni un sage, car par sa dimension universelle, il incarne tous ces personnages à la fois, et tellement plus encore. Il se considère comme un pécheur répugnant et un Yogi fou. Et il est, paradoxalement, comme nous. Ne sommes-nous pas tous des pécheurs et tous un peu fous ? Mais que cette constatation n'aille pas vous faire croire que vous êtes semblables à lui ! En dehors de son dévouement infini à la cause de l'humanité, il pourrait nous ressembler, mais il est si incomparable, unique et tellement soumis à la volonté divine de son Père céleste que le souffle nous manque, effrayés que nous sommes, devant tant de splendeur. C'est le cœur émerveillé que nous devrions contempler son étrange folie et ses péchés bénis.

Yogi Ramsuratkumar est mon Père. En lui, j'ai mis toute ma confiance. Il a su briser mon cœur de telle manière que les fissures sont devenues béantes pour permettre, enfin, à Dieu d'entrer. Son exigence est sans merci et n'a pas de fin. Il exige ni plus ni moins que la vision de Dieu ; ni plus ni moins que de vivre Dieu ; d'aimer et de servir tout ce qui est. Il exige la perte de la conscience d'être une entité séparée. Il exige de tomber dans la Folie où son Père, Swami Papa Ramdas, le fit basculer.

Yogi Ramsuratkumar, l'Enfant de Dieu, Bhagawan [9], est le seul refuge de ses vrais dévots. Il est tout pour moi, il est mon Tout, mon Espérance. Il est l'incarnation divine qui attend et ne cessera jamais d'attendre ses enfants. Il brise les cœurs et, pourtant, qui ne se languirait d'avoir le cœur ébranlé ou réduit en cendres par sa puissance d'amour miséricordieux ? C'est à genoux que l'on prie pour avoir le cœur brisé de la sorte. Destruction que l'on chérit comme le cadeau le plus précieux que Dieu puisse nous faire par l'intercession de sa grâce.

Yogi Ramsuratkumar est mon Père. Puissé-je, seulement, être un fils digne du regard qu'Il pose sur moi.

Lee Lozowick
Yogi Ramsuratkumar chei !

PREMIÈRE PARTIE

RACINES ET FONDATIONS

Les soixante-neuf secrets fondamentaux qui suivent traitent de la maladie psychologique engendrée par la culture dans laquelle nous vivons ; ils montrent les influences exercées sur nos vies d'adulte, plus particulièrement, sur notre manière d'appréhender nos relations avec les autres et de vivre la sexualité. Ces secrets posent les bases nécessaires à la compréhension de l'ensemble du livre.

Secret 1

L'EMPREINTE DE DIEU EST LA FEMME

    Les psychologues reconnaissent que, pendant au moins les premiers mois de sa vie, le nourrisson perçoit le monde d'une façon non dualiste. Mais d'un point de vue matériel, il dépend totalement de « Maman ». S'il a faim, il crie, et Maman accourt. S'il a froid, s'il souffre ou s'il se sent abandonné, une « autre » Maman accourt. Cependant, le nourrisson ne conçoit pas Maman comme une entité séparée de lui ; il ne la voit pas arriver d'« ailleurs » pour le nourrir ou le consoler. Pour lui, Maman est le prolongement de son propre corps. Son univers se réduit à Maman.
    Aux environs de six ou sept mois, les perceptions du nourrisson s'affinent. Il commence à voir Maman « là-bas », elle devient l'autre — l'Autre immense et mystérieux : Dieu.
    L'enfant ne voit pas de différence entre la « femme » et « l'homme », et n'est pas capable d'intelligence rationnelle ou scientifique pour les distinguer. Par contre, la totalité de sa mémoire corporelle (mentale, physique et psychique) prend l'empreinte de ce qui fait l'essentiel de l'état « d'être femme », ou de ce qui fait l'essentiel de l'état « d'être homme ». Et l'empreinte de la femme sur l'enfant, qu'il soit de sexe masculin ou féminin, est si profonde que pour lui sa Maman devient Dieu. Ce qui est compréhensible. Que lui donne Maman ? Le contact physique, la chaleur animale, de l'attention et des

soins. Mais, il n'en va pas de même pour Papa. Papa n'a pas porté l'enfant pendant neuf mois ; Papa n'a pas senti la vie bouger dans son ventre. Par conséquent, l'enfant n'a pu se relier organiquement à l'homme de la façon dont il s'est relié organiquement à la femme.

Peu importe ce que nous pouvons bien penser ou dire en la matière : un papa poule ne se compare pas à une maman aimante. Le comportement typique de l'homme est d'aimer prendre de temps à autre son enfant dans les bras (s'il n'a rien de mieux à faire). Lorsque mon fils était bébé, j'aimais également le regarder et le toucher. Les bébés ont en eux quelque chose de fascinant, et notre regard est d'autant plus attiré qu'il s'agit de notre propre bébé. Il m'arrivait de me tenir à côté du berceau pour regarder mon fils, sans pour cela le lever, le serrer contre moi et le câliner. Même lorsque les hommes touchent vraiment leur bébé, ce n'est pas la même qualité de toucher que celui de la femme. Il n'est pas envisageable que le toucher de l'homme pour son bébé soit de même nature que celui de la femme. Donc, quand l'enfant regarde sa Maman et ressent « C'est Dieu », il ne reçoit pas le message au niveau de sa conscience réfléchie, cette empreinte se situe au niveau instinctif, au niveau d'un instinct primaire et organique.

Et, si le nourrisson est une fille, elle va ressentir d'instinct : « Je suis marquée du même sceau que Maman. Je porte la même empreinte. Quand je serai grande, je me devrai d'être Dieu, Fichtre ! Quelle énorme responsabilité ! » C'est juste ! L'empreinte en elle dit : « Je suis Dieu ; il me faut servir, servir, servir et continuer à servir toujours plus. » L'empreinte dit qu'il faut s'occuper de tout ce foutu univers, sans exception. C'est pas de la tarte d'être Dieu, quel boulot ! Qui, de sensé, voudrait assumer pareille responsabilité ? Personne. Pourtant, la petite fille de huit, neuf ou dix mois sait déjà : « Un jour viendra où j'aurai la responsabilité d'être Dieu, parce que je suis par essence, Femme. »

Au niveau émotionnel, la plupart des hommes ne dépassent pas le stade de l'enfant (ou dans le meilleur des cas, celui de l'adolescent). D'une façon ou d'une autre, la petite fille le sait et elle ressent cette profonde blessure de la société — une blessure que seul Dieu peut guérir. Quelle responsabilité terrifiante ! Ainsi grandit la femme, avec cette empreinte très profondément marquée dans ses chairs.

Que se passe-t-il avec l'enfant mâle ? Au moment où il commence à réaliser la dualité, il est marqué par une empreinte du « Dieu-Maman » qui le différencie et dit : « Je suis un garçon. Je n'ai pas la même empreinte que Maman. Je ne suis pas certain d'aimer ça. Y'a pas, z'veux être Dieu. Z'l'veux. Z'l'veux. »

Le manque d'éducation sur ce point est à l'origine de nombre de souffrances et d'actes de violence inavoués, sans parler des déséquilibres excessifs qui caractérisent notre monde contemporain, qu'ils soient d'ordre mental, social, psychologique, psychique ou spirituel. A partir de ce manque, les hommes sont *formés* à être Dieu. Formation qui est une réaction patriarcale à la réalité indéniable et organique, que la femme *est* Dieu. Paradoxalement, bien que les hommes grandissent tout en étant formés à être Dieu, leur voix intérieure leur dit : « Je ne suis pas Dieu. La femme est Dieu. » Quelles sortes de réactions psychologiques pensez-vous que cela entraîne ? Des réactions liées au manque de confiance en soi, à la colère, à la frustration, à la culpabilité, à la peur, à l'agressivité et à bien plus encore. Et qu'entraînent ces conflits internes ? La douleur, la violence, les abus et l'aveuglement qui en découlent. Les hommes « rabaissent » les femmes en en abusant, en les brutalisant, en les blessant et en les avilissant. Autant de façons de réagir qu'utilisent les hommes pour tenter d'ignorer ou d'oublier ce que la mémoire de leur corps reconnaît comme étant la vérité. La réaction immature contre la divinité prend la forme du déni de son existence.

Il se trouve certainement parmi nous des hommes faisant preuve de plus de sensibilité que ceux que je viens de décrire. Même s'il en est ainsi, vous êtes nombreux à ignorer tout de la subtilité des rebondissements du ressort psychologique qui, relâché, s'insinue (ou rampe) par les blessures ouvertes. Toute la dynamique psychologique de l'homme est une réaction à la situation conflictuelle qui le fait Dieu alors qu'il se sait ne pas l'être.

Du point de vue de la rhétorique, bien évidemment, et pour utiliser un langage non dualiste, nous sommes tous Dieu — hommes, femmes et l'ensemble de la création. Cela nous fait une belle jambe, mais que peut la rhétorique pour nous, lorsqu'il s'agit d'une réalité organique qui nous mène ? Que faisons-nous avec notre vécu de vingt-cinq ou cinquante ans, riche de tous ses refus et autres stratégies inconscientes de l'ego, qui ont littéralement formé notre corps, notre mental, notre santé, et déterminé toutes nos réactions et croyances ? Un homme ne peut pas se contenter de dire : « Oui, nous sommes tous Dieu », et s'attendre à être guéri. J'en conviens, cela serait chouette, mais cela ne marche pas ainsi. Nous avons à déraciner et à transcender nos motivations inconscientes par deux moyens : la vision juste de ce qui est, et la vigilance utilisée pour détruire nos habitudes négatives de vie. *Cela* prend une existence pour y arriver.

C'est parce que sa Maman le nourrit, que l'enfant vit et grandit et il n'y a pas de raison pour que cela change. Les hommes ne peuvent pas produire une substance alimentaire qui leur serait propre ou allaiter leur bébé, comme c'est le cas pour la femme. (Peut-être en va-t-il autrement sur une autre planète mais sur Terre, aussi longtemps que l'*homo sapiens* fera partie du décor, les enfants téteront leur Maman.) L'empreinte du nourricier, celui qui est source de vie, restera celle de la femme.

Dans les grandes traditions spirituelles, la Mère Divine est considérée être la Mère Nourricière à l'échelle de l'univers et d'un point de vue plus restrictif, de l'humanité. En sanskrit, le nom de la déesse est Ma. Pour Ramakrishna[10], Kali Ma (une forme de la Mère Divine) était sa déité favorite. Il adorait Kali à tel point que, pendant un certain temps, il alla jusqu'à se transformer en femme dans ses comportements psychologiques et physiques. Il s'habilla en femme, vécu parmi elles, et se comporta comme s'il était l'une d'elles. A leur tour, elles l'aimèrent et l'acceptèrent comme s'il avait réellement été l'une d'elles. Il traitait chaque femme de la façon dont il eût traité la Mère Divine. Même lorsqu'il arrivait à de vieilles mendiantes de pénétrer dans le temple, Ramakrishna se jetait à leurs pieds pour les saluer : elles étaient la Mère, Kali. Pour lui, chaque femme était Kali. Il ne faisait pas cela parce qu'il aimait les femmes du fait qu'elles étaient différentes de l'homme ou de polarité opposée. C'était par amour de la Déesse.

Ne serait-ce pas bien si les hommes pouvaient grandir avec en eux l'empreinte de la vénération pour la Mère Divine — vénération qui lui revient en tant que Mère Nourricière de l'univers ? Sans Shakti[11] nous ne serions pas ici. Sans Shiva nous n'y serions pas non plus, mais avec seulement Shiva et sans Shakti — ce qui est une supposition purement gratuite, un concept admettant seulement l'existence du *vide* — la vie ne serait pas drôle du tout.

Ne serait-ce pas intéressant si les hommes étaient tellement naturels et mûrs dans leur état « d'être homme », qu'une véritable empreinte masculine deviendrait également transmissible ? Il est difficile d'imaginer une telle société, car elle n'a pas d'équivalent dans notre vécu médiocre. Pour l'heure, nous ne pouvons savoir à quoi elle ressemblerait si les hommes et les femmes honoraient les femmes comme étant la *Femme* (Shakti), et honoraient les hommes pour ce qu'ils sont, intrinsèquement. J'aimerais bien voir un groupe de personnes vivant en communauté, habitées par la reconnaissance sincère de cette réalité, sans se soucier des mécanismes psychologiques qui poussent les hommes à diminuer les femmes, et les femmes à réagir aux comportements des hommes par des mécanismes de peur ou de colère. Franchement, j'aimerais voir cela.

Secret 2

AIMÉ OU PAS AIMÉ

Dès la naissance, chacun d'entre nous grandit avec l'un de ces deux modèles principaux de relation à la vie : « Je suis aimé » ou « Je ne suis pas aimé ». Raison pour laquelle il est si important de pouvoir se relier, à la fois à la mère et au père. Si les enfants établissent un lien solide, uniquement avec la femme du couple parental, ou avec l'homme, il se peut qu'ils grandissent en se sentant aimés, mais ils seront boiteux dans leur personne et leur psychologie. Si, immédiatement, dès les deux premiers mois de leur existence, ils ne se sont pas reliés, dans le vrai sens du terme, ils grandiront en se sentant essentiellement non aimés. Et toute leur vie deviendra une quête de l'amour manquant, même s'ils sont entourés d'attention aimante. Avec le temps qui passe, s'il nous faut revivre les deux premiers mois de notre vie, c'est le bordel ! Quasiment impossible !

Werner Erhard a exprimé ce dilemme en termes de « pénurie de l'amour ». A supposer qu'enfant vous ne vous soyez pas senti aimé, même si dans votre vie d'adulte vous rencontrez l'amour authentique, il n'annihilera pas votre sensation de manque d'amour. Alors vous vous *shooterez* à l'amour. Un aspect de cette drogue requiert la promiscuité, et un autre aspect fait de vous un être geignard, maladivement émotif, mielleux ou ayant sans arrêt besoin d'être tripoté. (Ce type d'individu s'entoure toujours de nombreux animaux domestiques, est du genre à avoir des petits chiens avec un nœud rose sur la tête, un pull et des bottines. Et ne vous avisez pas de vous moquer de « toutou » devant son maître !)

Donc, nous avons l'une ou l'autre des deux dispositions, soit « Je suis aimé », soit « Je ne suis pas aimé ». Si nous fonctionnons sur le mode « Je suis aimé », il nous donnera, essentiellement, une certaine confiance en nous-même si par ailleurs nous risquons d'avoir de nombreux comportements névrotiques. Si nous fonctionnons sur le mode « Je ne suis pas aimé », nous n'aurons de cesse de chercher ardemment une preuve nous permettant de croire que nous sommes aimés.

Secret 3

L'HOMME EST EN COLÈRE — LA FEMME A PEUR

La femme est disposée par excellence pour la réceptivité, et la peur est son premier dilemme. La colère est le « blocage »[12] par excellence de l'homme, et son premier dilemme. Si l'on y réfléchit, c'est vraiment assez évident. La femme et l'homme : la peur et la colère.

La femme veut se mettre au service de l'homme authentique. Ce qui ne signifie pas qu'elle veuille passer ses journées un balai à la main ou à siffloter tout en vaquant à ses occupations — rendre la vaisselle étincelante, nettoyer les vitres — satisfaite d'évoluer dans un état de bonheur second. Il est des femmes qui aiment cela et la notion de service n'exclut pas ce genre d'occupations. Mais, fondamentalement, la notion de service véritable se réfère à l'énergie féminine qui s'exprime, purifiée des courants dus à l'agressivité et au sens de séparation de l'ego. Pour éviter toute confusion et polémique, nous pourrions dire que Shakti (archétype de l'aspect féminin de la création) veut se mettre au service de Shiva (aspect mâle) ; non qu'« elle » veuille se faire apprécier dans son individualité ou qu'elle pense qu'« il » soit, dans la sienne, un *gentleman* parfait, mais parce que, pris dans son sens absolu, l'Amour *est* Service. On ne peut dissocier les deux. Ainsi, la femme veut se mettre au service de l'homme et, donc, comprendre la nature fondamentale de son archétype opposé et divin.

Eu égard à cela, les femmes éprouvent continuellement une sensation de peur. Plus que ses simples effets occasionnels, le sens aigu de l'observateur décélera que cette peur relève, en fait, d'un état d'âme profond et envahissant. Même lorsqu'une femme réalise que rien ne justifie sa peur, au sens ordinaire du mot, elle n'arrivera pas toujours à s'en débarrasser. Comment va-t-elle y remédier ?

Une technique consiste à essayer d'éliminer les circonstances qui semblent avoir provoqué la peur (cela équivaut à mettre un cautère sur une jambe de bois), ce qui, une fois l'actuelle sensation de peur évanouie, permet facilement d'oublier qu'en réalité elle sous-tend toute chose.

Une autre alternative répandue consiste, aussi longtemps que dure la peur, à « jouer au costaud » en se plongeant dans tout et n'importe quoi à l'ordre du jour et, selon les possibilités de chacune, aussi intensément que possible. Jouer au costaud n'est pas la façon la plus concluante de se débrouiller avec la peur, même s'il faut reconnaître que cette technique nécessite, au moins, un peu de force. Cependant, la plupart des humains sont bien trop faibles pour faire le nécessaire, afin d'obtenir une guérison véritable.

D'autres s'essayent à oublier leur peur en en anesthésiant la sensation. Les médicaments, les drogues, l'alcool, le sexe et le pouvoir sont quelques-uns des outils proposés dans ce programme d'annihilation. Bien évidemment, la peur, en fait, n'est jamais détruite — à peine recouverte ou masquée. Par exemple, vous verrez dans *People Magazine* [13], si vous le lisez, qu'il y est souvent demandé aux artistes de cinéma : « Que faites-vous lorsque vous êtes déprimée ? » Et une femme de répondre : « Je claque trente mille dollars à Neiman-Marcus ou Saks [14], sur la cinquième [15]. » Puis d'ajouter : « C'est radical ! Au bout d'un moment, je me sens en super forme. Jamais je ne porte toutes les fringues, chapeaux ou chaussures que j'achète, mais ça me fait du bien. Je ne regrette pas mes trente mille dollars. » Dans ce cas, la technique consiste à éradiquer la réalité.

Si vous n'êtes pas du nombre des artistes de cinéma fortunés, vous pouvez essayer d'anesthésier votre peur dans une pâtisserie française, en vous goinfrant d'éclairs au café et de religieuses au chocolat, ou vous pouvez avoir recours à des médicaments, des drogues ou de l'alcool. En fait, le vocabulaire utilisé pour traduire les phénomènes de dépendance et d'intoxication — qui sont les moyens pour créer des paradis artificiels qui voilent la réalité — étiquette l'état dans lequel on tombe pour oublier le dilemme. Les gens se disent « défoncés », « ravagés », on « s'éclate »...

Cependant, il n'en reste pas moins que vous pouvez être aussi soûl ou « défoncé » que vous le voulez, vous reviendrez toujours à vous-même, et vous vous souviendrez. Chaque fois que vous essayez d'anesthésier le truc qui a provoqué la peur, ou quand vous lui déclarez la guerre, ou essayez de le battre en brèche, il passe à la vitesse supérieure pour se défendre. La peur se solidifie quand vous « atterrissez » et il devient vite si évident qu'elle vous ronge, que vous devez redoubler d'efforts pour essayer à nouveau de l'oublier.

Une autre façon pour la femme de se débarrasser de la peur est de se jeter à corps perdu dans son travail ou sa vie mondaine, jusqu'à la fois suivante, quand la peur remontera. Alors, la femme risque de se dire : « Ah, la revoici ! Si j'accélère le rythme de mes sorties, je l'éviterai sans avoir à m'y confronter. » Et ce processus de déni peut continuer tout au long de son existence.

Heureusement, le moment viendra, dans la vie de la femme, où les loisirs ne lui seront plus d'aucun recours. Avec un peu de chance, elle commencera à voir la peur, souvent, presque continuellement, et il lui faudra alors faire preuve d'un peu plus de sérieux pour la regarder en face.

La seule façon durable de traiter avec la peur est de voir et reconnaître *ce qui l'a précédée,* et de pratiquer cette approche ou d'axer sa vie à partir de cette attitude mentale. Il faut trouver la racine de la peur qui monte et envahit tout, descendre s'y reposer ou devenir conscient, là. Il est nécessaire de vivre, et de s'établir dans cet endroit d'où jaillit la peur. Pour cela, il n'y a pas de « mode d'emploi » possible. La seule manière pour finalement transcender la peur qui sous-tend la vie de la femme, empêchant sa féminité de s'exprimer (et aucun autre moyen ne pourra traiter la peur si ce n'est ponctuellement), est de réaliser *ce qui a précédé la peur* et de faire de cette réalisation l'état naturel de la vie.

A la rigueur, une expérience momentanée de repos dans cet endroit, vaut mieux que rien mais ne peut passer pour définitive. La peur risque toujours de reconquérir le champ de bataille, ce qui veut dire qu'elle peut à nouveau s'emparer de votre esprit. Dans l'absolu, je vous dis de vous installer de façon permanente, comme étant le cadre de votre vie, dans la racine de la peur, dans cet endroit qui est son point de jaillissement ; de vous y installer, vous, et non d'y imaginer ou projeter un aspect de vous-même.

*
* *

Maintenant, passons à l'autre moitié, ou presque, de l'humanité.

La façon adulte de traiter la colère est de voir, et reconnaître, que la colère ne monte pas en nous comme le ferait une réaction dépendant des circonstances (tel le fait d'être effrayé), ou de n'importe quelle cause rationnelle et extérieure. Plus exactement, la colère est pour l'homme une fonction inhérente à cette même disposition première qui, chez la femme, donne lieu à la peur. La réponse évidente à cela, me semble-t-il, une fois que l'homme a intellectuellement analysé la colère (ce qui ne changera pas grand-chose à sa manifestation), est qu'il se questionne [16] sur les fonctionnements qui l'ont fait surgir :

— Quelle est la raison de ma colère ? devrait-il se demander.

— Rien, à ce que je sache. C'est uniquement la colère en soi.

— Mais, il doit bien y avoir une raison quelque part ? pourrait-il répliquer.

— Certes, mais la raison est vieille et n'a rien à voir avec ce qui est en train de se passer maintenant.

Il en va de même pour la peur. « Il doit bien y avoir une raison », se demande la femme.

Oui, il y a eu une raison qui, à un moment donné, a motivé la peur ; tout comme il y a eu, à un moment donné, une raison pour la colère sous-jacente et envahissante. (Pas une raison objective, mais une raison pour l'ego qui faisait sens lorsqu'il était en formation). Et ces raisons ne concernent absolument pas notre vécu d'adulte. Cependant, nous continuons à réagir comme un enfant qui brutalement aurait été arraché du sein maternel ; ou trop tôt éduqué à aller sur le pot ; ou encore comme un enfant auquel on aurait infligé certains types de punitions. Même lorsque nous sommes un adulte mûr, nous n'arrêtons pas d'essayer de compenser ce qui s'est produit dans notre vie d'enfant.

Quoi qu'il en soit, la façon de négocier la peur ou la colère, consiste à réaliser que vous devez, fondamentalement, tenir compte de ces deux dispositions : vous fonctionnez avec elles, vous vous défendez contre elles et vous vous exprimez par elles. Puis, souvenez-vous que vous faites tout pour les « oublier ». En dernier lieu, explorez la disposition à la peur ou la colère, sans vous illusionner en identifiant n'importe quelles circonstances superficielles, ou manifestations qui apparaissent dans votre vie, comme étant la cause de votre ressenti. (Lorsque surviennent dans votre existence des raisons d'avoir peur ou de vous mettre en colère, il ne s'agit habituellement, que de leurres.)

Gardez présent à l'esprit que je ne parle pas de la peur, ou de la colère, causées par un événement d'ordre naturel ou qui relèvent du domaine de l'instinct. Si un être qui vous est très cher tombe malade, vous craignez pour sa vie. Imaginez que vous sortiez d'un rendez-vous d'affaires pour vous apercevoir que l'on a démoli votre voiture. Vous vous mettrez en colère. Je ne me réfère pas à ces types de peur ou de colère. Je suis en train de parler de la motivation fondamentale, du dilemme essentiel, de la sensation vitale qui demeurent en vous, sans raison apparente, ou après que cette soi-disant raison ait disparu, ou même après que vous l'ayez percée à jour.

Ne compromettez pas votre propre aptitude à être librement heureux en vous fondant sur l'hypothèse fausse que les choses, ou circonstances, dans votre vie, sont cause de ces sensations (soit de bonheur ou de malheur). Par exemple, une femme pourrait dire : « Chaque fois que je deviens vulnérable à un homme, il me quitte, d'où le fait que j'ai peur de la relation amoureuse. » Des conneries ! Ou un homme pourrait dire, « Je lui ai tout donné. J'ai partagé ma vie avec elle, et regardez ce qu'elle raconte sur moi au tribunal. Je suis en colère. » Ces explications superficielles n'ont rien à voir avec les blocages fondamentaux dus à la colère ou la peur.

*
* *

Comment arriver à demeurer dans cet état qui précède la peur ou la colère ? Il faut démarrer à un endroit, puis procéder pas à pas, sinon cela ne marchera pas. Commencez par exercer votre vigilance ; elle vous montrera le nombre de fois où vous n'êtes pas situé dans l'état qui précède la colère ou la peur. Mettez-vous aussi à utiliser votre vigilance pour découvrir comment vous utilisez votre langue — ce que vous dites, à qui vous le dites, comment vous le dites, sur quel ton et combien de fois. Commencez par regarder ces choses tranquillement, sans vous impliquer, sans porter de jugements. Si vous remarquez que ce qui sort de votre bouche est vraiment n'importe quoi, du style jérémiades, il vous faudra changer de disque. Donc, la première chose à faire est d'arrêter le mécanisme des mauvaises habitudes de ce genre.

Cependant, il n'existe pas de « recette » à suivre pour pouvoir demeurer complètement dans un climat[17] de liberté. Se situer dans un état libre n'est pas quelque chose que l'on atteint, à quoi l'on accède à force d'efforts, ou que l'on maîtrise par le travail ou l'apprentissage. Il s'agit plutôt d'un *lâcher-prise*, et non d'une progression dans quelque chose. C'est une question de distillation et d'affinage. Ce qui reste après avoir été affiné, affiné, et affiné est le climat, l'essence de tout ceci. La méthode pour commencer à distiller les qualités de la vie et affiner notre manière d'être, consiste à commencer à considérer la colère, et la peur, comme si elles n'avaient aucune valeur et raison d'exister. Chaque fois que nous nous plaignons : « Putain de vie ! », et que nous nous fermons à l'existence, nous consolidons ces deux états fondamentaux de colère et de peur.

La femme est susceptible de se couper de la vie quand la peur monte. Dans ce cas, elle a pour habitude d'aller s'asseoir dans un coin et de se complaire dans sa peur. Elle tend alors à se fermer et devenir inaccessible. Lorsque la colère se manifeste, l'homme a tendance à l'authentifier et la supporter en ayant recours à une sorte de camaraderie à rebours — il est cinglant, il a un comportement destructeur et maltraite quiconque se trouve sur son passage.

Vous commencez à affiner votre manière d'être en vous mettant à en arrondir les angles. Pour ce faire, il ne s'agit pas de superposer une attitude positive sur ce qui est du style : « Tous les jours, et dans tous les domaines, je vais de mieux en mieux. » Cela ne ferait que vous encourager à oublier la colère ou la peur, pendant un moment ; voire même plusieurs années.

Le processus repose sur les principes de distillation et d'affinage. La colère et la peur sont déjà là, en vous. Aussi loin que puisse aller votre imagination, elle ne trouvera pas leurs causes dans les événements. Donc, ne vous cassez pas la tête à forcer votre imagination.

Secret 4

Pourquoi l'homme ne peut-il pas pleurer ?
(Et quel comportement cette inaptitude
implique-t-elle chez la femme ?)

La plupart des hommes sont en colère. Ils sont en colère parce qu'ils ne peuvent pas pleurer. Il est beaucoup plus facile d'être en colère que de pleurer — l'ego trouve une jouissance dans la colère. La colère relève du bon droit, elle est satisfaisante et a toujours une cause, réelle ou imaginaire. Ce qui n'est pas obligatoirement le cas avec le sentiment d'affliction.

La plupart des hommes n'ont tout simplement pas envie de se balader en étalant leur tristesse. L'homme aime comprendre le *pourquoi* des choses, il n'aime pas seulement *ressentir*. La colère résulte donc, chez l'homme, de son inaptitude — parfois de sa mauvaise volonté mais essentiellement de son inaptitude — à pleurer, à avoir du chagrin, à ressentir de l'affliction ; et pas uniquement dans le cas où il retrouverait sa voiture abîmée, mais bien au-delà de ce genre de situation : la colère chez lui résulte de son inaptitude à pleurer sincèrement, parce que sa race a du remords à verser des larmes sur son espèce, à ressentir l'affliction de Dieu. (La façon dont je me réfère ici au verbe « pleurer » ne veut pas simplement dire la capacité à verser des larmes ; elle traduit la possibilité de s'attrister, de compatir, dans un ressenti profond qui met en œuvre la totalité du corps.)

Cependant, la plupart des femmes réagissent à la colère de l'homme comme si elle était injustifiée, comme s'il s'agissait de la colère d'un gamin empêché d'en faire à sa tête, au lieu de chercher à voir *ce pourquoi* l'homme est en colère. Souvent, la femme présume que la colère de l'homme est contrôlable ou superficielle. Ce qui a le don de le mettre encore plus en colère, voire de le rendre violent, et fait que maintenant, sa colère a une cause toute trouvée : la femme en face de lui, chez qui il a provoqué des réactions ! Par exemple, l'homme rentre en colère du boulot parce qu'on lui a refusé une augmentation, et sa colère perturbe sa femme. Que fait-il ? Il l'incendie. C'est un cercle vicieux.

L'homme atteint rarement les profondeurs de son être reliées à son affliction. Au lieu de descendre en lui-même, il se sert de sa relation avec la femme pour cristalliser sa colère sur elle. Ainsi, la femme devient la cause projetée par l'homme pour justifier sa colère, alors que la femme devrait être la solution à la colère de l'homme.

La femme, c'est-à-dire le Féminin [18] *est* la réponse à sa colère. La femme *est* le cœur de l'affliction, le lieu où une guérison vraie et totale est possible. La colère de l'homme contre les féministes, et contre bien d'autres choses, est un dérivatif qui l'éloigne de l'origine réelle de sa souffrance. Même quand les hommes croient que la colère est mauvaise et est un péché, nombreux sont ceux qui la subliment ou la déguisent en rabaissant les femmes, en rentrant dans un *trip* de pouvoir, en devenant une sorte de flic, de personnage important ou de je ne sais trop quoi. Ce type d'homme est de ceux qui aboient des ordres à leur secrétaire, du genre : « Faites mon café », même si la machine à café n'est qu'à deux pas du bureau de ce Monsieur. Lui gueuler un ordre est le signe extérieur qui montre qu'il peut la diriger et qu'en fin de compte, il a le pouvoir (c'est-à-dire, la colère réprimée) de lui faire faire le café.

La réaction psychologique habituelle face à la colère est de se dire : « Si je suis en colère, je suis un sale type, donc je ne devrais pas me mettre en colère »; cette attitude psychologique se traduit en termes de refus, de répression et, peut-être aussi, ce qui est pire, en un retournement en quelque chose de « bien ». L'homme en vient à se dire : « Si je ne peux pas m'empêcher d'être en colère, je n'ai qu'à justifier ma colère dans ma tête, et la rendre nécessaire et bienfaisante. »

La femme joue un rôle crucial pour canaliser, dans une direction qu'elle choisit, la colère que l'homme extériorise. Puisque tous les hommes naissent de la femme, et existent à cause de la femme, ils éprouvent, tant sur le plan personnel que cosmique, un sentiment profond et inconscient de dépendance au féminin. Sentiment qui crée le matériau de base à l'origine de la névrose masculine — il est la justification première que l'ego de l'homme trouve à sa misogynie et à son invraisemblable comportement dominateur. Donc, l'expression naturelle de l'émotion de colère est détournée au profit de quelque chose d'autre.

Comme la colère est dirigée contre la femme, la femme se sent offensée, ou insultée, parce qu'elle sait, intuitivement, qu'elle n'y est pour rien. C'est le coup classique. L'homme est en colère parce qu'il est conscient qu'il mène la femme depuis des millénaires, et que cette façon de vivre, qui est la sienne, n'est pas juste et bonne, ou conforme à la nature divine de la réalité. Du point de vue psychologique, l'homme se sent inefficace devant l'efficacité du pouvoir qu'il détient, bien qu'il en soit inconscient et n'ait pas d'idée claire là-dessus. Il est incapable de faire quoi que ce soit, eu égard à ce sentiment d'inefficacité, sauf se mettre en colère, subir les effets de sa colère et être à la merci d'émotions liées à son vécu d'impuissance et de frustration.

Aujourd'hui, la femme essaye de reprendre, de récupérer, sa place légitime dans la matrice qui abrite les dynamismes énergétiques de la vie humaine terrestre. Mais, comme la femme n'est ni plus claire, ni plus consciente que l'homme, la pulsion instinctive qui la pousse vers un rééquilibrage des forces provient, souvent, du niveau de son être qui génère son comportement et son discours dominateur, castrateur et anti-masculin. (La femme *dit* vouloir l'égalité mais en fait, elle veut restaurer la culture qui environne la Déesse, source de la véritable sagesse et de la vie sacralisée.)

Pris à un niveau superficiel, les sentiments d'impuissance de l'homme sont totalement vrais, mais si l'on pousse l'analyse plus loin, la colère de l'homme est le résultat de son inaptitude à s'affliger parce qu'il a perdu la vérité. Si la femme était à même de comprendre que la colère de son homme n'est pas vraiment due au refus d'augmentation de son salaire, mais plutôt, qu'elle est due à un certain blocage ou nœud au niveau émotionnel, si la femme pouvait s'abstenir d'être offensée par la colère de l'homme, ou de la prendre pour argent comptant, une différence notoire s'opérerait dans la dynamique du couple. (La colère n'en serait pas nécessairement transformée mais dans de nombreux cas, l'homme pourrait en peser les conséquences et lui trouver une solution.) Si la femme pouvait nourrir cette partie de l'homme qui souffre à travers les mots qu'il prononce, au lieu de réagir à la carapace en l'homme qui abrite la vraie blessure, cela *serait* transformateur. (Mais, je sais que ce degré de sensibilité n'est pas facile à atteindre. La colère ne favorise pas les sentiments d'empathie et de compassion, comme le fait le chagrin. La colère dégénère très facilement en violence.)

Si la femme pouvait se relier à la colère de l'homme, et «se déterminer»[19] pour qu'il puisse s'affliger, dans certains cas (sinon dans tous), l'homme serait alors capable de sentir qu'elle l'a compris. Il pourrait s'affliger, se laisser aller à être nourri, ce qui mettrait un point final à la représentation mal comprise du trop plein de chagrin qui déborde du cœur de l'homme.

Quand un homme est emporté par ses propres mécanismes, plus spécialement s'il se sent mal dans sa peau et se replie sur lui-même, la première chose que trouve à faire la femme est de le « materner ». Elle essaye de se faire affectueuse, ne comprenant pas à ce moment précis que ce que l'homme souhaite par-dessus tout, est d'être seul pour pouvoir s'abandonner, en toute honnêteté, à son chagrin. Souvent, il lui suffit de disposer de trois minutes et d'un coin tranquille, pour qu'il redevienne disponible et soit à son écoute.

D'un point de vue psychologique, les hommes ont besoin d'espace et les femmes ont besoin d'être rassurées. Lorsqu'une femme se laisse aller à son chagrin, elle demande à l'homme de la réconforter, elle a besoin qu'il établisse un contact physique avec elle, qu'il la touche, pour qu'elle se sente moins mal à l'aise et secourue. Elle veut qu'il lui dise : « Je t'aime toujours, j'ai envie de toi, tu es belle », même si elle a une mine de déterrée.

L'homme ne demande pas le même genre de réconfort. Il lui faut de l'espace pour respirer. Il veut se débrouiller tout seul. Si on le laisse tranquille, l'homme *peut* s'en sortir vite. Si on lui permettait d'être triste, comme il l'entend, beaucoup de ses états d'âme négatifs, tributaires des rapports qu'il établit avec la femme, disparaîtraient.

Le chagrin n'est pas l'origine de la colère ; par contre, la colère masque le chagrin. Si la colère n'était pas utilisée comme un dérivatif, le chagrin se manifesterait de lui-même, il privilégierait grandement l'épanouissement de l'humilité en nous, et il favoriserait terriblement notre transformation. Le chagrin véritable, c'est le sentiment d'affliction ressenti pour la condition humaine : l'affliction de réaliser que nous sommes frustrés du Divin, la reconnaissance de notre impossibilité à atteindre la perfection dans notre relation à Dieu, et la vision de nous-mêmes, tels que nous sommes, dépouillés des prétentions de l'ego, libérés de nos projections, désirs, espoirs et peurs. S'établir dans *cette réalité* et vivre à partir d'elle, équivaudrait à faire une expérience tellement libératrice, qui validerait le sens de la vie, que rien d'autre ne pourrait nous attirer.

Parce que ce chagrin véritable est un feu dévorant, la colère essaye, malgré tout, de l'éviter. La colère est la réponse (ou la réaction psychologique) que trouve l'ego lorsqu'on lui signifie qu'il est un non-sens ou un esclave, à l'inverse de Dieu qui est établi dans la *totalité* et la *plénitude*.

Il nous arrive parfois de nous relier à cette qualité de chagrin, comme nous le ferions s'il s'agissait d'une tristesse habituelle par rapport à un but que nous nous serions fixé dans la vie. Une fois que vous avez ressenti les battements du « vrai cœur de la tristesse »[20], pour citer Chogyam Trungpa, vous connaissez par expérience que c'est différent de la tristesse habituelle. Mais, à moins de *connaître*, au niveau de l'expérience corporelle globale, la différence entre la tristesse habituelle et le « vrai cœur de la tristesse », vous ne pouvez par reconnaître ce dernier. La connaissance intellectuelle, en elle-même, est tout bonnement trop étroite et limitée.

En conséquence, nous ne devons pas confondre la tristesse habituelle, une tristesse sincère qui s'exprime à la perte d'une réalité chère ou lorsque l'on ressent une souffrance personnelle au niveau humain, avec la tristesse du Bodhisattva[21]. Ne pas faire la différence entre les deux, revient encore une fois à oublier Dieu.

Secret 5

La familiarité peut engendrer le mépris

Au Moyen-Age, en Europe, existait dans la chevalerie une branche dans laquelle l'homme faisait vœu de ne pas avoir de relation sexuelle avec la femme, mais d'en prendre une, unique, comme objet idéal d'adoration — d'une pureté telle qu'elle était digne d'être adorée tout en restant intouchable. Le chevalier écrivait à sa dame des billets doux, des poèmes, la suppliait de se laisser adorer et de ne pas rejeter les manifestations de sa dévotion.

De nos jours, l'homme et la femme ont tendance à instaurer une dynamique intéressante qui présente de légères similitudes. Lorsqu'ils sont séparés, leur sensibilité à la dynamique énergétique fondamentale qui existe entre le mâle et la femelle, est très subtile. Séparés, ils peuvent volontiers expérimenter des sentiments qui traduisent un niveau extraordinaire d'intégrité, de responsabilité et d'objectivité envers l'autre. Ils peuvent nourrir l'intention consciente de partager la vie commune dans un esprit de service, de compassion, de générosité et de gentillesse.

Aussi longtemps qu'ils ne sont pas confrontés aux stimuli sensoriels, superficiels, il leur est toujours plus facile de « voir » ou de sentir d'instinct l'essentiel de l'archétype de l'autre dans sa pureté et sa perfection — que l'autre soit mâle ou femelle.

Donc, paradoxalement, l'homme et la femme sont enclins à se relier entre eux en s'appuyant sur la dynamique de l'énergie relationnelle fondamentale que chacun représente, mais dès lors qu'ils sont ensemble, l'ego a pour habitude d'utiliser la dynamique physique pour provoquer une circonstance qui relève de l'égoïsme et de l'égocentrisme, qui se caractérise par la manipulation de l'autre et non par la relation avec l'autre.

Je vous donne un exemple. Envisageons le cas d'un homme et d'une femme qui ne se sont pas vus de la journée, mais ont, par moments, pensé à l'autre. L'homme s'est dit : « En rentrant à la maison, ce sera bien d'être avec ma douce amie. Je pourrai lui dire bonsoir et lui faire une grosse bise. Elle m'a manqué toute la journée et nous bavarderons un peu avant de nous asseoir. Je disposerai des bougies sur la table, je lui offrirai une fleur et ce sera vraiment chouette. » Peut-être que de son côté, la femme a pensé : « Je vais rentrer un peu plus tôt à la maison pour préparer un bon petit plat. Je sais que le chemin du cœur de l'homme passe par son estomac ! »

C'est ainsi qu'ils se retrouvent en fin de journée, chacun débordant de bonnes intentions, de raffinement, de délicatesse et de désir de communion. Le pas de la porte franchi, l'homme, avec un sens de l'humour féroce et bizarre, dit à sa femme, qui a passé des heures à préparer un repas extraordinaire : « Chérie, qu'est-ce qui pue ? » Puis, il ouvre la porte du four, jette un œil au rôti et déclare : « Tu ne vas quand même pas me dire que c'est le chien ! Mon Dieu, moi qui m'étais mis à aimer cette petite boule de fourrure merdique ! » Bon ! La femme s'est quelque peu faite à son sens de l'humour qui est agaçant et dit, néanmoins : « Ah ! ah ! ah ! C'est drôle ! Va donc te changer et te préparer pour le dîner. » Il répond : « D'ac ! » et tout en valsant vers la salle de bains, il ne pense plus le moins du monde à ce qui vient de se passer ; aussi heureux qu'un cochon se vautrant dans sa fange, il se lave les mains ou plus exactement, s'admire dans le miroir.

Quelques minutes plus tard, l'homme sort de la salle de bains et s'apprête à s'asseoir à table. C'est alors que la femme l'interpelle : « Non, non ! Je veux que tu t'asseyes *ici* », et elle désigne une chaise différente de celle qu'il a choisie. Il cède pour aller s'asseoir où elle le lui demande, tout en étant, lui aussi, un peu agacé. « Après tout, se dit-il, il est bien connu que l'homme est roi dans sa maison, non ? Et le roi devrait pouvoir s'asseoir où il veut, n'est-ce-pas ? »

Elle finit par faire son entrée avec le repas et, à son tour, se met vite à tournicoter autour de lui, peut-être même à chanter, comme savent le faire les femmes heureuses et affectueuses. Elle en prend soin, le materne et le cajole excessivement. Mais, pour amener un homme au paroxysme de la colère, il suffit que la femme essaye de s'en occuper comme s'il avait deux ans ! Donc, comme vous pouvez l'imaginer, à la fin du repas, chacun a un bon nombre de désaccords à régler avec l'autre. Tous deux sont agacés, cependant la politesse reste de mise car il savent que les « gâteries » sont pour après. Mais sans aucun doute, l'atmosphère est de plus en plus tendue.

Alors qu'ils étaient loin l'un de l'autre, il n'y avait pas du tout eu place pour les agacements, mais seulement pour des sentiments mutuels d'amour et d'estime, et ils avaient eu l'intention de se conduire différemment dans leur relation commune. Mais une fois ensemble, les habituels, bien qu'inattendus, mécanismes psychologiques-détonateurs ont entièrement masqué les meilleures intentions du monde.

Les hommes ont pour habitude de dire des femmes : « Impossible de vivre avec, et tout aussi impossible de s'en passer. » Quant aux femmes, elles disent des hommes : « Que peut-on faire avec eux ? Tous sont de véritables gamins, mais ils sont si mignons, si adorables ! » Peu importe qu'un homme soit physiquement fichu comme moi (l'équivalent d'une peinture abstraite signée Picasso !), il n'en demeure pas moins qu'il désire que sa femme pense, lorsqu'il passe la porte : « Mon héros ! »

Il se peut que l'homme sache parfois ce que la femme veut, ou comment elle aimerait qu'il la traite, ou ce dont la « Femme Essentielle » qui vit en elle a besoin, et réciproquement. Cependant, le dilemme à résoudre consiste à savoir mettre un terme au combat interne qui nous divise entre des états où nous nous sentons ouverts, lucides, réceptifs, et d'autres, où nous sommes emportés par l'incroyable pouvoir qu'a l'ego de nous aveugler, instantanément, avec ses intentions retorses. (Vous ne devez pas vous méprendre sur les intentions névrotiques de l'ego. Peut-être même que le terme « retors » est encore beaucoup trop léger. L'unique intention de l'ego est sa survie, et il détruit tout ce qui se met en travers de sa route. Tout, même le corps, si besoin est. De nombreux cas de suicide, qui étaient psychologiquement prévisibles, le démontrent.)

Pour travailler sur cette dichotomie, ce dilemme, trois choses sont particulièrement nécessaires : la compréhension, l'intention ou la prise de résolution et la discipline requise pour payer le prix.

Le premier truc sur lequel nous devons travailler est la compréhension claire et précise du mécanisme des habitudes qui nous régissent — nous devons comprendre comment la sexualité devient un puissant instrument de manipulation de nous-mêmes et des autres, au lieu d'être un apport agréable dans la relation. Cette compréhension doit inclure la reconnaissance que le changement ne peut avoir lieu en une nuit, et que le changement et le progrès s'effectuent dans le « ici et maintenant » des circonstances où nous nous trouvons, et nulle part ailleurs.

La deuxième partie du travail à faire pour résoudre le dilemme de l'homme et de la femme, consiste à développer l'attitude mentale qui nous fait prendre conscience que la résolution du problème vient avec la pratique, l'expérience, l'auto-observation et l'intention de changer. Elle ne résulte pas d'une pratique ascétique extrême du type « marche ou crève ».

La troisième partie du travail requiert la volonté d'attention et de discipline propre à nourrir le souhait de devenir un être humain à part entière, conforme à l'énergie de son sexe. Et nous devons faire en sorte que la résolution du dilemme vaille le prix qu'il nous faudra payer pour y arriver. Si, chaque fois que vous vous sentez quelque peu « porté sur la chose », vous vous « faites monter » ou « vous la sautez », vous ne déboucherez jamais sur la Relation Juste ; vous ne vous engagerez jamais dans la dimension de la vraie masculinité, ou de la vraie féminité ; vous n'intégrerez jamais l'aspect santé et vitalité de votre propre *anima/animus*.

Donc, quant à savoir si vous pouvez vivre avec l'autre, amant (e) ou compagnon (compagne), sans qu'il y ait de tension, cela relève de la pratique, de l'observation, de l'expérience et principalement, du contexte approprié. Il n'existe pas de méthode rapide pour transformer, non seulement une vie conditionnée par des habitudes, mais également, de nombreux siècles d'histoire et de tradition.

Secret 6

LE SECRET DE LA MANTE RELIGIEUSE

La mante religieuse fait partie d'une race d'insectes intéressante à étudier pour ce qui est de son comportement cannibale. Dans un couple de mantes religieuses, la femelle mange le mâle après qu'il l'ait fécondée. Elle commence par la tête et finit avec le morceau de choix : le corps charnu et savoureux. Il arrive que des heures durant, après sa mort, le mâle continue à copuler, alors que la femelle lui mange le corps.
Nombreux sont les hommes qui, quelque part dans les profondeurs de leur psyché, ressentent que c'est exactement ce qui leur arrive lorsqu'ils sont avec une femme. Ils pensent que leur vie est mangée et que la femme les castre. Ce ressenti ne s'adresse pas nécessairement à une femme en particulier. Il s'agit plutôt d'une dynamique de l'énergie qu'instaure le mâle avec la femelle et qui, chez lui, procède du niveau psychologique, voire pathologique. L'homme nourrit envers la femme une violente agressivité, qu'il canalise sur la « femelle négatrice » que l'on retrouve généralement dans les espèces — c'est-à-dire qu'il dirige cette agressivité sur l'aspect « dévoreuse », « étrangleuse » auquel nulle femme n'échappe. Cette agressivité du mâle vise une manifestation névrotique chez la femme, et non l'archétype de son personnage qui lui est indissociable (il est une partie nécessaire de l'énergie féminine).

En fait, le Féminin consume *vraiment* le Masculin, et n'importe quel homme qui serait sain d'esprit *supplierait* pour être, en vérité, soumis à Cela — à Elle. La femme ne veut pas castrer l'homme. Mais l'homme est tellement infantile ! Que peut faire une femme lorsqu'elle réalise que son mec de trente ans, en qui elle avait mis tous ses espoirs, n'est rien d'autre qu'un paquet de réactions et un « tableau de bord » où les boutons attendent d'être poussés ? C'est si déprimant. L'homme éprouve du ressentiment envers la femme lorsqu'elle le materne, mais l'idée ne lui viendrait pas que ses propres actions immatures provoquent cette dynamique.

L'agressivité que le mâle montre envers la femme varie en intensité selon les hommes, mais le phénomène est assez répandu, attendu que dans l'enfance la plupart des hommes n'ont pas été maternés correctement. En conséquence, l'homme est enclin à grandir en faisant de sa vie une réaction au manque de soins maternels, plutôt que de la construire sur l'idée force de la connaissance de ce qu'il est, en tant qu'homme. Il grandit tributaire de forces qu'il ressent comme devant être dominées, et au lieu d'en rejeter le blâme sur sa mère, il accuse l'ensemble de la culture féminine.

Cette conséquence se produit si tôt dans sa vie, et il l'oublie si stratégiquement, qu'une fois atteint l'âge adulte, il a développé une conscience sociale qui fait écran à ses schémas subconscients originels. En fait, il ne sait pas qu'il apprécie la présence féminine pour ce qu'elle représente de possibilités de « conquête » et de « chasse ». Il a tellement bien appris à être socialement acceptable, qu'il réprime le conflit qui se joue entre la façon dont il se situe fondamentalement et son conditionnement. (Il faut aussi tenir compte d'un niveau où l'homme apprécie véritablement la nature, la compagnie et l'énergie féminine. Mais, ce n'est pas ici le but de mon propos.)

Nancy Friday est l'auteur d'un livre qui s'intitule *Secret Garden* [22] (New York, Pocket Books, 1973) et qui traite des fantasmes sexuels féminins. Ce livre, féroce et terrifiant, a obtenu un succès effrayant. Par la suite, elle a écrit un livre sur les fantasmes sexuels masculins, pour lequel elle s'est reportée aux articles parus dans les magazines, suite à ses annonces, et aux questionnaires qu'elle avait établis.

Pris dans son ensemble, j'ai trouvé que le livre sur les fantasmes des hommes faisait preuve d'un manque d'imagination, était aride et ennuyeux lorsqu'on le comparait à celui sur les fantasmes des femmes. Il se peut que vous soyez choqués du nombre impressionnant d'hommes qui ont des fantasmes de violence infligée à la femme, après lui avoir fait l'amour. (Il est bien évident que la majorité des hommes ne concrétisent pas vraiment ces fantasmes, car ils ont des rudiments de conscience.) A remarquer aussi que les hommes ne peuvent pas révéler ouvertement leurs fantasmes qui se trouvent être généralement beaucoup trop en opposition avec leur sens moral et leurs élans du cœur. D'une façon tout à fait typique, les hommes ont refoulé leur masculinité dans ce qu'elle a de spontané et d'authentique, et s'en sont coupés.

D'un autre côté, les fantasmes sexuels des femmes évoquaient constamment le besoin de servitude, de se faire dominer par l'homme, ou d'être l'esclave de ses moindres caprices. Il est intéressant de remarquer qu'au lieu d'avoir des fantasmes de castration (comme les hommes auraient pu le craindre), les femmes ont tendance à avoir des fantasmes où elles servent l'homme dans un esprit de soumission. Ceci est d'autant plus remarquable que l'on se souvient combien les hommes les ont maltraitées au cours des derniers millénaires.

Afin que le jeune garçon puisse développer un sérieux sens de sa propre masculinité, il faut permettre, alors qu'il est nourrisson, qu'un certain type de liens s'établisse. Cependant, de nos jours, ce qui arrive communément c'est que maman va à l'hôpital, où le bébé est mis au monde, puis on le lui enlève immédiatement après, afin de le placer sous couveuse. Papa fait son apparition, prend le bébé et le tient pendant une à deux minutes. Pas plus. L'allaitement est déconseillé, de même que «l'accouchement naturel», et l'attitude courante est de ne pas vouloir être embêté. «Mettez le bébé au biberon comme cela vous l'obligerez à respecter un certain horaire et la maman sera tranquille.» Cependant, il n'y a presque jamais de liens qui se tissent avec le représentant mâle de la famille — que le bébé soit un garçon ou une fille.

Dès la naissance, les bébés devraient pouvoir se relier à leurs deux géniteurs, puis bénéficier régulièrement de la présence masculine, et ce afin de pouvoir calquer, d'une manière forte et cohérente, leurs comportements sur des modèles. Il faut être libre de faire preuve d'affection, quel que soit l'endroit où l'on se trouve en présence d'enfants — affection entre hommes, entre femmes, entre partenaires d'un couple et bien évidemment, entre parents et enfants. Une des choses les plus traumatisantes qui puisse arriver à un jeune garçon, est de voir son père montrer de l'affection à sa mère, mais non à lui. Ou encore, de voir sa mère montrer de l'affection à son père, mais non à lui. Pour certaines personnes, il est plus facile de faire preuve d'affection envers un compagnon ou une compagne qu'envers un enfant, ce qui est malheureux mais compréhensible dès l'instant où l'on veut bien envisager que nombreux sont les adultes qui n'ont jamais été maternés correctement, ou avec lesquels des liens n'ont jamais été établis dans l'enfance.

*
* *

Une façon constructive de traiter avec la violence que l'homme nourrit envers la femme, ou une résolution à prendre face à cette question, est avant tout de ne pas passer à l'action — ce qui revient à dire, par exemple, de ne pas faire un œil au beurre noir à la femme ou quelque chose de ce genre. *Si* l'homme veut sa propre guérison, une telle retenue agira comme le ferait une loupe sur ses dynamismes sous-jacents les plus profonds. Ainsi, il sera aiguillonné vers la vision non émotionnelle qui permet de faire place pour le changement et il aura accès aux moyens qui lui permettront de changer.

Au niveau intellectuel, il est facile de comprendre les raisons psychologiques qui motivent la violence et l'agressivité ; mais pour pouvoir agir sur elles en s'appuyant sur la claire vision, l'homme doit aiguiser son sens de l'observation et renforcer celui de la discipline personnelle. Pour que l'homme puisse dissoudre la dynamique d'agressivité qu'il a instaurée, il suffit qu'il se mette dans une situation où l'agressivité arrive, tout en demeurant consciemment dans un lieu qui précède l'agressivité ou la violence.

Le processus d'investigation est le seul moyen d'approfondir constamment, par étapes, le niveau de conscience où nous nous situons lorsque nous percevons les choses. On veut se placer au niveau qui précède cette dynamique de l'agressivité, à la source d'où elle jaillit. En conséquence, chaque fois où la dynamique se met en mouvement, il faut se demander : « De qui suis-je en train de me payer la tête ? » Par exemple : « Je ne déteste pas vraiment les femmes. De qui suis-je en train de me moquer ? » Au fur et à mesure où on l'applique, cette technique devient de plus en plus naturelle et efficace ; elle va jusqu'à s'instaurer d'elle-même, spontanément, mais au début, il nous faut l'appliquer intentionnellement.

Dans les espèces, l'agressivité et la violence ne font pas partie de « l'inné ». Il se peut que nous ayons hérité d'une part d'agressivité et de violence, mais elles restent essentiellement des caractéristiques du comportement conditionné.

A l'instar de nombreux problèmes politiques, il n'y a pas de solutions immédiates à appliquer à cette dynamique d'agressivité et de peur instaurée entre l'homme et la femme. Mais si nous considérons le problème et nous engageons à le résoudre de façon sérieuse, peut-être que d'ici plusieurs générations, il se trouvera un nombre suffisant de personnes pour l'avoir défini clairement, reconnu en elles-mêmes, et qui seront assez éduquées sur la question pour transmettre leurs connaissances. Pour l'heure, il ne nous faut pas demander plus que reconnaître nos propres motivations et dissoudre l'agressivité en elles. Peut-être qu'alors nous pourrons déplacer le contexte de nos réactions pour le situer sur le plan de l'abandon à la volonté divine [23].

Secret 7

FAIRE SES PREUVES À MAMAN

Etre un Homme « avec un H capital », comme l'aurait dit G.I. Gurdjieff[24], a littéralement à voir avec le fait d'avoir ou non à faire nos preuves à nos parents. (Ce n'est pas le seul ingrédient, mais c'en est très certainement un.)

Si vous appartenez à l'espèce des mâles et qu'il vous reste à faire vos preuves à maman, vous essayerez de les faire avec chaque femme avec laquelle vous établirez une relation intime, et avec la plupart de celles avec qui vous n'en aurez pas. (Vous pouvez le faire par une simple attitude physique tout aussi révélatrice pour le subconscient que peut l'être une expérience sexuelle.) Ce qui n'est pas la façon de s'établir dans une relation juste, non seulement avec une compagne, mais avec la moitié de l'humanité. Même avec votre maman, ce n'est pas ce qu'il faut faire pour être en relation : lui prouver que vous vous portez bien, que tout vous réussit, que vous êtes indépendant et faites partie des « grandes personnes ».

Tous autant que vous êtes, votre maman vous traitera toujours comme un bébé, même si vous avez quarante-cinq ans, même quand elle sera morte ou que vous le serez. Faire vos preuves à maman n'a rien à voir avec la convaincre que vous êtes adulte parce que pour votre maman vous serez toujours son petit bébé. Cela va de soi. Cela n'a rien d'un secret ésotérique.

Faire vos preuves à votre maman revient à l'aimer parce qu'elle *est* votre maman, *uniquement telle qu'elle est*, non telle que vous la voudriez, ou auriez souhaité qu'elle fût lorsque vous étiez petit. De toutes façons, vouloir la convaincre que vous êtes enfin adulte, que vous êtes à même de prendre des décisions, est non seulement vain, mais totalement impossible. C'est en aimant votre maman que vous lui prouverez ce que vous êtes, en l'aimant vraiment. Même lorsque vous aurez atteint une grande célébrité, que des hordes de gens se mettront à vos pieds pour vous saluer et vous demander un autographe, maman continuera à penser que vous êtes son petit bébé. Vous ne faites jamais vos preuves à votre maman en lui montrant ce que vous êtes devenu, ni qui vous êtes, mais en lui signifiant ce qu'elle représente pour vous.

Il est certain que si vous voulez faire vos preuves à votre compagne, vous pouvez imaginer le *handicap* que *cela* va créer dans la relation. (Quelle relation ?) Il est des hommes qui essayent de faire leurs preuves à leur mère en étant invivables avec leur compagne et en la rudoyant : « Je vais te montrer mon esprit d'indépendance, et Madame va voir que je n'ai pas à m'accrocher à ses basques ! » Ils n'ont jamais une parole tendre. Ils ne cèdent jamais. Les machos ne se laissent jamais aller devant leur compagne. (Mais ils ont cependant souvent un coup de cafard lors de l'orgasme, ce qu'ils nient fortement, surtout à eux-mêmes.)

Il est des hommes qui essayent de faire leurs preuves à maman en suppliant les femmes et en leur « léchant les bottes » : « Oui chérie, oui chérie ! Ne suis-je pas un bon p'tit garçon ? Je fais tout ce que tu me dis. Et je ne fais jamais rien de mal. » Et : « Oui chérie, oui chérie, cette fois je ne me tromperai pas... Mam... » Comportez-vous de la sorte avec une compagne qui veut que vous soyez un homme, et observez ce qui se passe. Il y a différentes manières de procéder, mais si vous essayez de vous relier à quelqu'un directement sur un pied d'égalité, c'est plutôt une piètre façon pour y arriver.

Avez-vous remarqué le nombre d'hommes qui épousent des femmes qui sont la copie conforme de leur mère ? C'est très répandu. Beaucoup d'hommes *épousent* « leur mère » parce qu'ils ne peuvent pas *s'envoyer* leur mère ou continuer, à leur âge, à se faire dorloter. Mais ils peuvent s'envoyer leur femme sans cesser d'être l'enfant dépendant ou rebelle qu'ils ont toujours été. Et ils pensent que c'est l'amour ! « La relation va marcher parce que je n'aurai pas à changer » et dans leur subconscient ils ressentent : « Et comme ma mère m'a toujours aimé en dépit de mes faiblesses, ma femme (nouvelle mère) en fera autant. » Ce n'est pas exactement le genre de truc dont on parlerait dans un couple. Cela concerne les motivations psychologiques fondamentales qui généralement sont mises tellement en marge du niveau conscient que si jamais elles nous passent par la tête, on les considère comme ridicules.

La femme essaye de faire ses preuves à sa mère avec des procédés identiques : elle *utilise* son compagnon. « Si je dirige la vie de mon homme, tu sauras que je suis quelqu'un de capable et alors, maman, tu n'auras plus à me traiter comme un bébé, alors que j'ai trente-six ans. »

Il n'y aurait rien à redire, si la femme essayait *consciemment* de faire ses preuves à sa mère. Si elle le faisait en pleine conscience, avec une attention totale, elle pourrait s'arrêter à n'importe quel moment. Mais si elle regarde de près ce qui fait ses relations, elle verra qu'elles relèvent de comportements mécaniques et compulsifs, entièrement compulsifs. (D'ailleurs, c'est l'unique raison de s'engager dans la vie spirituelle : parce que nous n'agissons pas délibérément. Si nous savions vraiment ce que nous faisons, nous n'aurions pas besoin de vie spirituelle.)

Ce n'est pas la peine d'être choqué quand vous réalisez que vous avez « épousé votre mère » et de vous dire : « Ah ! mon Dieu ! il faut absolument que je trouve quelqu'un d'autre, c'est un truc horrible dans lequel j'ai été poussé par des schémas névrotiques. » Et alors ? Nous sommes nombreux à être entrés dans des relations à cause de schémas complètement névrotiques. Ce qui ne nous empêche toujours pas de rendre ces relations excellentes, si nous acceptons la relation en elle-même, *telle qu'elle est établie*, et si nous utilisons la clairevision et la sagesse pour parer aux schémas névrotiques.

Faites la paix avec ça. En fin de compte, combien de personnes ont *véritablement* la chance de voir cette vérité et en fait, d'arriver à réconcilier leurs conflits non reconnus mais qui ne cessent de sous-tendre leurs motivations, avec la réalité du monde des adultes ? Si vous ne prenez pas cette résolution de paix, le mariage sera pour vous, dans le meilleur des cas, quelque chose de bénin et de tranquille, mais néanmoins édifié sur un mensonge ; et dans le pire des cas, il sera un cauchemar, rempli de violence et de refus, voué à « l'enfer co-dépendant » ou à l'échec concrétisé qui se reproduira indéfiniment.

Changer de partenaire n'est pas la solution. Multiplier les expériences n'est pas la solution. Avisez à partir de là où vous êtes, et de ce que vous avez, et non avec ce qui serait ou pourrait être.

Secret 8

Reconquérir la part féminine en nous

Le thème de « la reconquête de la part féminine en nous » est celui pour lequel, et autour duquel, la psychologie moderne montre le plus d'engouement. Cependant, je ne pense pas qu'il soit du domaine de la psychothérapie d'essayer de traiter de la reconquête de la part féminine. Au contraire, la psychothérapie devrait se pencher sur les causes (remontant à l'enfance) d'abus, de négligence et de tromperie nées de l'ignorance des adultes.

La part masculine en nous est malade, à cause seulement de l'état dans lequel se trouve la part féminine. Si la « reconquête » de la part féminine était véritablement faite, il n'y aurait rien à remédier en ce qui concerne la part masculine ; elle serait automatiquement unifiée et en bonne santé. Tout le problème vient de ce que la part féminine, avec tout ce qu'elle représente de beauté, de fécondité et de profondeur, a été rejetée en faveur de la part masculine, avec tout ce qu'elle représente de soif aberrante de domination, de manipulation et de pouvoir. En réalité, la maladie dont souffre la part masculine est une réaction, une tentative désespérée, pour apaiser son profond ressenti de honte et de culpabilité dû à la façon dont elle a abusé de la part féminine et l'a abaissée. Cette maladie correspond à une tentative faite par l'être humain pour oublier la sensation d'impuissance qu'il éprouve alors qu'il est privé de la part féminine, partenaire et trame de sa réalité.

Concrètement, pour que la part féminine puisse être reconquise par *la totalité du corps*, il faut que l'être humain se branche à un foyer d'énergie alimenté par le Féminin, dans sa dimension déjà sacrée et dans le rôle qui est le sien.

Nombreuses sont les personnes qui ont des expériences de communion avec cette part féminine en eux, mais cette communion s'est faite dans un contexte spécifique ; pour entrer d'une façon permanente dans le courant de bénédictions de cette communion, je pense qu'il faut être entraîné par quelqu'un qui s'y trouve déjà. La tentative qui consisterait à entrer dans le courant de notre propre volonté, serait fertile en obstacles, attendu que toute initiative ne pourrait être prise que par cette part de nous-mêmes qui nous coupe de la source et nous a empêché toute notre vie de l'atteindre : à savoir, l'ego. Il est donc évident que cette démarche irait à sa propre perte. Bien que d'un point de vue théorique, elle soit possible, en pratique, elle est impossible.

Contacter le féminin est comme contacter l'essence pure, ce qui revient à trouver Dieu. Celui ou celle qui serait à même d'y arriver, je l'appellerais un sorcier, un dévot, un être illuminé, un guerrier ou un chaman. Des formes appropriées de psychothérapie peuvent nous aider à voir plus clair en nous-mêmes afin que nous puissions considérer de telles possibilités, qui la plupart du temps ne nous effleurent même pas, tant notre esprit est rigide. Donc, la psychothérapie peut nous aider à rectifier le fonctionnement de notre cerveau, à être plus libre dans le cadre de nos possibilités considérables.

Dans l'ensemble du contexte culturel, la domination masculine s'est faite sentir sur deux mille ans, elle a manipulé les femmes pendant deux mille ans. Nous ne pouvons nous dissocier de notre mémoire génétique.

Où que nous allions, quoi que nous fassions, cette mémoire fait partie de nous et conséquemment, elle est prête à faire des étincelles.

Alors, la première habileté à avoir pour reconquérir notre part féminine, consiste à découvrir le nombre de programmes stockés que nous avons (comme la mémoire génétique du mâle qui domine la femelle), afin de développer le désir de nous cicatriser et d'être unifié. Ce qui, en soi, constitue un grand pas — un de ceux que la plupart des gens ne font jamais. Pris dans leur ensemble, les gens pensent : « Oh, je n'ai que ce petit problème. Y'a pas de quoi en faire un drame. » Et comment, qu'il y a de quoi !

Ensuite, l'habileté consiste à ne pas oublier l'existence de ces programmes tout en cherchant à ne pas les stimuler, à ne pas être si nuisible et odieux. Quand vous arriverez aux données de base du programme, il s'effacera, pour ne plus jamais réapparaître. En attendant, n'allez pas inconsciemment vous mettre dans des circonstances néfastes. Restez vigilants, n'oubliez pas que vous avez des programmes stockés en vous et que vous n'en voulez pas. Cela s'appelle mettre de l'intention dans l'attention. Puis, l'influence divine[25] prendra soin de la situation, mais pas sans votre aide. L'influence divine vous donnera les éléments nécessaires pour gérer ces programmes stockés, au lieu de les laisser au niveau inconscient, d'où ils passent à la vitesse maximale sans que vous puissiez faire quoi que ce soit.

Ce que je suggère n'a rien d'attirant pour l'ego masculin, en particulier. En fait, c'est ce qu'il y a de moins attirant. Donc, au début, l'attention que vous porterez devra relever d'un acte volontaire. Cela revient au même que d'être obligé d'étudier pour un examen un sujet que vous n'avez pas envie d'apprendre. Vous le faites, un point c'est tout !

Nous ne pouvons peut-être pas trouver la vraie masculinité sans la vraie féminité. Tant que nous n'aurons pas trouvé la vraie féminité, nous ne ferons que réagir au féminin. Mais, si nous nous soumettions au féminin, peut-être que nous trouverions le vrai masculin simplement en train d'attendre, là, dans toute sa gloire. Ce que nous avons longuement cherché ailleurs, se trouve être là où nous ne l'attendons pas.

Il y a diverses façons de se soumettre au féminin. L'une d'elles consiste à imiter Ramakrishna en nous habillant en femme et en vivant pour un temps parmi les femmes ; pas seulement en nous contentant de vivre avec les femmes, mais en vivant *comme* une femme. Une autre manière de procéder relève d'une attitude intérieure, plutôt que d'un aspect extérieur. Pour y arriver, il faudrait que vous considériez les différences entre le Masculin et le Féminin et favorisiez dans vos comportements et états d'âme les qualités inhérentes au Féminin. Vous instaureriez en vous un certain penchant pour le *Féminin*, plutôt que pour n'importe quelle femme. Vous ne savez pas ce qui en pareil cas risquerait de se passer, et restez ouvert à tout ce qui pourrait se présenter.

Cependant, ne faites pas étalage de votre état d'âme et du penchant que vous développez, vivez-les sobrement. N'allez pas crier sur les toits ce que vous êtes en train de faire.

Que vous soyez un homme ou une femme, l'abandon au Féminin est le processus à suivre.

Secret 9

Entretenez une histoire d'amour passionnée avec la vie

Il faut que vous preniez la vie par les *couilles* et que vous vous laissiez balayer par ses excentricités. En général, il y a beaucoup trop de « je » — beaucoup trop d'ego — qui essaye de s'emparer de la vie pour l'avaler. Détendez-vous et laissez-vous suffoquer par la vie. La vie vous consumera si vous la laissez faire. Vous êtes la piste du carrousel sur laquelle tout se joue, et la vie vous attend au tournant pour vous saisir. Ne soyez pas timoré, ne reculez pas. Quand la vie se rapproche pour vous saisir, jetez vous vers elle. Rien que les couleurs dans une pièce et le visage des gens recèlent des trésors d'impressions qui peuvent vous élever à des états de visions mystiques. Allez jusqu'à observer d'assez près l'individu le plus pernicieux, faites-le une à deux fois par semaine, et vous ne pourrez pas ne pas sentir bouger en vous de la compassion et de la tendresse.

Ce n'est pas par une dépense d'énergie musculaire de votre volonté que vous permettrez à la vie de vous consumer. J'ai pas mal d'expérience en la matière et je n'y arrive pas par un effort de volonté. C'est en étant absent de moi-même que j'ai pour habitude de m'y laisser prendre. Vous savez comment cela se passe dans les accidents de voiture : ordinairement, les personnes ivres ne sont pas blessées car elles sont flasques et molles. La voiture se jette du haut d'une falaise et ces personnes pensent : « Je plane ». Elles rebondissent sous le choc, parce qu'elles sont complètement détendues. C'est lorsque vous vous raidissez que vous vous cassez un bras ou une jambe. Alors, du calme. Soyez gentils, à l'aise, laissez-vous dissoudre dans la vie. Laissez-la vous envelopper et pénétrer, telle une douce brise caressante.

La vie est bien plus vaste que l'espace dans lequel nous la délimitons et vous devez entretenir avec elle une histoire d'amour ininterrompue, sinon vous serez enterrés sous le poids des circonstances inhérentes à votre existence.

Il n'est pas difficile de devenir un automate qui se lève le matin, travaille dur, s'adonne même à des pratiques spirituelles, mais fait le tout d'une façon purement habituelle et mécanique. Vous pouvez facilement vous amener à croire que votre travail spirituel, ou quoi que ce soit que vous fassiez, est d'une importance extrême et que vous devez lui donner votre vie, tout en oubliant, au même moment, ce que signifie exactement « donner sa vie pour quelque chose ». Alors, vous pouvez vous mettre à agir encore plus mécaniquement (si c'est possible) qu'auparavant, mais d'une façon différente.

Le Travail [26] veut votre vie — mais, seulement si vous êtes impliqué dans une histoire d'amour avec la vie, seulement si vous êtes intelligent, fort, confiant, capable, en un mot : VIVANT. Le Travail n'a rien à faire d'humanoïdes ennuyeux, tièdes, dans le refus et à moitié morts. Donner votre vie au Travail signifie donner, *chaque jour*, du souffle et de l'énergie au Travail ; donner, *chaque jour*, la puissance de la passion au Travail. A l'instar des petits enfants, vous devez constamment avoir *l'esprit du débutant* [27], croire aux miracles, par exemple que « tout peut arriver, n'importe quel jour ! »

Pour envisager d'entrer dans une relation intime qui pourrait durer le restant de vos jours et qui impliquera très certainement la naissance d'enfants (que vous les vouliez ou non), il faut que vous ayez établi ce rapport passionné avec la vie. Lorsque vous prenez un engagement profond et il faut l'espérer, significatif, avec un autre être humain, quand vous vouez votre existence à l'autre, il vous faut réaliser que la vie est plus vaste que votre petit univers intense. Il arrivera que vous ayez envie de mettre l'autre en charpie pour quelque manque de respect insignifiant, voire imaginaire. Il arrivera que vous pensiez : « Seigneur, je n'ai que quarante ans et il m'en reste encore trente à vivre ce supplice. » Il arrivera que vous croyiez à l'impossibilité totale de faire marcher votre couple. C'est alors que vous aurez le plus besoin d'adopter cette attitude d'innocence — d'adhérer à la croyance que tout peut arriver. Vous devez vous souvenir *ce qu'est et sera toujours la vie*, indépendamment des circonstances dans votre existence.

Peu importe l'état désespéré dans lequel tout vous apparaît, vous pouvez toujours avoir accès à la vie vaste et infinie. Vous n'y arriverez pas en comptant fleurette à votre partenaire. Vous y arriverez si vous avez une histoire d'amour avec la vie elle-même — une vie passionnée. Alors, les relations que vous entretiendrez seront également passionnées et juteuses.

Voilà peu de temps, j'ai écouté à la radio une *interview* avec Henry Miller, l'un de mes tout premiers héros. Il a quatre-vingt-cinq ans, il est perclus d'arthrite et ne peut marcher sans être accompagné ou même sortir du lit sans être aidé. Malgré tout, la voix de cet homme reste égale à sa devise : « Toujours joyeux et ardent ». Il a dit : « Quand on arrive à mon âge, il faut considérer la maladie » et puis, il a ri. A proprement parler, il ne disait pas deux mots sans qu'ils soient entrecoupés d'un rire.

Maintenant, ce qu'il faut savoir, c'est qu'il s'agissait d'un Miller incapable de taper à la machine, voyant à peine (il est aveugle d'un œil et à moitié de l'autre), tellement rongé par les douleurs qu'il lui est impossible de dormir, il passe ses nuits debout ; et cependant, il était constamment habité par la passion, comme on dit : « Il pétait le feu ».

Miller a dit : « Les Américains ne m'aiment pas, mais les Européens m'adorent. Je ne suis pas en vogue en Amérique. » Cela n'a rien d'étonnant. Les Américains n'ont pas du tout de goût, une des raisons en est que nous laissons les problèmes apparents régir nos états d'âme et ce que nous devons penser. Nous laissons aux circonstances le soin de définir nos rapports avec les autres. Dès l'instant où nous n'obtenons pas exactement ce que nous voulons, au moment où nous le voulons, où nous n'avons pas exactement la nourriture que nous voulons, où les gens ne sont pas exactement à l'image où nous les voulons, nous oscillons entre la dépression, la colère et les injures. Vous vous devez de faire, passionnément, la fête avec la vie, si vous voulez être au-dessus de telles mesquineries.

Il me paraît tout à fait concevable que l'on ne puisse faire qu'un simple carton de la vie, bien qu'il me soit souvent arrivé de discuter d'autres possibilités. Alors, arrangez-vous pour tirer passionnément et sans réserve ! Que votre tir soit vrai, total, riche et nourri. La vie devrait être une histoire empreinte de grandeur et de majesté — dans tout ce qu'elle contient de bon, de mauvais ou de neutre. Si vous passez une sale journée, soyez malheureux. Si un jour vous êtes « au fond du trou », n'en faites pas pâtir les autres. Ressentez-le, goûtez-le, suez-le. Ne soyez pas vache avec vos amis. Si un jour la vie est pourrie, elle sera géniale une autre fois. C'est cela, avoir l'esprit du débutant. Tout peut arriver demain. Si tel est votre état d'esprit pendant vingt ans, et que pendant vingt ans les lendemains n'offrent vraiment rien, cela ne fait rien. Cet état d'esprit suffit !

Si vous n'avez pas chaque jour une histoire d'amour avec la vie, si vous n'attendez pas chaque jour un miracle, vous n'arrêterez pas de chercher Dieu exclusivement dans ce qui paraît être bon — dans l'attrait, la facilité et le prévisible. La plupart d'entre vous qui lisez ce texte, vous êtes assez vieux, assez mûrs, assez expérimentés, pour savoir que vous ne devriez pas vous attendre à ce que les apparences vous donnent tout qu'il y a à recevoir. Les apparences sont totalement subjectives. Au lieu de cela, vous devriez regarder au cœur des choses ; arriver à ressentir l'essence à travers les apparences. Non seulement vous en êtes capables, mais de toutes façons, vous le faites tous, naturellement. Tout ce dont vous avez besoin, c'est d'être conscient que vous le faites, que vous y croyez ; donnez à cette conscience plus de poids, de réalité, qu'à vos croyances et opinions inculquées et illusoires. Mais, vous avez tendance à oublier de le faire lorsque les circonstances rendent la vie un peu terne. Vous vous demandez : « Que va-t-il se passer quand l'huissier va venir frapper à la porte ? » Et allons-y !

Si vous avez l'esprit du débutant, vous serez toujours habité par la passion. Si votre passion se met à mourir, ne l'incombez pas à votre pratique spirituelle, à vos amis, à votre amant, à votre maîtresse ou aux creux de vagues de la vie. Votre passion mourra parce que vous avez acheté l'attirail — hameçon, canne à pêche, plomb — d'un état d'esprit qui vous a été vendu par vos parents, vos maîtres à l'école et cette société. Vous avez acheté un état d'esprit qui vous fait croire que vous vous devez de ressembler au type d'homme que l'on trouve dans *Playgirl* (si vous êtes un homme) ou au type de femme que l'on trouve dans *Playboy* (si vous êtes une femme). Vous pensez qu'il vous faut avoir l'air détaché et cultivé, que vous devez vous habiller dans les normes et porter le parfum que le monde bien établi veut que vous sentiez. Si votre passion meurt, c'est parce que vous aurez pensé que les apparences sont tout, sans oublier celles qui recouvrent votre vision du monde, de la politique, des opinions et des croyances.

En fin de compte, pour « y arriver », dans ce Travail d'éveil, de transformation, vous devez étreindre le miraculeux — constamment. Et le miracle consiste à être tellement en paix avec vous-même, que vous êtes disponible pour diriger la totalité de votre énergie pour accueillir, et utiliser, les occasions qui n'arrêtent pas de vous tomber dans les bras. Etreindre et dévorer ces occasions vous rendra libre, heureux, vivant et passionné. Alors, les circonstances inhérentes à votre existence ne vous affecteront plus aussi tragiquement.

C'est dans la nature même de ce Travail qu'une révélation, une percée, puissent se produire n'importe quand, et plusieurs fois ! Mais comme il nous est facile de l'oublier !

DEUXIÈME PARTIE

LA SEXUALITÉ :
CE QU'ELLE EST, CE QU'ELLE N'EST PAS

Cette partie rassemble des discussions simples et directes. Elles traitent du caractère naturel de la sexualité humaine, en vue de désamorcer un sujet lourd de charges émotionnelles, et de clarifier quelques-unes des incompréhensions fondamentales se rapportant à la question.

Secret 10

LA SEXUALITÉ :
MARCHANDISE OU COMMUNION ?

Sans aucun doute, l'activité sexuelle comprend un niveau instinctif dont le but est la procréation. Pris à ce niveau, nous ne sommes que des animaux : comme la race doit se perpétuer, la sexualité exerce une attraction sur nous. Mais, au-delà de cette approche, dans la société moderne, la sexualité est devenue une marchandise, voire une marchandise très sophistiquée et raffinée. Nous vivons dans une partie spéciale du globe où la sexualité n'est pas seulement *un autre* type de produit, mais où elle est probablement *le produit*. Naturellement, au Bangladesh et au Cambodge ou dans des endroits semblables, les gens ont une sexualité qu'ils satisfont, mais la sexualité n'y est pas la raison d'être de la vie ni sa finalité, comme il en va ici. Lorsque des réfugiés arrivent dans ce pays, je suis certain qu'en regardant la publicité à la télévision, ils constatent que notre culture donne au déodorant la place que la leur attribue au riz. En fait, le rôle de choix n'est pas donné au déodorant en lui-même, et pour lui-même, mais il est donné à l'attrait sexuel qu'il représente.

Plus nous entrons dans l'ère d'un monde vraiment en déroute (et je ne pense pas seulement aux nombreux délits, je veux dire un monde véritablement en déroute), plus les gens recherchent désespérément encore et toujours plus. Il y a la sexualité infantile et toutes ces choses vers lesquelles nous nous tournons, parce que nous croyons qu'elles vont nous permettre d'oublier notre condition humaine. Mais elles n'y parviennent pas. Après quinze secondes d'orgasme, voilà que la mémoire nous revient. Cependant, c'est ainsi que notre subconscient nous fait aborder la sexualité — pour nous faire oublier, de multiples manières.

Nous avons grandi dans un contexte culturel où la sexualité a été déconsidérée. Si vous considérez les médias et la publicité, la moindre tendance qui y apparaît en faveur d'une sexualité Authentique, est totalement outrepassée par le besoin névrotique de copuler d'une façon conforme au battage publicitaire, dont nous avons été nourris toute notre vie. Dans l'esprit des gens, il y a un besoin névrotique incroyable de copuler à la manière d'une *playgirl* ou d'un *playboy*, d'une façon «branchée». Les magazines pour hommes, tels que *Playboy*, sont sur le marché depuis des années, alors que *Playgirl*, et autres magazines du même genre, relèvent d'un phénomène relativement nouveau. Au jour d'aujourd'hui, le magazine *Playgirl* n'est même pas celui qui fait le plus de ravages. Les plus outrageants sont *Mademoiselle, Harper's Bazaar, Vogue, Cosmopolitan* [28] — tous les magazines destinés à ces «dames» de la bonne société. Les articles qu'ils publient encouragent des rapports humains et une activité sexuelle qui correspondent à tout ce que l'on peut imaginer de plus irréaliste et superficiel. Il ne sont ni pornographiques ni spécialement explicites, mais ils poussent les femmes à être bêtes, sentimentales, râleuses et gamines. De la même façon, dans les magazines pour hommes, ces derniers sont encouragés à se montrer durs lorsqu'il faut qu'ils le soient, compréhensifs et tendres lorsqu'il faut qu'ils le soient, et à savoir tout ce qu'il est de bon ton de connaître en matière de comportements féminins, de sexualité, de voyages, de voitures, d'argent et de nourriture. De nos jours, tout ce qui se fait dans le domaine de la sexualité, relève simplement d'une tendance névrotique à essayer d'être ce que l'on nous a inculqué que nous devrions être, en tant qu'homme ou en tant que femme.

A notre époque, la sexualité ne revêt plus le caractère sacré qui lui est propre. Voilà bien longtemps, dans les cultures les plus raffinées que l'on trouvait sur notre planète, — dans la Chine ancienne, au Japon, au Moyen-Orient, en Inde — on vouait à l'acte sexuel la considération la plus sacrée que l'on puisse porter à un acte humain. L'archétype de l'acte d'union était placé au-dessus de la nourriture, de la mort et même de la naissance. Et comme il est décrit, par exemple, dans quelques-uns des vieux traités indiens, dans chacune de ces cultures la sexualité mondaine était toujours élevée à un niveau de raffinement quasi indescriptible. Au Japon, seules les femmes les plus solides, les plus intelligentes, ayant le plus le sens de la créativité et comptant parmi les plus disciplinées, étaient formées aux arts les plus sophistiqués qui incombaient aux *geishas*. Donc, dans de nombreux pays orientaux, c'était sur « le haut du panier » que l'on trouvait les courtisanes, les prostituées et les *geishas*. Bien évidemment, en ces temps-là, le regard courant porté sur la sexualité, et qui n'a pas changé, existait aussi ; néanmoins, dans les milieux les plus sophistiqués on trouvait un grand raffinement. (Il y eut certains milieux où un autre genre de raffinement fut conféré à l'acte sexuel et qui faisait que plus on se conduisait de manière dégradante, plus on était considéré. Ce qui se perpétue de nos jours. Je ne me réfère donc pas au « raffinement » que le Marquis de Sade a apporté à la sexualité).

Cependant, la plupart d'entre nous, du moins aux Etats-Unis, ont grandi dans un environnement où la sexualité était complètement occultée. Dans notre jeunesse, il n'y avait pas à la télé des programmes comme « Le bateau d'amour » et « Partie à trois ». De mon temps, on nous montrait des couples mariés, dépourvus de vie sexuelle, qui faisaient chambre à part, mais n'en avaient pas moins une famille très nombreuse. Lorsqu'ils ne faisaient pas chambre à part, ils avaient des lits jumeaux aussi éloignés l'un de l'autre que possible, et dormaient tout habillés de vêtements de nuit tels que seul un expert en puzzle pouvait s'y introduire ou même en sortir !

Alors qu'enfants, nous recevions du monde ordinaire des influences totalement chargées de sexualité, les adultes étaient, d'une manière générale si peu sûrs d'eux, si confus et effrayés vis-à-vis d'un ressenti sexuel authentique, qu'ils ont plaqué sur nous une atmosphère asexuée. Dans cette atmosphère privée d'honnêteté et d'éducation, il est incroyable que nous n'ayons pas développé plus de superstitions bizarres sur la sexualité. (Non que je croie nécessaire que Sluggo et Nancy, personnages de bande dessinée, doivent « faire la chose », mais certainement qu'il existe une manière d'enseigner la sexualité aux enfants, d'une façon honnête et valable.) Dans un contexte culturel dépourvu de sexe, la sexualité était devenue un mystère qui, en conséquence, nous terrifiait.

Dans mon cas, la sexualité représentait un grand mystère et les femmes ou les jeunes filles étaient inaccessibles. Je n'utilisais jamais l'expression « déesse », car je ne pensais pas dans ces termes-là. La gent féminine était tout simplement composée de créatures inaccessibles et intouchables — objets des désirs lubriques et des rêves, mais qu'il ne fallait pas toucher ou même, à qui on ne devait pas adresser la parole. Soit nous avons été élevés de la sorte, soit il nous a été enseigné que la sexualité n'a pas la moindre valeur essentielle. Peut-être même que nos parents parlaient de la sexualité, ou de nos voisins, d'une façon totalement rabaissante : « C'est une pute et heureusement qu'elle n'est pas ma fille. » Dans notre culture, la sexualité n'a jamais été considérée à sa juste valeur.

Mon point de vue est que l'acte sexuel devrait toujours être une *communion*. La sexualité devrait revêtir la même importance que le fait d'avoir un enfant — profondeur, dévotion, ravissement. Evidemment, c'est un idéal. (Je ne m'attends certainement pas à ce que cette attitude domine dans notre communauté avant même, au minimum, deux générations, mais c'est l'idéal que je vise.) La sexualité est un acte sacré et devrait, *chaque fois*, être traité comme un acte sacré ; ce qui ne veut pas dire que vous ne devriez avoir des relations sexuelles qu'une ou deux fois par an. Le taux de fréquence n'a rien à voir. Que vous ayez des rapports sexuels chaque jour, une fois par mois, deux fois par mois ou une fois par an, c'est un acte sacré. Un homme conscient ou une femme consciente, quelqu'un qui a un peu de vraie sensibilité, qui est fondamentalement prêt au niveau du troisième chakra (y compris au niveau du centre sexuel ou deuxième chakra, et également au niveau du centre du contrôle ou du pouvoir) détient en lui-même, ou en elle-même, le pouvoir de faire de la sexualité, soit une voie d'accès, soit l'accès lui-même. Cette possibilité ne devrait jamais être piétinée. L'union entre un homme conscient et une femme consciente est toujours sacrée. Et il faut reconnaître que n'importe quelle considération faite sur la sexualité, à l'instar de n'importe quelle considération faite sur la spiritualité, doit tenir compte des dilemmes et des problèmes auxquels nous sommes confrontés dans ce domaine.

A notre époque, la sexualité est beaucoup plus de l'ordre de la sucette qu'on se fourre dans la bouche : elle est dépourvue de sentiment, de profondeur et d'utilité. De plus, avoir un orgasme n'est pas *ressentir!* C'est un petit *spot* sur l'écran de l'énergie. (Mais, c'est suffisant pour certaines personnes — « Ah, grâce à Dieu, *je suis venu*; maintenant, je peux m'en griller une et dormir. »)

Généralement, les personnes non conscientes pensent que la sexualité revient seulement à s'amuser — qu'elle permet de se sentir bien et qu'elles se doivent donc de la pratiquer chaque fois qu'elles en ont l'occasion. Lorsque j'étais à l'université, j'avais un groupe de copains qui vivaient dans un ensemble de luxueux appartements pour célibataires, où résidaient également, dans les appartements voisins des leurs, beaucoup d'hôtesses de l'air. Ils me parlaient des parties dingues qu'ils donnaient et me disaient que si jamais les hôtesses étaient trop saoules pour partir, elles couchaient sur place. J'avais découvert que ces types n'avaient jamais de relations sexuelles avec ces femmes ; ils se contentaient de dormir avec elles et je n'arrivais pas à le croire. Pour ma part, je ne me serais jamais mis dans un lit avec une femme, si rien ne devait *se passer*. En vieillissant un petit peu et avec plus d'expérience, j'ai commencé à penser différemment.

Beaucoup d'entre nous, surtout les hommes, mais aussi quelques femmes, se comportent toujours comme je me comportais alors — nous voulons que la sexualité soit payante, tout de suite. Nous pressentons qu'il y a quelque chose de mieux au bout du chemin, mais on ne prend pas le risque de l'attendre. « Oui mais, ça me donnera quoi de passer la nuit couché à côté de cette femme, s'il ne se passe rien ? J'aurai perdu une nuit... », comme s'il n'allait pas y avoir une autre nuit et une autre nuit... Nous sommes enclins à penser à très court terme. Mais en la matière, cela n'est pas ainsi que les choses se passent. Dans ce domaine, ce qui attend l'homme patient, ou la femme patiente, dépasse de loin, de très loin, la satisfaction immédiate. Cependant, à cause de la nature même de la sexualité et du plaisir immédiat qui peut-être si fort, nous avons tendance à ne pas vouloir nous prêter à l'expérience. Nous faisons preuve de cette mentalité désastreuse, de cet état d'esprit, qui nous prêtent à croire que nous n'avons pas de temps devant nous.

Les hommes non conscients pensent habituellement qu'il revient aux femmes de se soucier de la contraception et qu'eux peuvent toujours laisser tomber la relation, si les choses se gâtent. Le ressenti courant des femmes non conscientes est : « Après tout, du moment que je suis protégée, pourquoi m'en faire ? » Cependant, pareille inconscience a des résultats plutôt ravageurs. Voyez seulement le contrecoup de l'herpès et l'épidémie de maladies vénériennes. Ces conditions sont une sorte de peste. Ce n'est pas comme s'il n'y avait pas toujours eu des maladies vénériennes, mais de nos jours, c'est par elles qu'éclate la nouvelle peste, parce que fondamentalement, nous sommes allés à l'encontre de la loi divine qui établit le caractère sacré de l'acte d'union entre un homme conscient et une femme consciente.

Réfléchir à l'ensemble de la question se rapportant à qui nous sommes en tant qu'hommes et à qui nous sommes en tant que femmes, ainsi que purifier fondamentalement nos actions, tout cela n'est pas facile, parce que même si nous n'avons pas un comportement physique douteux, la plupart d'entre nous ont un état d'esprit douteux. Le flirt prédomine dans presque toutes les relations mixtes. Les femmes flirtent avec les hommes et les hommes flirtent avec les femmes lorsqu'ils vont acheter un contrat d'assurance ou lorsqu'ils se présentent à la caissière du supermarché. Cette mentalité s'est infiltrée partout dans notre culture et elle est cause d'une maladie pire que le sida.

Il est relativement facile de rester physiquement fidèle — les hommes ont leur travail, les femmes ont des choses à faire. La maladie sociale la plus répandue tient au fait que les hommes rentrent du travail à la nuit tombée, qu'ils sont trop fatigués pour avoir des relations sexuelles, et que les femmes sont trop harcelées par les enfants. Qui peut trouver le temps et l'énergie pour réfléchir au fait objectif et fondamental que la sexualité est un acte rituel sacré ? Pour songer : « Sur terre comme au ciel » ? Pour s'incarner dans l'archétype de l'union entre Shiva et Shakti et lui donner vie lors de la relation sexuelle ?

En réalité, tout ce que nous faisons est l'archétype d'un acte, y compris le fait de se nourrir et de respirer. Et la sexualité est l'archétype le plus puissant de la relation duelle dans la vie. L'activité sexuelle est fantastique lorsqu'elle déverrouille la porte qui ouvre sur un espace de communion qui est, littéralement parlant, l'espace de la création. Ce qui ne veut pas dire la procréation, qui est la manifestation archétypale de l'acte de création. D'un point de vue littéral, l'acte sexuel est la manifestation archétypale de ce que Dieu fit le premier jour. *Et la sexualité peut en être la clef*. En conséquence, des questions du style : « Est-ce qu'il me faut trouver immédiatement un homme ou une femme et établir une relation pour mettre en pratique toutes ces choses ? » sont toutes complètement inconvenantes, si nous n'avons pas reconnu, et si nous ne sommes pas capables d'estimer le *principe* même de sainteté qui caractérise l'acte sexuel.

Cette déférence pour le sacré doit être la base de n'importe quel apprentissage portant sur l'ensemble des connaissances qui fournissent les réponses spécifiques à toutes les questions concernant l'homme et la femme. Il s'agit là d'un domaine vaste et mystérieux.

L'homme doit cultiver un état d'esprit différent envers la femme. Le seul fait qu'une femme puisse être enceinte et avoir un bébé est en soi un tel mystère. Cela ne peut pas se réduire à une histoire de canaux et d'ovaires, à toutes ces choses que nous avons apprises en biologie. A seize ans, je traitais les femmes de « vaches » et mes cousines me donnaient des coups de pieds et me hurlaient après. Mais, quand le moment est venu où j'ai vraiment vu de quoi il retournait, le mystère qui enveloppe tout cela me paraissait indicible. La femme est vraiment ce qui est mystérieux. La femme est le Dharma [29]. La femme est le Divin à l'état brut. Elle a le potentiel qui peut faire d'elle un stimulant spirituel. (Et l'homme peut apprendre à puiser cette énergie, à la transformer, pour permettre l'expansion de la vie authentique, de la beauté, du réel, sur une plus vaste échelle.)

En ce qui concerne l'homme, il n'y a pas autant de mystère que pour la femme. L'homme représente uniquement Shiva. Il se trouve être tout simplement *là* ! Il chasse et ramène de quoi manger. Mais la femme est très mystérieuse, dans un sens concret différent. Tant que nous tous, hommes et femmes, n'avons pas réalisé ceci, l'apprentissage de cet ensemble de connaissances équivaudra à fréquenter une autre école, ce sera inutile. Cet ensemble de connaissances, portant sur la possibilité de métamorphose inhérente à la nature de la sexualité, est relativement abordable et facile à transmettre, encore faut-il le faire à partir d'une certaine base.

Il n'est pas non plus nécessaire d'avoir un partenaire pour entreprendre ce genre de réflexion, bien qu'arrivé à un certain point, il est évident que cela aide. Ce qui *est* nécessaire c'est d'impliquer votre propre masculinité ou votre propre féminité, et que l'homme implique l'aspect féminin de lui-même, et que la femme implique l'aspect masculin d'elle-même. (Ces points seront traités ultérieurement dans le livre.)

Secret 11

KAYA SADHANA

Fondamentalement, la sexualité ne pose aucun problème. Elle se met seulement à être problématique lorsqu'elle devient un moyen pour arriver à une fin au lieu d'exprimer librement «juste ce qu'elle est». La lignée à laquelle j'appartiens en tant qu'enseignant — les Bâuls du Bengale — croit que le chemin qui mène à la réalisation du Divin *passe* par le corps, et non par la négation ou la renonciation. C'est ce que nous appelons *Kaya Sadhana*. Ce qui veut dire qu'aussi longtemps que nous avons un corps, il serait honteux de gaspiller du bon matériel, de le laisser se rouiller ou s'atrophier.

Donc, ne refusez pas votre sexualité et ne l'exagérez pas, n'en faites pas un drame et n'en abusez pas non plus. Permettez-lui d'être une réponse naturelle et spontanée, qui ne ruse pas dans ses rapports avec l'espace, l'état d'âme, la circonstance et l'environnement. La sexualité n'est pas une loi à elle seule. Elle n'établit pas ses propres règles sans respecter tout autre facteur de l'environnement (bien que notre esprit agisse comme si elle devait le faire). En d'autres termes, quand le désir est en vous, cela ne veut pas dire qu'il vous faille sauter sur la personne la plus proche de vous, qu'elle soit du sexe opposé (ou du même sexe, selon votre tendance) ou sur la première oie venue.

Secret 12

LA VÉRITABLE ÉDUCATION SEXUELLE

La majorité des gens qui pensent au mot « sexualité », imaginent la copulation et non la vie. Ils pensent à ce qui arrive dans un temps déterminé, avec des organes corporels spécifiques (probablement que ces gens incluent un petit jeu en première partie et un autre à la fin de la séance), puis pour eux, la sexualité s'arrête là.

Avec mes élèves je ne parle pas souvent en détail de pratiques sexuelles spécifiques. Nous avons traité, sur un plan général, d'une approche de la sexualité, mais je ne suis pas rentré dans les enseignements spécifiques au Taoïsme, Bouddhisme ou aux techniques tantriques hindoues. Une des raisons à cela est que l'union de l'homme et de la femme, effectuée dans une communion sexuelle authentique, n'a pas besoin de directives. En théorie, si nous avions remis notre vie au Travail fondamental que nous faisons, si notre vie était libre du handicap causé par le « nœud », si notre vie ne se définissait pas en termes de stratégie de survie de l'ego, les plus hautes formes de communion sexuelle s'écouleraient tout naturellement de l'intérieur de la relation que représente le couple. Il n'y aurait pas besoin de mode d'emploi.

Voici quelques années deux livres firent parler d'eux pendant un certain temps : l'un traitait de l'utilisation de l'énergie sexuelle masculine et l'autre de l'utilisation de l'énergie sexuelle féminine. Tout le monde s'était mis à les lire et à s'exciter sur toutes les techniques qu'ils proposaient. Un des hommes de notre communauté lisait le livre sur la sexualité féminine et un autre homme lui a demandé pourquoi il lisait ce livre, plutôt que celui qui traitait de l'aspect masculin de la question. Il lui a répondu quelque chose dans ce goût : « Rien qu'en lisant ce livre, j'apprends plus sur les femmes que je ne l'ai fait pendant des années passées à les étudier. »

Encore une fois, j'ai été frappé de voir combien nous sommes facilement séduits par les techniques et combien nous sommes souvent peu désireux d'apprendre de la vie elle-même. Cette personne *accréditait* toutes les descriptions faites des techniques. Mais les techniques sont froides, elles relèvent du domaine de l'irréel et du mental. Il est certain que si vous lisez ces livres et appliquez les techniques qui y sont décrites, vous pourrez avoir un bon petit frisson, mais ce n'est pas le but. Un homme n'a pas besoin de lire des livres sur l'énergie sexuelle, si tout ce qu'il souhaite est qu'une poignée de filles pensent qu'il est le meilleur baiseur qu'elles ont jamais eu. D'autre part, si un homme ou une femme s'intéresse *véritablement* à savoir ce qu'est l'énergie sexuelle et ce qu'elle signifie, toutes ces techniques ne lui apporteront pas grand-chose. La raison en est que l'application de ces techniques ne feront de vous rien d'autre qu'un mécanicien-robotisé-de-l'énergie. Vous serez à même de manipuler l'énergie très efficacement, voire brillamment, et quatre-vingt-dix-neuf pour cent des gens dont vous manipulerez l'énergie seront fabuleusement impressionnés. Mais rien de tout cela n'a quoi que ce soit en commun avec les possibilités de transformation inhérentes à la sexualité, de la façon dont j'en parle dans ce livre, ou avec ce que nous faisons ensemble lors du Travail spirituel. Vous pouvez expérimenter ces choses-là, ici et là, à condition que vous ayez bien saisi de quoi il retourne. Mais essentiellement, ce n'est pas le propos.

Vous n'avez pas besoin de savoir quels muscles il vous faut contracter, quand inspirer ou expirer, à quel moment vous devez loucher et quand vous devez mettre les mains autour du cou de votre partenaire. Nul besoin pour vous de lire le *Kama Sutra* ou l'*Ananda Rang* ou le *Perfumed Garden* [30].

L'idée vous viendrait-elle d'imaginer deux Bâuls s'apprêtant à avoir une relation sexuelle et qui restent là, assis l'un en face de l'autre, à se regarder dans le blanc des yeux pour se mettre en condition ? Pas question ! Lorsque des Bâuls sont prêts à le faire, ils le font. Ils s'empoignent. Ils s'y attaquent. La passion ! Rien à voir avec cette merde froide, avec ce bricolage préparatoire, rien à voir avec cette histoire de rester éloignés l'un de l'autre comme le recommandent certains livres tantriques. S'ils veulent se caresser, ils commencent par là et se caressent. Ils utilisent leurs mains, leurs pieds, leurs oreilles, n'importe quoi dont ils peuvent se servir. Les Bâuls ne sont pas à l'affût de la moindre respiration, de la moindre pensée, au moment où l'homme pénètre la femme. Rien de tous ces trucs !

La sexualité doit être vécue de façon naturelle. Si vous vous apprêtez à pratiquer le Tantra, il faut le faire d'une manière spontanée, un Tantra naturel ; et si vous aimez quelqu'un assez profondément, vous pratiquerez le Tantra. Dans le domaine de la sexualité, l'attitude conventionnelle qui consiste à « préparer votre terrain », traduit une forme d'égoïsme. Si vous n'êtes pas égoïste et qu'en dépit des pulsions subconscientes votre propre satisfaction ne passe pas en premier, vous découvrirez naturellement le Tantra, lors de relations intimes et également, dans les rapports que vous entretenez avec vos amis. Le Tantra marche entre amis. Vous le découvrirez naturellement, si vous n'êtes pas égoïste dans votre manière de vous relier à l'autre, et même si ça risque de prendre un peu de temps.

Ce dont vous avez besoin est de libérer votre vie, à chaque instant, de la stratégie de survie de l'ego [31]. Alors, la communion sexuelle sera l'expression la plus naturelle de l'amour qui relie deux êtres. Mon point de vue est que l'« Education Sexuelle » est essentiellement un travail à effectuer sur les mécanismes de refus, sur les réactions, les contradictions internes, l'inconscience, le « nœud » ou les « blocages », les mouvements de repli, peu importe le vocabulaire que vous utilisez. Si dans ce domaine vous déblayez les obstacles, vous n'aurez pas besoin d'éducation sexuelle. L'impulsion qu'éprouvent l'homme et la femme à s'unir dans la communion et à voyager ensemble dans les dédales de l'amour est complètement instinctive. Elle ne nécessite pas de formation. L'homme et la femme, pris en tant que polarités dans le grand schéma universel qui inclut toutes choses, savent en fait comment évoluer dans le labyrinthe. Vous découvrirez le chemin lorsque plus rien ne se dressera entre votre connaissance (à laquelle je me réfère sous l'appellation d'Innocence Organique [32]) et votre voyage en cours : tout ce qui fait vraiment obstacle est justement ce sur quoi vous avez besoin de travailler.

Conséquemment, essayer de vous former pour acquérir des techniques sexuelles ésotériques, ainsi qu'une habileté à manipuler les systèmes corporels, revient à faire passer la charrue avant les bœufs. Tout ce que vous avez besoin de savoir faire est de bien harnacher le cheval. Comprendre *l'intention* est de loin tellement plus important que n'importe quelle considération sur des techniques spécifiques — sur comment faire quoi que ce soit. L'énergie sexuelle est vivante dans la vie, quand on est en relation. Les techniques exposées dans les livres dépersonnalisent. Elles font de la vie un commerce, des organes génitaux des outils, des gens des mécaniciens ou des informaticiens. « L'homme endormi » [33] qui utilise les techniques ne s'éveille pas pour autant, par contre, elles lui servent à renforcer les causes qui ont permis, et qui perpétuent son sommeil. C'est très dangereux pour le Travail.

Nous n'avons pas besoin de nous former. La seule chose qu'il nous appartient de faire est de nous nettoyer des obstacles qui ont été surimposés sur nous en tant qu'être essentiel. Quand ce sur quoi nous travaillons pourra se vivre sans complication ni confusion, nous *serons* des êtres humains sensuels lorsque la situation nous le demandera. Nous serons en communion sexuelle avec notre partenaire lorsque l'appel s'en fera sentir. En fait, nous serons également en communion sexuelle avec la nature. Personne, aucun esprit mauvais, n'a surimposé ces choses sur nous. La condition humaine est la condition humaine. La condition humaine nous propose des défis. Une fois que nous les avons relevés, et gagnés, tout n'est plus qu'une question d'instinct.

Evidemment, le premier défi consiste à résoudre la question de la stratégie de survie de l'ego, afin que ce dernier cesse d'être le facteur autonome qui dirige, d'instant en instant, tous nos fonctionnements. Ce n'est pas l'esprit qui nous permet de suivre notre instinct. Nous diriger par rapport à notre instinct n'a rien à voir avec la lecture de panneaux indicateurs qui nous signalent le chemin à suivre. Obéir à notre instinct veut dire «être la réponse à la demande et au besoin du moment», c'est s'aligner sur la volonté divine.

C'est tout ce qu'il y a à savoir là-dessus.

Secret 13

UN BEL ORGASME N'EST JAMAIS LA FIN DU CHEMIN, MAIS IL EST PARFOIS UN DÉTOUR

La plupart des gens ferment les yeux lors de la relation sexuelle, parce qu'ils pensent que ce qui arrive véritablement, se passe entre leurs jambes. En réalité, quoi que nous ayons entre nos jambes, cela ne nous sert que de point de départ. Le plaisir éprouvé au niveau génital n'a quasiment rien à voir avec la question. Dans le Tantra sexuel, le Travail ne porte pas sur ce que peuvent ressentir vos parties génitales lors de l'accouplement. Si vous devez en passer par là et vous accoupler de la sorte pour commencer quelque chose, faites-le, mais cela ne vous avance pas plus que de donner de l'élan à une boule de neige pour qu'elle dévale une colline. De nombreuses personnes ont un bel orgasme qu'elles prennent pour une avalanche. Pour l'homme, l'orgasme est un obstacle qui barre le passage à la boule de neige, avant qu'elle ne puisse faire de vrais dégâts. Pour la femme, un bel orgasme n'est rien d'autre qu'une autre porte ouverte.

Mais un orgasme n'est jamais la fin du chemin. Parfois, c'est un détour où nous devrions uniquement foncer tête baissée, en démolissant les barricades, pour pouvoir continuer jusqu'à la falaise et sauter. Ce n'est pas l'accouplement de vos parties génitales qui vous permet de vous jeter du haut de la falaise. Cela relève d'un processus alchimique qui concerne et affecte chaque aspect de l'être, même les plus subtils.

En vérité, il se passe beaucoup plus de choses dans le regard que dans les parties génitales. Cependant, pour la majorité d'entre nous, lorsque nous nous accouplons vraiment, nous ne voulons pas regarder dans les yeux de notre partenaire de peur d'oublier nos parties génitales. Les yeux nous entraîneraient comme dans un tourbillon jusqu'à une grotte sans fond, qui renferme tous les trésors, toutes les découvertes, toutes les possibilités du monde. Il est certain qu'au moment où notre être s'ouvrirait pour devenir vaste dans l'espace et la conscience infinis, dans la lumière et la révélation, nous n'aurions plus la moindre idée de ce que peut être ce machin, si pitoyablement insignifiant, qui s'appelle une *verge* ou un *vagin*.

Secret 14

CE QUE REPRÉSENTE LA SEXUALITÉ POUR L'HOMME
CE QUE REPRÉSENTE LA SEXUALITÉ POUR LA FEMME

Un article fantastique d'une page a récemment été publié dans *Playboy*. Il traitait de la façon dont l'homme et la femme peuvent faire l'amour, et il expliquait combien cet acte peut être une expérience belle, exaltante, extraordinaire, voire cosmique. Malgré cela, quand tout est fini, l'homme se couche sur le dos, sourit et la femme lui dit (je cite de mémoire) : « C'est tout ? » Il s'exclame : « quoi ? » Et elle continue : « Tu ne me parles jamais. » Il lui répond : « Il me semble que nous venons de partager un moment de communion plutôt super. » Elle rétorque : « Il n'y a pas que le sexe dans la vie. » Et il objecte : « Mais, ce n'était pas qu'une histoire de sexe. Je t'aime. C'était magnifique, génial. » Et elle continue : « Sauf qu'on ne se parle jamais ! »

Alors le gars répond : « Qu'est-ce que j'ai encore fait de travers ? J'ai pris mon temps. On a fait l'amour pendant deux heures. J'étais à tes petits soins, réceptif à la moindre de tes sensations, à la moindre de tes pensées. » Elle n'en continue pas moins : « Mais c'était du sexe. » Le type lui répond « Et alors, qu'est-ce qu'il y a de mal à ça ? » Pour l'homme — même pour l'homme sensible, faisant preuve de considération et de compréhension, dans la mesure où l'homme en est capable — le sexe est un aspect central qui sous-tend la relation.

L'auteur de l'article termine en se demandant à quel moment la femme va comprendre que, pour elle, la relation sexuelle implique le sexe, la parole, le confort et l'affection et que, pour l'homme, c'est tout bonnement le sexe. Ce qui ne veut pas dire que l'homme n'*aime* pas la femme. (L'homme aime la femme, au moins autant qu'elle l'aime.) Mais pour lui, une nuit d'amour pleine de sensibilité suffit. Il n'a pas besoin de parler. Il ne voit pas l'intérêt de rabâcher ce qui lui paraît évident en en parlant. Nul besoin pour lui d'analyser, de « psychologiser », de « sociologiser » ni de « philosophiser ». Pour l'homme, tous ces sujets sont traités, et inclus, dans le toucher, le goût, l'odorat et le ressenti, qui sont du domaine de l'amour charnel.

Ceci a-t-il quelque chose à voir avec le discours que tiennent les femmes lorsqu'elles critiquent ce qui manque aux hommes ? Bien sûr ! Est-ce que quelque chose vous paraît clocher ? Oh, que oui ! Quoi ? Ah !

Et oui, l'homme éprouve le besoin de partager son ressenti le plus profond. L'auteur de l'article disait que, chez l'homme, l'orgasme *est* la façon qu'il a de partager son ressenti le plus profond et le plus intime. Il n'y a rien d'autre à partager. (Evidemment, comme je l'expliquerai par la suite plus en détails, la conservation de la semence lors de l'orgasme permet un partage du ressenti le plus profond, totalement différent, plus intense et plus vulnérable. Mais, pour le moment, l'exemple est éloquent.)

Quand la femme dit : « Parlons de cela ! », elle veut le disséquer, le ré-examiner sous d'autres angles. Lorsque l'homme a l'air frustré, elle grogne : « Tu ne me comprends pas. »

Nous, les hommes, comprenons parfaitement bien. La seule chose c'est que ce que la vie représente pour l'homme est différent. C'est par le toucher et la communication sensuelle que l'homme offre le tréfonds de son âme, et lorsqu'il en a terminé, c'est bel et bien fini.

Secret 15

L'EXPÉRIENCE SEXUELLE AU SEIN DE LA RELATION

La pratique sexuelle comprend trois étapes : l'engouement, l'expérience sexuelle et, en dernier lieu, le Tantra sexuel ou communion sexuelle.

Lors de la première étape, il vous suffit d'être ensemble, de vous aimer, d'être amis, de construire une relation paisible dans un esprit de gentillesse, d'attention et de service. C'est tout ce qu'il y a à faire, quel que soit le temps que cela prenne. Prenez un grand plaisir à vous retrouver en présence de l'autre, ayez de l'affection pour lui, sans violence — physique et émotionnelle, psychique et astrale. Comportez-vous sobrement et soyez tout simplement « ensemble ».

Ce n'est pas l'acte sexuel, à lui seul, qui permet à l'amour de grandir, mais la communion sexuelle est à la fois un appât qui attire vers l'amour et le résultat concret de l'amour. C'est l'engouement qui éveille la pulsion sexuelle. Il ne vous suffit pas de voir quelqu'un pour que ce soit gagné — « Oh, mon Dieu, je suis amoureux ! » Vous rencontrez quelqu'un, vous vous en entichez, vous passez à la relation sexuelle et ensuite, à partir de tout ça, l'amour peut grandir.

La deuxième étape correspond à l'expérience sexuelle. Lorsque vous abordez cette étape, vous êtes impliqué dans la relation. Vous êtes vraiment ensemble et pourriez même dire que vous vous aimez. Il se peut que l'engouement soit toujours là, mais en s'approfondissant il a perdu de son inconsistance et de son aveuglement irréaliste. Vous êtes ancré et engagé. Il se peut que vous n'ayez pas de rapports sexuels aussi souvent que vous le souhaiteriez ou qu'ils ne soient pas exactement comme vous les aimeriez, mais ceci n'est pas mal du tout. C'est satisfaisant même si ce n'est pas parfait.

Lors de cette deuxième étape, vous sortez les fantasmes du placard. Ce qui ne veut pas dire que vous plongiez dans toutes les variations délirantes inimaginables, que vous viviez tous vos fantasmes ou en parliez. La pire des choses qui puisse arriver est que vous n'ayez pas de secrets l'un pour l'autre. Donnez votre cœur, ne donnez pas le contenu de votre mental. (Que de saloperies peuvent remplir le mental !) Dénudez votre âme, complètement, mais non votre mental. « Bon, cette nuit nous ne nous cachons rien ! Tu sais, je t'aime vraiment, alors ne prends pas de travers ce que je vais te dire, mais parfois, lorsqu'on fait l'amour, je m'imagine que tu es Paul Newman... » Ne vous avisez jamais à ça, parce que c'est la pire des conneries ! Votre mental est une fosse à purin. Mettez votre âme à nu, ouvrez votre cœur, offrez vos tripes[34], reliez-vous l'un à l'autre, mais en règle générale, que votre mental reste clos.

Lors de cette deuxième étape, vous videz vos poches mais pas nécessairement devant l'autre de ce qu'elles contiennent de blocages, de poisons et de répressions : vous vous libérez de vos limitations dues aux conditionnements et idées préconçues. Peut-être qu'ensemble vous envisagez l'orgasme d'une manière différente. Il est possible que le couple considère très sérieusement différentes façons de vivre l'énergie sexuelle, qu'il porte un regard neuf sur la sexualité — peut-être verra-t-il que la « sexualité naît de Dieu » au lieu de croire que « Dieu naît de la sexualité ».

Vous aurez peut-être des relations sexuelles plus longues ou moins longues. Il arrivera que quarante-cinq minutes soit la durée idéale. D'autres fois, ni l'un ni l'autre ne sera satisfait après quarante-cinq minutes. (Dix minutes peuvent suffire pour être physiquement satisfait, pour avoir une sorte de frisson immédiat, mais l'union sexuelle permet aussi un plaisir plus profond.) Quelquefois, deux heures correspondront au temps nécessaire, d'autres fois, cinq heures ! (Cela n'arrive pas très fréquemment, mais une fois de temps en temps.)

Dans le domaine de la sexualité, il est des personnes qui aiment à se prendre pour des athlètes et qui sont insatisfaites tant qu'elles n'ont pas pratiqué, chaque fois, pendant trois heures. Certains livres taoïstes laissent entendre qu'une relation sexuelle doit durer trois à quatre heures et que plus on apprend de techniques en la matière, plus on pourra tenir toute une journée, et pendant plusieurs jours de suite. Mais c'est faux. C'est de l'ego — une production du mental qui décide arbitrairement d'une durée. Il s'agit là de la même dynamique que celle qui vous a toujours animé eu égard au succès, à la célébrité, au pouvoir ou aux différentes possessions — mis à part que cette fois-ci, la dynamique est plus puissante et exaltante. Le résultat final ne sera pas celui que vous cherchez, même si vous en rejetez la responsabilité sur la durée du rapport sexuel qui aura magnifié votre image bien plus que quoi que ce soit d'autre n'a encore pu le faire. (Sauf, bien évidemment, lorsque vous écoutez *Jim Morrison* ou *Les Doors* !)

Si vous êtes sensible à l'atmosphère créée par deux personnes lors de l'union sexuelle, il n'y a fondamentalement pas besoin de durée pré-établie. Vous travaillez ensemble jusqu'à ce que vous ressentiez entre vous que vous avez atteint un certain niveau d'union sexuelle, qu'il serait excessif de vouloir dépasser. Quelques mots au sujet de ce genre d'excès : non seulement il change l'atmosphère, mais il tend vraiment à embrouiller la finalité, exactement ce que vous ne devez pas faire si vous essayez de travailler avec l'énergie sexuelle. La sexualité est en soi un domaine où il est déjà assez facile de se méprendre sur le but à atteindre. Alors, il vous faut user d'une sensibilité très fine.

Lorsque vous « tomberez » sur une bonne chose, vous le saurez. Il se peut qu'une petite voix dans votre tête vous dise : « Touché ! Maintenant ça marche. C'est pour cela que j'ai payé mon tribut. » Rien à redire là-dessus. Mais, habituellement, ce qui arrive alors est que vous ne voulez pas vous arrêter quand il le faudrait. Vous voulez presser l'expérience comme un citron jusqu'à la dernière goutte, parce que vous ne savez pas si la prochaine fois vous serez capable d'atteindre à nouveau de pareils sommets. Mais il faut aussi qu'il y ait en vous une petite voix qui dise : « Parfait. Maintenant, je m'arrête. » Il vous faut user d'une sensibilité très, très fine.

Lors de cette deuxième étape, celle de l'expérience sexuelle, il se peut que vous fassiez l'amour de différentes façons ou qu'en le faisant vous soyez dégagés des demandes et attentes habituelles. Fondamentalement, chacun de vous nettoie sa vie sexuelle de ce qui l'obstrue. Beaucoup de personnes pensent l'avoir fait au cours de la première étape, mais l'expérience m'a montré que lors de la première étape, il est des choses qui sont tabous — puisque vous avez peur de faire « chavirer le bateau ». (J'ai vu plus d'un mâle qui s'était donné le style macho, devenir aussi livide qu'un mort parce qu'une femme lui aurait dit : « Flanque-moi une fessée. »)

Lors de la deuxième étape, la relation est solide — vous savez que vous vous aimez, aussi n'êtes-vous plus inquiets à l'idée de dire ou de faire ce qu'il ne faudrait pas et de démolir ce qui a été construit. Au cas où l'envie vous prendrait de le lui fourrer dans l'oreille, vous n'avez plus à craindre qu'elle vous demande le divorce. Si vous faites une faute, vous faites une faute et c'est tout. Elle dira simplement : « C'est pas mon style ! » puis, vous lui répondrez : « D'ac ! » et vous resterez bons amis. Donc, lors de la seconde étape, après avoir enlevé tous les obstacles, vous instaurez une dynamique sexuelle complètement libre et déterminez vos tendances sexuelles — celles qui sont saines et celles qui servent de support à votre pratique spirituelle et à votre besoin de dévotion envers le Divin.

Lors de la deuxième étape, vous aurez l'un vis-à-vis de l'autre des comportements assez honnêtes et adultes pour permettre aux tendances sexuelles malsaines d'être évacuées. (Et j'appellerais malsain le fait de se faire ficeler en croix et fouetter jusqu'à perte de connaissance. Ce n'est pas courant mais pas rare non plus.) Les tendances sexuelles malsaines ne sont pas des tendances sexuelles, mais des phénomènes de dépendances névrotiques. C'est pendant la deuxième étape que vous vous débarrassez de ce genre de trucs. La lumière du soleil de l'honnêteté individuelle sèche tout ça, elle purifie les mécanismes névrotiques et les causes de confusion. Ce n'est pas en donnant *libre cours* à ce genre de désirs que vous les éroderez, ce qui est une bonne façon de vous faire plaisir en vous piégeant dans un cul-de-sac qui, par-dessus le marché, est malsain. C'est par la vision claire et la pratique juste que vous transcenderez vos phénomènes de dépendances névrotiques.

La troisième étape est celle du Tantra sexuel, de la sexualité régénératrice ou de la communion sexuelle, lors de laquelle vous considérez la rétention physiologique de l'orgasme d'un point de vue expérimental ; et éventuellement, au cours d'une telle communion sexuelle, vous envisagez les effets qu'elle peut avoir sur le complexe Esprit-Corps-Etre. Ce qui ne veut pas dire que vous ne vous y essayerez pas lors de la première et de la deuxième étapes, mais lors de la troisième étape il s'agit d'une pratique spontanée qui a sa place dans votre vie commune — c'est au-delà de la simple considération.

La plupart des gens ont une sexualité dégradante. Ils se servent de l'orgasme pour libérer leurs tensions névrotiques ; de ce fait, ils gaspillent n'importe quelles tensions qu'ils avaient emmagasinées en vue de les recycler dans le travail spirituel ou de transformation. La sexualité régénératrice rend hommage à l'immense foyer de l'énergie sexuelle. Pareilles tensions peuvent vous « affûter » de façon incroyable. Vous pouvez les utiliser comme combustible au lieu de vous en débarrasser « en baisant ». Vous devriez vous sentir en super forme avant la relation sexuelle, encore bien mieux après — et non y entrer déprimé pour en émerger soulagé.

Néanmoins, une sexualité régénératrice ne vous apportera rien, si tout ce que vous faites à côté est dégradant. Il en va de même au niveau de la diététique. On peut dire que certains compléments alimentaires sont une très bonne chose, mais pourquoi vous casser la tête à les prendre pour vous nettoyer à l'intérieur, si en même temps vous buvez, fumez et mangez des cochonneries ? La vie, en elle-même, devrait être régénératrice. A chaque instant, vous devriez chanter des louanges au Seigneur, le louer avec tout ce que vous êtes physiquement, avec la totalité de votre corps, avec toutes vos émotions et toutes vos énergies. La sexualité peut être régénératrice si vous êtes un hymne à la vie, si vous en jouissez, êtes heureux d'être avec les autres, si vous entretenez votre corps et mangez sainement. Si vous essayez de vous mettre au Tantra pour donner des lettres de noblesse à votre sexualité et que le reste de votre vie soit complètement dégradant, il ne se passera jamais rien pour vous — sauf que vous vous enverrez en l'air souvent. Mais jamais rien d'utile ne vous arrivera.

La sexualité ne devrait jamais servir pour avoir de l'emprise sur l'autre, du genre : « Tu es un peu à moi maintenant mais, après une bonne baise, je t'aurai complètement. » Ça, c'est vraiment infantile. C'est dans la relation entre deux êtres que devrait s'exprimer la sexualité en tant que plénitude de leur vie commune fondue en Dieu ; la sexualité ne devrait pas traduire une autre façon de se passer la « corde au cou » — comme c'est le cas dans la pure tradition du théâtre de boulevard où l'on peut voir une femme faire la grève du plumard, fermer à clef la porte de la chambre, parce qu'elle est en colère après son mari. En adoptant le point de vue de la femme, on pourrait penser qu'elle « gagne », mais en réalité, elle est en train d'utiliser à des fins mesquines et égoïstes ce qui devrait être une prière à la Déesse [35] (prière à la fois pour les hommes et les femmes). Se servir de la sexualité comme moyen de chantage est injurieux. Ce n'est ni bien ni mal. C'est seulement révélateur de notre infantilisme. La sexualité devrait être affaire de plénitude entre les gens et non de contrainte.

Secret 16

Gérer l'énergie sexuelle

Récemment, un élève m'a demandé comment il devait s'y prendre pour conserver son énergie sexuelle. « Je ne sais pas quoi en faire. Ça me rend un peu dingue et j'en piaffe » me dit-il, sur le ton de la plaisanterie.

Bon ! Il existe de nombreuses façons de traiter l'énergie sexuelle. Jusqu'à un certain point, vous pouvez vous contenter de la garder dans le corps. Conservez-la tout bonnement dans le corps et vous vous sentirez vite comme Muhammed Ali doit se sentir. C'est pas si moche. Vous serez en pleine forme, débordant de vitalité. Malgré tout, à peine dépassé ce niveau, vous risquez de vous sentir « électrifié » et comme l'a dit mon élève, avec l'envie de « piaffer ».

Il est évident qu'avoir beaucoup de relations sexuelles, sans en conserver l'énergie, relâche la pression qu'elle exerce sur vous — la libère immédiatement. Cependant, en plus de cela, il y a quatre choses que vous pouvez faire pour gérer une puissante énergie sexuelle — deux que je recommande, deux que je ne recommande pas. Les deux que je recommande relèvent d'un travail difficile, ou sont une expression artistique. L'une ou l'autre façon de les considérer est appropriée. Parmi les deux options restantes, que je ne recommande pas, l'une est négative — se plaindre, se disputer, chercher la bagarre. (N'importe quelle forme de violence, psychique ou verbale, nous débarrasse de l'énergie sexuelle accumulée ou nous empêche de la conserver.) Et la quatrième approche consiste à faire s'élever l'énergie le long du nadi principal jusqu'à la faire sortir par le septième chakra [36] situé au sommet du corps astral. Si vous optez pour cette dernière possibilité, il existe de nombreux stages qui vous proposeront de vous former pour connecter les plexus nerveux de votre corps physique aux chakras ou centres d'énergie de votre corps astral. Néanmoins, je n'aime pas cette solution car elle repose sur la décision prise par le mental de faire circuler l'énergie vers un foyer supérieur, ce qui revient au même que de laisser l'ego décider du fonctionnement de notre vie. (Certes, c'est mieux que de se laisser aller à la violence, mais moins bien que d'essayer de maintenir l'équilibre à l'intérieur du corps ou de travailler dur.)

Ce que j'ai expérimenté sur moi-même lors de la conservation de l'énergie sexuelle, c'est que si vous avez une vie sexuelle plutôt active, sans jamais vous permettre l'orgasme éjaculatoire, vous avez intérêt à avoir travaillé dur auparavant ou alors il faut que vous soyez un sacré virtuose, sinon vous vous sentirez quasiment tout le temps mal à l'aise. La question de la transformation de l'énergie sexuelle est un processus dans lequel vous entrez progressivement avec le temps. En attendant, je vous recommande de choisir des méthodes plutôt saines pour libérer l'énergie. Contentez-vous de maintenir l'équilibre dans le corps sans vous crisper sur cette pratique.

S'investir dans la créativité et le vrai travail me paraissent être les deux meilleures façons de gérer l'énergie sexuelle. Il est surprenant de constater les résultats obtenus après une journée passée à jardiner. Je ne fais pas d'équitation, mais j'ai tout lieu de croire qu'une promenade à cheval de deux heures serait merveilleuse pour « limiter les dégâts », si vous n'avez pas trouvé d'autres moyens pour assumer l'énergie sexuelle. Travailler sur d'autres manifestations de la vie permet d'équilibrer l'énergie d'une manière extrêmement efficace. Alors, au lieu de faire quelque chose d'artificiel pour maintenir l'équilibre de l'énergie dans le corps ou pour relâcher le surplus d'énergie, le corps se trouve situé naturellement par rapport à la dynamique énergétique. Avec le temps, le système nerveux peut supporter des charges électriques plus fortes. Avec le temps, vous devenez apte à produire du courant.

Secret 17

Lorsque « avoir une relation sexuelle » devient « faire l'amour »

Faire l'amour ne relève pas que de la sexualité. Cela peut tout concerner. Il est des personnes qui font l'amour tout en cuisinant ou en démontant les pièces d'un moteur de voiture. Faire l'amour ne se situe pas uniquement sur le plan du domaine artistique.

Le plus souvent, c'est presque accidentellement que l'on *tombe* dans « faire l'amour ». Soudain, une autre possibilité se présente à nous. Mais aussi longtemps que notre esprit reste enfermé dans ses schémas rigides habituels, nous n'avons pas d'autre possibilité pour faire l'amour. Il n'y a aucun moyen de faire l'amour si l'homme ne peut s'empêcher de penser : « Combien de temps puis-je faire durer l'union sexuelle ? Combien de fois puis-je faire jouir la femme ? J'ai intérêt à savoir m'y prendre sinon elle ne m'aimera pas. » Chez la femme, les pensées sont d'un autre ordre. Aussi longtemps que le mental fonctionne de la sorte, « faire l'amour » n'apparaît pas. Evidemment, ça n'empêche pas alors de vivre une expérience passionnée intense, mais ce n'est pas nécessairement faire l'amour. Donc, il est important de ne pas confondre faire l'amour avec le niveau d'intensité accrue que nous atteignons : nous pouvons expérimenter dans le rapport sexuel une intensité amplifiée de façon extraordinaire sans pour autant faire l'amour ; et nous pouvons ressentir une intensité quasi inexistante, et faire l'amour.

Vous pouvez faire l'amour dans votre cuisine en coupant les légumes en morceaux. Ce qui ne veut pas dire que vous allez vous mettre à gigoter dans tous les sens, faire siffler votre couteau dans l'air et chanter des airs d'opéra. Tout au contraire. Il se peut que vous restiez assise bien tranquillement. N'importe qui en vous regardant pourrait penser : « Hé, quelle triste coupeuse de carottes ! » Vous n'avez pas besoin d'extérioriser une énergie extraordinaire. Faire l'amour, de la façon dont je m'y réfère, peut littéralement passer inaperçu aux yeux des autres.

Secret 18

Le fantasme sexuel n'est pas ce qu'il paraît être

Pendant tout le processus de l'union sexuelle, il n'est pas nécessaire (à supposer que ce soit même possible) de s'empêcher d'avoir des fantasmes. Cependant, la façon de gérer le fantasme n'est pas de lui concéder allègrement une existence ou d'essayer de le maîtriser de force. La première chose à faire est de reconnaître que *le fantasme est réel* ou plus exactement, qu'il est doté d'une réalité qui lui est propre. Il s'est *vraiment* manifesté. Dans le travail à effectuer sur le fantasme, la clef de voûte est de voir en toute sincérité que le fantasme a une réalité qui est la sienne, et non d'essayer d'intellectualiser ou de minimiser ce que vous avez observé.

Lorsque vous pouvez accepter et reconnaître votre fantasme comme étant réel, tout se passe alors *comme* s'il avait déjà pu se réaliser. Dans pareil cas, n'importe quel besoin physique de vivre le fantasme devient à peu près inutile, voire incongru, parce qu'au regard du mental (qui est facilement piégeable, même par lui-même) le méfait a été commis et fait déjà partie de l'histoire ancienne. (Evidemment, dans l'imaginaire de ceux qui évoluent dans le monde non duel, il est impossible de penser : « Je me demande ce qui *pourrait se passer* si... » Dans la parfaite non-dualité, il y a la *connaissance* absolue qu'il ne *pouvait qu'en être ainsi*, puisque cela *s'était passé* ainsi — et que tout n'était qu'illusion. Chaque chose est seulement ce qu'elle est et rien de plus.) Ce sont nos projections mentales au-delà de ce qui *est*, qui nous créent des problèmes.

La vie est la sexualité, l'argent, la nourriture, la respiration, l'ego et les émotions. Vivre c'est être incarné. La vie n'est pas tourner le dos à ce que nous sommes en tant que forme manifestée de l'existence. La vie n'est pas aller se retirer dans des sphères supérieures, la vie est dans *ce* royaume-ci. Qui que ce soit qui se réveille le matin, ouvre les yeux, se regarde dans le miroir, va pisser, ne peut pas sérieusement croire qu'il n'est pas *ici*. S'imaginer être ailleurs que là où l'on est, relève du cas clinique de maladie mentale.

En fin de compte, nous avons tous à faire face à la vie *telle qu'elle est* et à négocier directement avec elle. Certaines choses sont toujours appropriées et d'autres ne le sont pas. (Les choses non appropriées sont évidentes, car elles sont invariablement des formes d'abus exercé sur le plan physique, psychique ou émotionnel.) Il ne s'agit pas alors de mettre fin à nos fantasmes ou manifestations de réalités séparées. Notre travail consiste plutôt à arrêter de vivre dans un nuage qui nous aveugle et nous illusionne ; il nous faut traverser, pour les dépasser, des myriades de couches et de voiles de refus. Donc, si lorsque vous êtes avec votre partenaire sexuel vous avez un fantasme du style : « On ne le fait pas ici, je voudrais tant qu'on le fasse ailleurs », il faudra que vous fassiez face à votre fantasme et le traitiez, car il s'agit d'une forme d'aveuglement.

Reconnaissez que le fantasme est une réalité séparée et n'essayez pas de le forcer à intégrer la réalité du moment ou de le projeter sur elle. Nous nous mettons dans toutes sortes de problèmes, dès lors que nous essayons de faire de nos fantasmes la réalité du moment. C'est de cette façon que les gens s'enfoncent plus profondément dans la maladie[37], qu'ils s'enracinent toujours plus dans l'illusion de leurs manques et de leur malaise.

*
* *

Lorsque vous vivez une relation avec quelqu'un que vous aimez, il est fort probable que parmi les personnes du sexe opposé vous en trouviez d'attirantes, mais le fait que vous les remarquiez ne justifie pas des perturbations dans votre relation amoureuse. Une attirance que vous pouvez ressentir interférera dans votre vie privée, seulement si vous vous y laissez aller. Alors, soudainement, vous vous mettez à fantasmer, à trouver des défauts à votre compagne ou compagnon, à vous demander comment d'autres s'y prennent au lit. Puis, la relation commence à se détériorer. Si les fantasmes sont simplement portés-par-le-courant-de-conscience, sans que vous leur accordiez un intérêt particulier, rien ne se produit. Il n'y a pas de distraction possible. Quelque chose devient objet de distraction lorsque votre attention y est attirée, lorsque ce quelque chose prend ou accroche votre attention. Quelque chose devient objet de distraction lorsque vous lui consacrez volontairement et intentionnellement (bien qu'inconsciemment) votre attention et votre énergie. Une distraction est ce qui se passe lorsque votre attention est prise. Une séduction est ce qui se passe lorsque votre attention et votre énergie sont données. Si vous restez vigilant, vous n'êtes pas plus sujet aux distractions qu'aux fantasmes. Un point c'est tout.

Chaque fois que vous remarquez que vous êtes distrait sexuellement par quelqu'un d'autre que votre compagne ou compagnon, reportez votre attention sur votre partenaire ; ainsi sera renforcée votre capacité à ne pas être distrait et à ne pas être séduit. Concentrez-vous sur votre travail lorsque vous travaillez ; sur votre partenaire lorsque vous avez un ou une partenaire ; sur votre activité du moment quelle qu'elle soit. C'est très simple et très fondamental. La force de votre attention efficace devient source de « nourriture ».

Il n'est pas question de passer outre l'attirance. Il faut plutôt la remplacer. Vous ne pouvez faire que deux choses avec l'attention — soit vous la *branchez,* soit vous la *débranchez*. Si vous la *branchez* sur l'objet de votre attirance, vous serez distrait et séduit. Si vous la *débranchez* de l'objet de votre attirance, vous ne sublimez ni n'évitez cet objet, vous mettez simplement votre attention ailleurs. Cette distinction est excessivement importante.

A cause de la façon dont fonctionne le mental, il arrive souvent que nous ne réalisions même pas tout de suite que nous sommes distrait ou que nous manquons de vigilance. C'est précisément pourquoi il ne suffit pas de claquer des doigts pour que le Travail réussisse. C'est pour cela qu'après dix ans, nous commençons seulement à y mordre.

Secret 19

SI VOUS N'AVEZ PAS DE PARTENAIRE SEXUEL, ET MÊME SI VOUS EN AVEZ UN

Comment envisagez-vous d'avoir des relations intimes si vous n'avez pas d'amant ou d'amante ?

Dans ce cas, approfondissez les rapports que vous entretenez avec des amis, des enfants et la famille, en faisant simplement abstraction de l'implication et du jeu sexuels. De telles relations ne veulent pas dire que vous n'avez aucune énergie sexuelle, mais (espérons-le) elles ne provoqueront pas chez vous les mêmes réactions que pourrait susciter un(e) amant(e) ou une compagne ou un compagnon. Si vous réussissez une amitié et gérez votre énergie sexuelle de manière efficace et en adulte, à ce moment-là vous êtes probablement prêt(e) à pouvoir l'utiliser dans un processus alchimique de transformation, dans le cadre d'une relation amoureuse. Si vous n'êtes pas capable de réussir cela, alors avant de vous lancer dans l'utilisation ésotérique de l'énergie sexuelle, vous devriez d'abord « vous mettre au point » (faites mûrir en vous l'éthique et les valeurs adultes) et vous apprêter à vivre sans relation amoureuse, jusqu'à ce que vous soyez capable d'en assumer une correctement, en adulte, et dans un esprit de service.

Inutile d'accumuler beaucoup de tension sexuelle si, emporté par une pulsion dingue, vous finissez par vous jeter tête baissée dans une relation qui ne sert nullement vos désirs et besoins les plus élevés. Il se peut que de temps en temps vous ayez des éclairs de chaleur, mais si vous pouvez tenir le coup jusqu'à ce que vous trouviez une relation qui soit dans un esprit de service, cela serait un signe très important, révélateur de votre façon de vous situer dans tous les domaines de l'existence, et donc de vos possibilités à accéder à un niveau plus élevé de transformation alchimique.

Soyez vulnérable aux autres, de telle sorte que lorsqu'une occasion amoureuse se présente vous ne vous fermiez pas, vous ne vous crispiez pas intérieurement, comme vous avez tendance à le faire dans les relations habituelles.

Dans ma communauté, si une personne ne vit pas une relation amoureuse, mais est essentiellement ouverte à cette éventualité, les conditions fondamentales à la pratique spirituelle restent pour elle toutes les mêmes — à savoir l'étude, la méditation, l'exercice physique, un régime végétarien, etc. Les considérations portant sur la purification des chakras inférieurs et sur la progression de l'énergie descendante *prana/shakti* sont relativement semblables. Ne changent pas plus les considérations portant sur les chakras supérieurs et sur la transformation des effets des nadis ascendants (voir plus spécialement les Secrets 48 et 50).

A des niveaux plus avancés de pratique, il y a des méthodes basées sur la respiration qui permettent d'utiliser et de transformer l'énergie sexuelle. Par respiration, je me réfère d'une part, au processus en soi qui permet de respirer et fait appel à l'oxygène et aux muscles ; et d'autre part, à la circulation du prana ou force de vie (*Ki* ou *chi*). Ainsi en théorie, il est possible lorsque l'on n'a pas de partenaire, d'utiliser l'énergie sexuelle de façon interne. Les effets de l'énergie sexuelle sont également internes lorsque l'on a un ou une partenaire, mais fondamentalement on apprend alors à utiliser les contacts extérieurs pour faciliter les effets internes.

J'aurai d'autres détails à donner sur le sujet dans des chapitres suivants, cependant j'hésite à décrire les utilisations spécifiques de l'énergie sexuelle car il y a des aspects de la question inhérents à la constitution physique de la personne, et qui ne peuvent être appréciés qu'en rencontrant la personne. Dans un domaine aussi délicat, il faut s'appuyer sur l'enseignement d'un maître ou d'un *guru* et ne pas commencer à pratiquer en utilisant les techniques proposées dans les manuels.

Secret 20

La sexualité au-delà des limites

Tout processus alchimique est provocateur. Nous pouvons donc être effrayés à l'idée de ce que provoquera une *invention* [38] faite dans le domaine sexuel — il faut entendre invention dans le sens d'innover, de faire ce qui n'a encore jamais été fait (sans aucune allusion de ma part à des choses excentriques ou dangereuses pour le corps). Nous pouvons être tellement cristallisés dans certains schémas d'habitudes que nous ne pouvons permettre à d'autres options de se manifester.

Avoir peur d'explorer le *domaine du possible* [39], en ce qui concerne la sexualité, revient à certifier presque intégralement que la « nourriture » qui sera donnée à chacun des partenaires dans le couple sera très sérieusement réduite. Cela peut également signifier que le couple se désagrégera, ce qui éventuellement détruira la relation.

L'invention est terrifiante parce que c'est l'inconnu. Lorsqu'il s'agit de la sexualité nous voulons tout connaître d'avance. La femme veut recevoir de l'affection et de la tendresse. L'homme veut dominer. Tout doit être très délimité. Par exemple, il est des hommes pour lesquels il suffit d'une certaine tendance chez la femme, ou d'un orgasme, pour être très facilement satisfaits (jusqu'à la fois suivante). Il est des femmes qui sont satisfaites dès lors qu'on leur dit : « Je t'aime. » Peu leur importe que le rapport soit violent, moche ou brutal, aussi longtemps que l'homme leur dit ce qu'elles veulent entendre. En conséquence, la personne qui aborde le rapport sexuel sans peur, avec une demande facile à satisfaire, aura tendance à rejeter complètement le domaine du possible dans la communion sexuelle, voire à s'y opposer et à le combattre. Beaucoup de gens arrivent à ressentir cette notion d'invention et à s'en *rapprocher* intuitivement, mais ils mettent alors, immédiatement, un cran d'arrêt à leur activité sexuelle parce qu'il leur apparaît comme terrifiant d'entrer dans le domaine du possible et de sentir que par l'acte sexuel ils pourraient, littéralement, s'éclater dans l'infini, avec le risque de ne plus en revenir. Même s'il leur arrive d'avoir des relations quatre fois par jour, ils ne permettront pas à leur sexualité de s'exprimer au-delà d'un certain point.

Concrètement, l'invention se fait lorsqu'on a redéfini la matrice de notre être. Donc, appliquer le contexte du domaine du possible à la sexualité implique qu'elle devient ainsi le terrain sur lequel l'invention aura de fortes chances de se faire. Statistiquement, il y a beaucoup plus de probabilités pour que l'invention ait lieu, en ayant un rapport *sexuel*, plutôt qu'en partageant un sandwich avec quelqu'un. Ce n'est pas plus *faisable*, mais plus probable. Se retrouver « acculé le dos au mur » donne aussi ses chances à l'invention. Lorsque vous avez beaucoup de choix, il ne se passe rien — vous en avez terminé avec votre travail spirituel de la journée et vous vous contentez de baguenauder et de bavarder. En pareil cas, selon toute vraisemblance, les possibilités d'invention sont réduites. Cependant, lorsque vous êtes « acculé le dos au mur », sans aucun choix, vous êtes obligés de vous faire face et d'affronter vos blocages.

Nombreux sont ceux pour qui l'inaptitude à accéder au domaine du possible vient du fait qu'ils essaient de se le représenter concrètement. Mais, on ne peut pas définir de la sorte le domaine du possible.

Une relation sexuelle a besoin d'être insérée dans un contexte, ce qui peut-être fait à partir du domaine du possible. Mettre la sexualité dans le même sac que l'amour, d'accord, mais « la sexualité est la sexualité, et l'amour est l'amour ». Les deux peuvent se manifester ensemble mais il s'agit de deux choses différentes. La sexualité est avant tout une dynamique de l'énergie, et l'amour n'en est pas une. L'amour transcende les dynamiques de l'énergie. L'amour peut transmuter l'énergie de la dynamique mais la sexualité n'est pas l'amour, et nous ne devrions pas confondre les deux. La sexualité peut être un merveilleux *ingrédient* de l'amour, mais la sexualité en elle-même n'est pas l'amour. Pour que l'amour humain ordinaire existe, il faut nécessairement la présence de l'ego. Mais la définition de S.E.X est « Soudaine Echappée de L'Ego ». Pour l'amour humain ordinaire, il faut qu'il y ait un objet et un sujet, et quand soudain l'ego échappe, il n'y a plus ni sujet ni objet. C'est cela la vraie sexualité !

Lorsque vous abordez la sexualité à partir du domaine du possible, la responsabilité pour le jeu des dynamismes de l'énergie qui peut se produire est abandonnée à l'intelligence de l'énergie. L'énergie a une intelligence innée. Le corps sait !

Au cours de l'acte sexuel, pouvoir se situer dans le contexte du domaine du possible permet à l'énergie de l'interaction de suivre son propre processus. L'énergie ne poussera jamais quelqu'un au-delà des limites de sa résistance nerveuse — elle ne permettra jamais un processus alchimique qui détruirait les individus dans le couple. Fondamentalement, l'énergie est intelligente. Laissez simplement l'énergie être ce qu'elle est dans la sexualité. Si nous pensons au *comment* de ce qui devrait être, alors nous nous retrouvons avec une *tentative d'invention* déjà comprise dans un cadre restrictif. Vous dites : « Je veux une invention, mais il faut qu'elle soit comme ceci. » Si vous vous situez dans le domaine du possible, l'énergie sera l'intelligence directrice — et non l'ego, pas plus que vos blocages, votre psychologie, votre façon de vivre le plaisir, vos relations avec les hommes et les femmes. L'énergie décidera de ce qui doit être.

Lorsque l'énergie définit ce qui doit se passer, elle laisse le champ libre à tout ce qui peut se produire lors de l'acte sexuel. « Ça revient à dire que j'aurai cinquante orgasmes au lieu de trois ? Est-ce que je prendrai mon pied comme je ne l'ai encore jamais pris ? » Toutes les définitions rétrécissent le champ d'action de l'invention. Vous ne pouvez pas définir l'invention. Il vous faut simplement aborder la sexualité à partir du domaine du possible et ce qui peut en résulter peut-être très menaçant.

Par exemple, dans une relation à deux, naissent souvent des sentiments liés à la possessivité, à l'exclusivité et à la jalousie. Fonctionner dans le domaine du possible serait si menaçant pour la survie de ces mécanismes que, pure supposition, si la sexualité était le *stimulus* permettant chez quelqu'un cet état de conscience (c'est-à-dire le domaine du possible), il est fort probable que le partenaire de la personne en question n'aborderait plus jamais la sexualité sous le même angle. Pareil vécu de la sexualité ne serait jamais plus permis dans le couple parce que la menace que représente ce genre de liberté serait trop grande.

Si lors de l'acte sexuel un homme tombe dans le domaine du possible, cela ne veut pas dire que par la suite il « z'yeutera » chaque femme qu'il verra. Ça signifie que, peut-être, pour la première fois dans la vie de son compagnon, la femme verra ce que veut dire être l'objet d'adoration de quelqu'un, elle le saura ; et ce sera l'Adoration authentique (voir Secret 62), pas seulement dire « Je t'aime, je t'aime. »

L'invention peut tout vouloir dire. Cela peut même vouloir dire que lors de la relation sexuelle, l'un des deux partenaires planera à un tel niveau d'intensité qu'il ne pourra pas passer à l'action — que l'acte sexuel, en lui-même, deviendra littéralement presque un poison pour lui, et ce sans connotation de névrose. (La névrose merdique c'est lorsque l'un des deux se met à dire : « Je ne veux pas de relation sexuelle parce que j'ai envie de rester pur(e) pour le bon Dieu. ») Qu'arrive-t-il à l'autre partenaire dans le premier cas ? Eh bien, les deux n'ont tout bonnement pas de relation sexuelle. Ça fait partie du jeu dans lequel ils s'engagent lorsqu'en tant que couple ils veulent approcher le Divin ensemble. Que font-ils lorsqu'ils ont vraiment le feu au cul, lorsqu'ils grimpent aux murs ? Ils élèvent leurs regards au-dessus du niveau où habituellement l'acte sexuel est considéré être la seule solution pour le corps. Ils font ce qu'a fait le mari de Ma Ananda Moyi — ils deviennent des dévots[40]. Alors, ce qu'ils ont à donner à la place de la sexualité est l'adoration. Alors, ce qu'il ont à prendre à la place de la sexualité est l'adoration. Dans le cadre du domaine du possible, tout peut arriver.

Lorsqu'une personne a vraiment des besoins sexuels, il semblerait que la seule solution soit la solution sexuelle. Mais c'est faux. En fait, il y a beaucoup de moyens pour permettre au corps d'atteindre un équilibre, mais on ne nous a pas formés à les connaître et à les appliquer. On ne nous a pas enseigné à travailler avec les dynamismes de l'énergie. On nous a formés à satisfaire nos désirs lorsqu'ils se font sentir — lorsque l'estomac réclame, nous mangeons ; lorsque les organes génitaux sont en demande, nous avons des rapports ; lorsque ça bouge dans la tête, nous dormons — plutôt que de transformer le désir dans un domaine qui soit source de félicité. (Il est certain que si beaucoup d'entre nous pouvaient se débarrasser de leurs frustrations sexuelles en les faisant passer dans leur estomac, en peu de temps nous pèserions chacun cent vingt kilos.)

Si vous enlevez le domaine du possible dans la sexualité, vous prenez le risque d'enlever encore plus. Si vous ne supprimez pas le domaine du possible dans la sexualité, l'ego prend le risque d'y perdre beaucoup. Alors, il y a peut-être de gros sacrifices à faire.

Souvent l'invention nous ébranle. Peut-être que nous avons une idée toute faite sur la vie de famille et voilà qu'arrive l'invention qui risque de tout ficher en l'air. Ainsi, la question devient : Devons-nous ramasser les morceaux et considérer l'invention comme étant la base sur laquelle fonder notre vie, puis repartir de là ou devons-nous essayer de recoller les morceaux et refaire les vieilles fondations ?

Je vous dis, allez-y pour l'ébranlement ! Il est impossible de reconstruire les vieilles fondations, sauf à partir d'un tout autre contexte.

TROISIÈME PARTIE

L'ÉDIFICATION DE L'AMOUR

Les secrets profonds qui suivent traitent des diverses façons de comprendre l'amour et des définitions conventionnelles et usuelles qui s'y rapportent : ils nous expliquent pourquoi tout cela est inadéquat, voire même préjudiciable. Pour remplacer ces lieux communs, Mr. Lee nous offre une description de l'amour conscient. Il explique les étapes et les processus qui permettent à un tel amour de grandir et d'être au centre de la relation. Cette partie nous donne les bases de la pratique tantrique.

Secret 21

COMMENCEZ PAR L'AMITIÉ

Vous ne devriez pas vous mettre à vivre en couple à moins d'être déjà amis.

J'éprouve toujours pas mal de tristesse lorsque des relations intimes impliquant l'amitié cassent, parce que les bons amis sont bien plus difficiles à trouver que les bons partenaires. Je ne voudrais pas d'une maîtresse qui ne serait pas une amie, et si vous étiez malins vous feriez de même. En amour, tout commence par un processus chimique, et si l'amour se stabilise, et si vous avez de la chance, il descendra jusqu'au cœur. Vous pouvez toujours plus ou moins vous en sortir avec une expérience de chimie, par contre vous ne pouvez pas toujours vous débrouiller avec le cœur. Or, l'amitié a à voir avec le cœur — l'amitié vraie est, du début à la fin, une affaire de cœur.

Comme on dit, les vieux amis sont en or et les nouveaux en argent ou en cuivre. Mais nous avons l'habitude de prendre nos amitiés pour un dû et lorsque des individus flambant neufs surgissent, avec leurs façons de séduire prévisibles, nous renversons facilement les alliances (naturellement, en nous appuyant sur des arguments très rationnels).

L'amitié n'est pas une affaire d'exclusivité qui ne se produirait qu'une seule fois. Vous pouvez être ami avec vingt personnes au même moment, sans privilégier qui que ce soit, et cependant rester intègre en amitié.

Lorsque vous donnez votre amitié à quelqu'un, c'est pour la vie. De toutes façons, l'amitié vraie *devrait* être ainsi, pour la vie. Même si vos amis se mettent à «dérailler» et ne veulent plus jamais vous revoir, il s'agit de *leur* dynamique, de *leur* problème. Cela ne change en rien votre amitié.

Par exemple, dans les relations mixtes, il est des moments où les regards se croisent et alors les gens sont sûrs qu'ils viennent de trouver «l'âme sœur» ou qu'il y a entre eux un truc karmique resté inachevé. Mais, de manière caractéristique, l'amour authentique entre un homme et une femme qui pourraient former un couple, grandit avec le temps en passant par l'amitié et l'attention pour l'autre.

Il arrive souvent que notre première façon de réagir à l'autre soit tributaire de nos besoins ainsi que de la réaction chimique engendrée dans l'instant. Cependant, au lieu d'aborder l'autre en associé d'une entreprise commerciale («Tu auras droit à des compliments, si tu me laisses coucher avec toi...»), si nous allions vers lui en ami, il pourrait en résulter quelque chose de plus vaste.

L'amitié est toujours un point de départ approprié.

Secret 22

LA NÉCESSITÉ D'HONORER L'AUTRE

Au moment où vous refermerez ce livre, vous serez nombreux à avoir bien compris que je ne suis probablement jamais assez cynique lorsque je me réfère au mot *amour*. Il m'est souvent arrivé d'essayer de le remplacer par des synonymes sophistiqués et raffinés tels que *vie, réalité ultime, vérité, souffrance* mais à mon regret, rien ne lui est vraiment équivalent. Cependant, je continue à ressentir de profondes réticences à utiliser ce mot, à cause des mécanismes psychologiques inconscients qu'il déclenche et parce qu'il est si facilement mal compris au niveau conscient.

Ecoutez le nombre de fois où l'on dit « Je t'aime » et demandez-vous : « Qu'en est-il de l'estime de l'autre dans toutes ces relations entre humains ? » Est-ce que la signification de cette phrase : « Je t'aime », est honorée dans la pratique, dans les actes et même dans les pensées profondes, pas seulement entre amants, mais aussi entre parents et enfants ? Combien de parents disent « Je t'aime » à leurs enfants et cependant, ne font preuve d'aucune estime ou ne montrent aucun respect dans la relation qu'ils ont avec eux. Ce sont souvent ces mêmes enfants à qui ils disent « Je t'aime » qui sont battus, maltraités, rabaissés et délaissés. Le besoin d'honorer l'autre doit entrer dans les relations pour que la vie puisse revêtir une quelconque forme d'intégrité ou de beauté.

Vous avez probablement des amis divorcés qui sont terriblement en mal d'une relation ; néanmoins, ils ne sont pas le moins du monde intègres avec les personnes qu'ils connaissent. Par exemple, ils ont beau dire qu'ils aiment leurs enfants, dès qu'ils rencontrent quelqu'un du sexe opposé qui leur paraît convenable, ils se font la malle, laissent leurs mômes seuls ou s'en débarrassent en les confiant à une *baby-sitter*. Ils pensent dans leur for intérieur : « Je réparerai cela plus tard, mais il faut que je saute sur "l'occase" maintenant ! »

Si la personne à laquelle vous filez des rendez-vous est d'accord avec ce genre de comportement, je peux vous dire qu'elle n'est absolument pas une « occase » (ce dont certains d'entre vous, j'en suis certain, se sont rendu compte).

En Occident, « Je t'aime » est probablement dit chaque jour des milliards de fois, mais quel sens et quelle concrétisation du respect se cachent derrière ces mots ? Où est l'intégrité dans tout cela ? La majorité des gens n'ont pas même le bon sens de dire : « Certes, je suis superficiel, je fais du nombrilisme, mais *j'aimerais* pouvoir être capable de sacrifier à la situation en montrant un peu de profondeur, d'intégrité et d'estime envers l'autre. »

Dans ma propre vie, il m'aura fallu longtemps avant même de commencer à réfléchir à ce que veut dire honorer l'autre. Mais c'est là qu'il nous faut en arriver. Aucune dose d'autodiscipline ne remplace le sentiment d'estime.

Secret 23

Attention au culte du deux

Autrefois, j'ai connu un couple dont les deux personnes ne se quittaient jamais. Elles avaient du mal à se séparer même pour se rendre aux toilettes ! Cela, vingt-quatre heures sur vingt-quatre, sept jours par semaine et trente et un jours par mois. Si elle avait un rendez-vous ou un entretien, il l'accompagnait. S'il avait un rendez-vous ou un entretien, elle l'accompagnait. Il sautait aux yeux de tout un chacun, sauf aux leurs, que leur relation était une fusion. C'était sympathique de les voir s'exprimer leur «amour» et apprécier leur compagnie mutuelle, mais globalement leur relation était malsaine et maladive.

Dans une relation vraiment saine, doivent primer à la fois la qualité du temps vécu à deux, le respect profond, et l'estime que l'on a pour l'autre. Si vous vivez une relation merdique, vous aurez beau passer chaque nuit de la semaine ensemble, avoir des rapports sexuels soixante-quinze fois par mois, cela ne changera strictement rien à l'affaire. La relation ne s'en effritera pas moins ou elle sombrera tout autant dans l'enfer de l'abus de soi ou l'abus de l'autre (enfer ou paradis, c'est selon les mécanismes psychologiques qui vous gouvernent). Si votre relation est de qualité et que, lorsque vous êtes ensemble, vous appréciez totalement la présence de l'autre, peu importe le temps partagé en commun pourvu, évidemment, que vous restiez dans des limites raisonnables. Si vous ne passez qu'une nuit par semaine avec l'autre, cette nuit-là peut-être parfaite. Idéalement, le fait d'être ensemble ne doit jamais enchaîner mais bien plutôt libérer. Rien ne vous empêche de rester un individu qui mène sa propre vie dans le cadre du mariage, des amitiés, d'une communauté ou du travail. S'il n'en est pas ainsi, vous vous trompez. Si vous ne laissez pas à votre compagne, compagnon, personnel de maison, employés et amis, l'espace de liberté nécessaire pour qu'ils puissent être *eux-mêmes*, alors, vous vous trompez. Les rapports entre humains ont à voir avec la liberté, la passion, le plaisir réciproque, etc., mais pas du tout avec le désir de manipuler l'autre ou de faire bloc en instaurant un comportement du style « nous-contre-eux ».

Il est compréhensible qu'il ne soit pas facile de laisser ce genre de liberté à l'autre parce que, lorsque vous avez trouvé quelqu'un que vous aimez, vous avez envie d'être avec lui ou avec elle et vous voulez rester maître de la situation. La manipulation de l'autre, même à des fins honorables et altruistes à première vue, ne peut constituer la base solide d'une relation durable et nourricière.

Si vous vivez dans un esprit de communion, vous partagez un temps d'intimité avec votre partenaire, sans que ce partage soit cause d'isolement ou de repli sur soi. Parce que vous formez un couple, il est normal que vous gravitiez l'un autour de l'autre, ce qui n'a rien à voir avec ce culte du couple qui consiste à passer du temps ensemble, seuls, de façon exclusive. C'est la communion. S'il y a communion, il ne peut y avoir « isolement ». A ce moment-là, ce mot n'existe pas. Cependant, vu de l'extérieur, le couple peut donner l'impression de s'isoler du reste du monde.

Soyez avec votre partenaire ou vos amis lorsqu'ils vous donnent le feu vert pour être avec eux, et lorsqu'ils ne vous le donnent pas, vous avez le choix entre être malheureux ou heureux, tout en faisant ce que

• vous avez l'habitude de faire en leur absence. Vous n'aurez aucune raison d'être malheureux, si l'amour ou l'amitié que vous portez à l'autre ne dépend pas de stratégies de survie névrotiques.

Secret 24

Comment s'entraider et se satisfaire

Si vous illuminez la vie d'un être, vous le rendez vivant et sa force de vie se communique tout autour de lui. Lorsqu'une personne trouve le bonheur dans sa relation avec l'autre, elle se relie à toute chose et à l'univers. Elle est détendue, à l'aise, d'un abord facile, elle fait preuve d'intelligence, de sagesse, s'intéresse à tout et ce, de façon organique.

Si vous voulez être le soutien d'une personne qui n'a pas les idées en place, qui n'a pas la tête sur les épaules, qui ne sait pas du tout en quoi consiste sa vie, ni où elle va, il faut l'aider à définir qui elle est, sans lui mettre vos propres définitions dans la bouche, et à l'amener à voir en quoi réside sa vie. Vous la faites entrer dans le processus de communion. Vous ne déplacez pas son problème. Vous permettez au Divin de se manifester en elle.

Donc, pour être le soutien de quelqu'un, il faut reconnaître son être essentiel, sa vérité première et sa nature fondamentale au lieu de s'attarder, ou de minimiser (voire de s'extasier), sur ses aspects superficiels, ses traits de caractère et ses extravagances de névrosé.

*
* *

Au tréfonds de nous-mêmes, nombreux sont ceux d'entre nous qui croient vraiment que ce en quoi ils excellent, fait plaisir au sexe opposé — si ce n'est pas sur le plan sexuel, au moins dans le domaine social.

Voulez-vous savoir comment contenter réellement un homme ou une femme ? *Soyez disponible, présent pour l'autre et fichez-lui la paix.*

Si quelqu'un vous aime, il vous ouvrira son être. Si quelqu'un apprécie et goûte votre compagnie, il s'ouvrira et rayonnera en votre présence. *Soyez disponible, présent pour l'autre et fichez-lui la paix.*

Comment lui ficher la paix ? L'un des moyens c'est de ne pas s'immiscer dans sa vie, de ne pas le manipuler ou le dominer. Ecoutez-moi, Mesdames, combien d'hommes vont réellement s'amputer le bras gauche en coupant les pommes de terre dans la cuisine, hein ? Pas tant que ça ! Il est vrai qu'ils peuvent se faire une légère entaille au doigt. Mais est-ce que cela vous ferait vraiment mal de laisser votre mec se servir du couteau le plus affûté comme il l'entend, en vous abstenant de lui expliquer comment le manipuler ?

Et vous, Messieurs, combien de fois n'envoyez-vous pas votre femme au diable, si elle se montre follement démonstrative quand elle voit arriver une de ses copines, ou si sa façon de faire lorsqu'elle aperçoit une amie n'est pas la même que lorsque vous franchissez le pas de la porte ? Vous savez de quoi je parle ! Par exemple, lorsque les femmes sont entre elles à papoter, vous restez assis à fulminer : « C'est pas moi qu'elle traiterait comme ça ! »

Pourquoi pensez-vous qu'elle ne vous traite jamais comme ça ? Parce que vous n'êtes pas présents et que vous ne la laissez pas tranquille.

Le genre de dynamique à laquelle je me réfère peut amener l'homme et la femme à commencer à considérer une sorte de réceptivité féminine. L'état d'esprit féminin fondamental est basé sur le besoin de servir de soutien à l'autre, d'être nourricier pour lui, affectueux et prévenant. Par exemple, si vous, l'homme, tournez en rond dans la maison pour découvrir votre femme en train de faire quelque chose, et pensez qu'elle pourrait s'y prendre mieux, taisez-vous ! Les choses se feront de toutes façons. Laissez-la cuisiner comme elle veut. Ce n'est pas toujours facile d'agir ainsi mais c'est un bon début. Ne vous amusez pas à conduire à partir de la banquette arrière. Laissez de temps en temps les commandes à la femme. Contentez-vous de vous asseoir à côté d'elle et *ne l'ouvrez pas !* C'est un bon exercice pratique que de permettre à une autre personne, dans ce cas précis la femme si vous êtes l'homme, de faire tout simplement ce qu'elle fait à sa manière à elle.

Secret 25

Quand une histoire d'amour se brise

Surtout dans le domaine des relations, ne croyez pas pouvoir « péter plus haut que votre derrière »; vous ne le pouvez pas. Ne pensez pas arriver à vous « débrouiller », vous n'y arriverez pas. Les seules choses dont vous pouvez vous dépatouiller sont celles dont vous vous êtes déjà dépatouillé, et encore, seulement si vous avez de la chance ou la bénédiction d'en haut. Personne ne peut se débrouiller avec quoi que ce soit de nouveau. Le mieux que nous puissions faire est de nous sortir sans trop de casse d'une situation nouvelle et d'en tirer une leçon. Mais nous en « débrouiller », je ne le crois pas.

Il m'est arrivé de procéder à un ou deux grands changements dans ma vie. Dans le feu de l'action, j'ai roulé les mécaniques et annoncé : « Je peux me tirer d'affaire ! » Mais il est toujours apparu que je ne m'en étais vraiment pas bien sorti du tout. J'aurais pu aborder la situation d'une manière très différente. Un ou deux cas similaires d'événements considérables, m'ont convaincu que lorsque nous sommes écorchés vifs ou désespérés, il est bon de la boucler la plupart du temps. Un langage sobre, sans pour autant réprimer toute expression verbale, pourrait nous économiser bien des souffrances et angoisses. Généralement, il est tout bonnement préférable de se taire avec les parents, les enfants, le compagnon, la compagne et les amis parce que sinon nous déclamons avec force gestes et tirades pour essayer désespérément de justifier un comportement névrotique qui découle de nos insécurités, de nos peurs ou de notre colère. De telles névroses n'ont guère besoin d'approbation, et les efforts que nous faisons pour qu'elles soient justifiées finissent par rajouter de la tristesse et des fausses notes à la situation et à l'environnement.

Nous agissons parfois à partir de revendications qui ne sont que vantardises et, habituellement, nous finissons par les payer.

Lorsque nous paniquons, nous avons une conduite exagérée et irrationnelle — du grand guignol. Nous avons tendance à nous prêter à cela lorsque nos relations battent de l'aile. Beaucoup d'enfants sont nés du désir de vouloir sauver une relation ou un mariage et, évidemment, c'est la dernière chose à faire pour récupérer une situation vaseuse ou malsaine. Il est cruel de charger un enfant d'un pareil fardeau pour le restant de ses jours. Il est bien triste de constater que notre infantilisme nous amène à proférer des menaces spectaculaires et à nous conduire de façon théâtrale, parce que nous sommes incapables de bon sens dans notre vie.

Nombreux sont ceux qui divorcent et pensent : « Ce fils de pute (ou cette salope), j'ai toujours su qu'il (elle) ne valait rien quand je l'ai rencontré(e) ! » Si vous n'assumez pas au moins cinquante pour cent des responsabilités (et cela vous ferait le plus grand bien d'en prendre plus, au moins jusqu'à soixante-dix ou quatre-vingts pour cent, même si vous n'êtes responsable qu'à cinquante pour cent), si vous passez votre temps à tenir les autres et les circonstances pour responsables de vos problèmes, vous ne serez jamais assez grand pour vous débrouiller avec *quoi que ce soit*. Vous ne saurez pas vous dépatouiller lorsque vous serez à court de cigarettes pour la journée ! Vous ne pourrez vous sortir de rien si vous passez votre temps à blâmer les autres pour vos problèmes et si vous ne regardez pas comment vous avez été complice de la situation.

Lorsque j'avais entre dix-huit et vingt ans et que je rompais avec quelqu'un, je disais toujours : « Je mérite mieux... » ou : « C'est pas mon truc... » J'étais complètement égoïste, comme vous l'avez probablement tous été à un moment ou un autre de votre vie. Cependant, lorsque mes histoires ont pris un tournant sérieux, j'ai très vite appris que j'étais tout aussi responsable que les autres et je devins désireux de prendre ma part de responsabilité (néanmoins, le mystère reste entier quant à savoir *comment* j'étais désireux de le faire et à même d'y arriver).

Les grandes tirades et les comportements spectaculaires ne reposent pas sur la patience, la persévérance et le désir d'attendre que le bon moment se présente.

Secret 26

LA MONOGAMIE

Je pense que les gens devraient avoir une relation monogame et apprécier une vie sexuelle saine. L'homme et la femme devraient tomber amoureux et s'aimer; ils ne devraient pas flirter avec le premier ou la première venue, uniquement à cause de sentiments d'insécurité. La monogamie est recommandée parce que l'amour ne peut fructifier que sur un terrain d'intimité et d'union.

La relation sexuelle procure une sorte de vulnérabilité impossible à retrouver ailleurs. Peut-être que l'expérience qui s'en rapprocherait le plus est celle que partagent les survivants d'une catastrophe aérienne; on pourrait aussi lui comparer tout autre événement aussi bouleversant, qui permet aux êtres humains de vivre ensemble de terribles épreuves. La forme de vulnérabilité propre à la relation sexuelle est connue des personnes victimes d'un vrai cataclysme, d'une tragédie collective, mais il n'y a pas d'autres façons de l'expérimenter. On ne la trouve même pas dans les amitiés les plus profondes auxquelles manque cette sorte de vulnérabilité que l'on peut qualifier de chimique, qui se produit lors d'une tragédie, à cause de la sympathie éprouvée entre humains. Le corps change lorsqu'il y a une réaction chimique due à un réel sentiment de sympathie pour les autres. La plupart des humains ne peuvent partager ce genre de vulnérabilité qu'avec une seule personne, sinon ils seraient victimes d'une implosion. Nos circuits internes ne sont pas faits pour.

Dans une fausse monogamie, vous vous suffisez d'une personne parce que vous instaurez un type de relation qui vous isole tous les deux du reste du monde. Le mec rentre du boulot et sa chérie lui demande : « T'as eu ton augmentation, mon trésor ? » Il lui répond : « Bon Dieu, non. Ils ont fait passer quelqu'un avant moi. » Et sa chérie de continuer : « Quoi ? Quoi ! Ils ne te respectent pas dans ce boulot. Tu devrais en chercher un autre. Ton patron ne reconnaît pas ta valeur. » Ils se renvoient la balle et se blottissent dans une bulle qui les coupe du reste du monde.

Dans une vraie monogamie, on ne trouve pas le besoin irrésistible de flirter, de jouer au tombeur et à l'allumeuse, ou de se mettre en chasse. Pour l'homme, l'amour de la chasse se retrouve dans son travail, sa puissance créatrice, son art, sa passion pour sa femme et ses enfants. Quant à la femme, elle nourrit sa famille, son homme, entretient sa maison, enrichit son environnement, sa communauté et sa forme d'expression artistique. Ainsi, chacun fait de l'univers son huître perlière.

*
* *

Parfois, il arrive à des gens de vivre des expériences extraordinaires avec de nouvelles relations, parce que l'intensité de l'engouement et le désir de se relier est très fort. C'est pourquoi nombreux sont ceux qui s'emballent pour quelqu'un d'autre que la personne avec laquelle ils sont habituellement, pour ensuite, revenir tout droit à leur partenaire initial(e). Ils pensaient que les rapports dans leur couple vieillissant étaient dépourvus de merveilleux et ils ont réalisé que, très vite, le merveilleux serait tout aussi absent de leur nouvelle relation.

Avec le temps, les personnes construisent ensemble quelque chose que rien ne peut remplacer. Le temps ne peut pas être fabriqué dans une nouvelle relation. Il est fort probable que vous soyez des « compagnons d'un vieux karma », que vous ayez passé de nombreuses vies ensemble, mais cela ne vous permet pas de vivre votre relation actuelle en accéléré. Dans les rapports humains, il est impossible de faire une synthèse du facteur temps.

Secret 27

ÉVITEZ
LES RELATIONS CONVENTIONNELLES

Vous pouvez vivre avec quelqu'un pendant des années sans être marié mais une fois le contrat signé, la situation légalisée, la puissance du « programme » concernant le mariage peut se manifester. Ce programme est souvent si profond que le degré d'ouverture, d'intelligence et de sensibilité de l'individu importe peu ; une fois ce fameux contrat signé, il se transforme en un texte de lois avec des décrets politiques et territoriaux. J'ai pu constater que les personnes réagissent au contrat de mariage à partir de puissantes motivations inconscientes. (En général, la réaction typique est de penser : « Ah ! Désormais, c'est *ma* propriété. » Comme si vous veniez d'effectuer le dernier versement sur une voiture.)

Une stratégie subtile s'élabore à partir de ce genre de réaction : sans en avoir la moindre intention, les gens se mettent à profiter de leur conjoint ou conjointe. Il se peut que le mari ne dise plus de choses gentilles à sa femme ou qu'il ne la complimente plus sur sa façon de cuisiner. Des petits détails changent. Une fois le contrat signé, la situation légalisée et la lune de miel terminée, ces signes d'attention mutuelle peuvent disparaître très vite.

Les relations conventionnelles entretenues tant avec des amis qu'avec le conjoint ou la conjointe, impliquent généralement le besoin de posséder et de délimiter son territoire. Chaque fois que deux personnes s'assemblent, la pulsion qui pousse à accaparer le territoire de l'autre est extrêmement forte ; nous avons tendance à penser que notre compagne ou notre compagnon est notre propriété. Lors d'une soirée, on peut devenir dingue en voyant notre partenaire causer avec quelqu'un du sexe opposé. Regardons les choses froidement, si votre partenaire a vraiment envie d'avoir une relation sexuelle avec quelqu'un d'autre, c'est assurément dommage, mais que pouvez-*vous* y faire ? Essayer d'empêcher que cela se produise ? Et comment ? Par la violence, ou en essayant de le mettre en cage ?

Ecoutez ! Ce n'est pas parce que vous aurez réussi à ce que votre partenaire ne couche pas avec quelqu'un d'autre que sa relation avec vous s'améliorera. Vous devez considérer le fait qu'il vous aime probablement autant qu'avant. C'est vrai. Souvent les gens sont tout simplement naïfs et lorsqu'ils commencent à ouvrir les yeux, ils deviennent la proie de doutes, de conflits, de défaillances qui surviennent sur la route qui mène à la maturité et à la sagesse. Comme dans ce que je viens d'expliquer, peut-être étiez-vous la première personne avec qui votre partenaire ait jamais couché. Peut-être étiez-vous le type même de l'Américain qui n'aurait pas épousé une fille à moins qu'elle ne soit vierge. Vous vous êtes assuré que votre femme s'est préservée pour vous. Et puis, c'est arrivé ! Un jour, après quelques années de mariage, elle s'est mise à lire *The Joy of Sex* et *Fear of Flying* [41] et cela l'a chatouillée quelque part, ou peut-être qu'elle a eu envie d'un autre type parce que vous êtes un goujat. La relation sexuelle de deux minutes terminée, voilà que vous vous roulez sur le côté en allant probablement jusqu'à lui dire : « Merci chérie » ou « C'était bon ? » Autre éventualité, vous sautez sur vos pieds et annoncez : « Eh, que dirais-tu d'une omelette ? Ma cuisine est pas dégueu ! » (Chez la plupart des mecs, la sensibilité est absente. Chez les femmes aussi mais elles donnent le change en étant chaleureuses, compréhensives, compatissantes, dévouées et patientes. Elles ont une tactique différente : elles appliquent la stratégie de la-femme-dévouée-travailleuse-qui-sacrifie-tout-pour-son-homme-et-sa-famille.)

Lorsqu'une personne a choisi de se marier, son choix ne devrait pas être conventionnel. Le choix authentique implique la notion de service ; c'est le choix de servir l'autre pendant toute une vie. (Mais cette idée est très éloignée de l'expérience habituelle du mariage tel qu'il est vécu dans notre société conventionnelle ! Des traditions spirituelles organisées que nous avions ici, il ne reste rien ; elles ont été étouffées, piétinées. Nous sommes devenus psychologiquement infirmes, tout particulièrement en Occident. Nous devrions peut-être appeler ce phénomène le M.H.M. — Maladie de l'Homme Mort, en mettant l'accent sur Homme.)

Chacun d'entre nous devrait voir clairement si oui ou non il est toujours profondément désireux de transmettre dans sa vie privée des façons d'agir conventionnelles. Ce genre de transmission repose sur un mensonge ; elle implique le *« vous »*, le qu'en dira-t-on, qui est le produit de la société, de la famille, de l'environnement — de toutes choses, *hormis* le Divin. La personne qui s'embarque pour le voyage de transformation doit partir *exactement* de là où elle se situe — tant dans ses activités quotidiennes que dans l'expression de qui elle est, dans ses comportements et ses attitudes mentales. Les grands concepts métaphysiques et les idéaux éthérés sont inutiles si votre vie privée reste déconnectée de ce vers quoi vous tendez, si elle est estropiée par vos préjugés et par vos habituelles crispations psychologiques.

Secret 28

DÉFINIR L'AMOUR

Quel que soit notre âge, ce que nous prenons pour de l'amour découle principalement d'expériences passées qui sont complètement erronées. Si vous regardez en arrière, vous verrez qu'à trente ans, pour ce qui est de l'amour, vous vous êtes cru vraiment mûr, expérimenté et avec les pieds sur terre. A quarante ans vous reconsidérez ce qu'à trente ans vous avez pris pour de l'amour et vous vous dites : « Mon Dieu, ce que j'ai pu être gamin(e) ! Toutes les erreurs que j'ai commises et le nombre de personnes que j'ai blessées, si seulement j'avais pu savoir... » Puis, vous arrivez à la cinquantaine et votre vision des choses a mûri, elle est plus vaste, plus riche. (« Maturité » est un mot qui a beaucoup de significations. Il ne veut pas seulement dire que nous avons vieilli et acquis de l'expérience, mais que notre capacité d'accueil est beaucoup plus grande et notre cœur beaucoup moins vide.) Essentiellement, ce que nous n'arrêtons pas de voir est *ce que l'amour n'est pas*, et plus nous réalisons ce qu'il n'est pas, plus nous apprécions ce qu'il est — quoi qu'il soit.

Une autre chose que nous comprenons en mûrissant est que l'amour *est toujours disponible* et qu'il ne dépend de personne. Le quatrième volume de *The Alexandria Quartet*, série de livres écrits par Lawrence Durrell, se termine par la constatation que la personne qui est amoureuse, ou qui aime d'un amour vrai, n'a besoin de rien d'autre en dehors d'elle-même. Dans le cas historique de Mirabai, l'amour était vivant et le bien-aimé présent sous la forme d'une petite pierre, idole censée représenter Krishna. Il n'y avait rien d'autre à prendre en compte. Et cette même façon de se relier à l'amour s'applique à de nombreux saints. Pour plusieurs mystiques chrétiens, le bien-aimé est présent, pas tant dans la nature de l'homme-Dieu Jésus que littéralement parlant, sous la forme d'icônes ou d'objets vénérés, comme par exemple une image représentant Jésus ou un crucifix. (Il se peut qu'au début du christianisme, il y ait même eu de vrais artefacts — des échardes prises au bois de la croix, le vêtement de deuil de la Vierge Marie, des fils arrachés des chaussettes de Jésus, ou d'autres choses du même style.)

On finit par comprendre qu'incarner l'amour consiste à s'épancher dessus ; ce n'est ni un besoin, ni une confiance dans quelque chose d'extérieur que nous avons fait nôtre. En littérature, quelques-uns des exemples d'amour qui sont les plus romantiques et tendrement douloureux sont ceux où, pour une raison ou une autre, l'amant a été rejeté — par le biais de la mort, par celui de la non-reconnaissance ou tout simplement à cause du mépris qu'on lui a témoigné. Mais son cœur débordait d'un tel amour qu'il s'est exprimé malgré tout, en dépit de l'indifférence de l'objet aimé.

Plus on étudie l'amour, plus on réalise que l'on doit choisir entre aimer et étudier l'amour. C'est l'un ou l'autre. J'irais jusqu'à dire que la plupart d'entre nous ne sont que des étudiants en amour, même si nous sommes tombés amoureux d'innombrables fois, probablement sans même le savoir.

On ne peut pas vraiment définir l'amour, mais on peut faire grandir en nous une interrogation sur l'amour, que les années affineront en la précisant et différenciant toujours plus. Je ne veux pas dire qu'il vous faille passer votre temps à peser les choses au regard de l'amour, mais votre expérience vous sert à affiner la question de telle sorte que votre angle de vision devient de plus en plus précis, de moins en moins trouble. Au début, il est fort probable que le phénomène d'identification vous fasse inclure dans votre champ de vision des choses qui ne devraient absolument pas y être, mais le feu de la *sadhana* [42] se chargera de purifier tout cela.

Secret 29

L'AMOUR CHIMIQUE, L'AMOUR ÉMOTIONNEL ET L'AMOUR CONSCIENT

Dans les relations humaines il existe un champ d'attraction magnétique qui s'exerce entre les phénomènes chimiques semblables et les phénomènes chimiques contraires. Les contraires s'attirent — comme le pôle nord et le pôle sud d'un aimant. Les phénomènes chimiques semblables s'attirent également — nous cherchons ce qui peut nous renvoyer notre image car nous voulons progresser, nous connaître.

Lorsque les contraires s'attirent, les gens essayent d'emboîter leur matrice les unes dans les autres, ce qui ressemble à un jeu de patience. Parce qu'il y a complémentarité, ce type de relations tend à durer plus que celles basées sur l'attraction; néanmoins, aussi longtemps que nos relations humaines ne sont fondées que sur les phénomènes chimiques, rien ne peut se produire en terme d'épanouissement. Si deux personnes ne partagent pas un but ou une optique quelque peu semblable, les éléments souterrains de leur conscience détruisent généralement les liens qu'ils ont créés, quels que soient ceux-ci.

Les lois qui régissent les phénomènes chimiques s'appliquent dans l'amour chimique. Ce dernier recouvre essentiellement tous nos engouements et toutes nos liaisons amoureuses. Par exemple, les gens ont un certain seuil de tolérance physique l'un pour l'autre, seuil qui varie selon les individus, et ils vont aller jusqu'aux limites de ce seuil de tolérance. Puis, une fois le seuil de tolérance physique dépassé, une fois les réserves épuisées, il n'y a plus de relation.

Si nous alimentons les phénomènes chimiques de l'autre, ses « glandes », il ne nous reste qu'une seule façon de réagir. Il est absurde de croire que lors d'une relation amoureuse basée sur les phénomènes chimiques, nous ne nous mettrons pas en colère, nous ne serons pas jaloux, nous ne culpabiliserons pas, nous ne nous sentirons pas insécurisés, nous serons libérés des réactions émotionnelles, nous n'aurons plus de hauts et de bas, de comportements positifs, négatifs ou indifférents. Nous sommes prisonniers des limites imposées par nos phénomènes chimiques, et la chimie ne connaît pas les sentiments. Elle agit simplement en vue de catalyser ce pour quoi elle est programmée. (Dans le cadre de sa nature, elle peut produire *n'importe quoi*.)

Se faire des promesses réciproques uniquement sur la base de l'amour chimique n'a aucun sens, parce que c'est notre tête qui promet, et elle ne tient pas compte des lois de la chimie. Nous promettons à l'autre à partir du besoin de croire, d'espérer ou de projeter (tout cela étant l'œuvre du mental), mais nous ne pouvons contrôler nos phénomènes chimiques et les faire rentrer dans la camisole de force que nous avons passée au langage, puisque nous l'utilisons de manière névrotique, même lorsque nous promettons en toute sincérité.

Par exemple, les gens se jurent constamment fidélité, mais de par notre nature chimique, nous ne sommes pas monogames ! De par notre nature spirituelle, nous sommes absolument monogames, mais de par notre nature chimique, nous sommes semblables à des animaux — nous sommes tel le coq dans la basse-cour qui passe son temps à monter toutes les poules. Evidemment, ce n'est pas la réflexion personnelle qui détermine les actes de l'animal ; toutes ses activités sont dirigées par des phénomènes chimiques, c'est-à-dire par l'instinct dans ce qu'il a de plus pur.

La même chose s'applique à l'amour humain chimique. Il est intégralement dirigé par des forces impersonnelles. Et aussi longtemps que l'amour restera chimique, aussi longtemps que nous resterons des sous-humains, nous aurons toujours ce type de liaisons amoureuses.

Avec l'amour chimique, si nous ne commettons pas l'adultère physiquement, nous le commettons mentalement. Toutes les formules telles que « la diversité est le sel de la vie » ou des trucs comme « la crise des sept ans » et autres conneries, sont tout bonnement utilisés pour valider nos réactions chimiques, parce que nous sommes des sous-humains.

Nous ne connaissons pas (et nous n'avons pas besoin de connaître) la totalité de nos phénomènes chimiques ou de ceux de notre partenaire. Par contre, il est indispensable d'entretenir en nous un état d'esprit qui nous porte à explorer, à nous émerveiller et à accepter. Donc, dans l'étude de soi, il nous faut prendre conscience de ce qu'est l'amour chimique, de l'amour émotionnel et de l'amour conscient.

*
* *

L'amour émotionnel est la conséquence des tendances programmées dans notre psyché par ce qui constitue notre environnement — par nos pairs, nos parents, nos professeurs et par les circonstances de la vie. Nous sommes des amoureux émotionnels à cause des stratégies de survie primitives à l'œuvre dans l'amour chimique. Dès l'enfance, nous observons notre environnement et nous commençons à grandir à partir de ces observations. Dès lors, et par suite du regard que nous avons choisi de porter sur le monde, nous nous relions stratégiquement aux autres, dans toutes nos relations.

Les relations dans l'amour émotionnel tendent à être extrêmement cyclothymiques. Bonnes, mauvaises, bonnes, mauvaises, bonnes, mauvaises. De fait, les gens finissent par se haïr, s'aimer, et se haïr à nouveau — mais ne se séparent pas. Ils ne peuvent pas se séparer parce qu'ils dépendent trop l'un de l'autre pour tenir debout. « L'histoire » de l'un est imbriquée au niveau émotionnel dans celle de l'autre, et vice-versa. Nous sommes en plein dans la dynamique classique de la co-dépendance !

Les cas d'amour émotionnel ne manquent pas. En réalité, dans notre monde occidental, l'amour émotionnel est probablement une épidémie. C'est aussi le type d'amour le plus difficile à transformer. Grand Dieu, il faut dire que la phase « bonne » de la relation, dans l'amour émotionnel, est une source d'inspiration sacrément enivrante qui nous permet de nous éclater tout en nous consumant ! Donc, elle est bien trop bonne pour qu'on se risque à la perdre en se séparant, lors de la phase « mauvaise » (blessante) de la relation. L'amour émotionnel est aussi le truc qui nourrit notre inspiration. Les gens qui sont des amoureux émotionnels devraient toujours être des poètes, des artistes ou des chevaliers en quête d'un trésor.

On peut tirer des leçons de l'amour chimique, l'étudier et se dégager de son pouvoir de domination (en arrivant à le connaître assez bien pour ne pas être dupe de ses symptômes), mais l'amour émotionnel est tellement ravageur, entier, au regard de nos stratégies psychologiques grossières que, quand bien même on arrive à *en sortir*, on peut rarement *s'en sortir*.

*
* *

D'un autre côté, dans l'amour conscient, il n'y a pas de place pour les émotions dégradantes et impulsives. Mais l'amour conscient ne fait pas fi pour autant des phénomènes chimiques — du fait que nous sommes des créatures biologiques, nous sommes enclins à perpétuer la race et, jusqu'à un certain point, nous dépendons des lois qui régissent la structure de nos cellules et de nos sécrétions hormonales.

Seul l'amour conscient peut générer une histoire d'amour où les partenaires sont sensibles aux lois de l'alchimie — les lois de transformation — qui dépassent les lois de la stagnation, de la simple survie, et qui vont à leur encontre. Nous sommes des machines, certes les plus perfectionnées de l'univers ou, au minimum, de notre galaxie, mais nous n'en restons pas moins des machines. Sans l'amour conscient, nous n'avons aucun moyen de nous différencier du vulgaire primate que nous sommes.

L'amour conscient dépasse de loin le cadre de nos relations humaines. La façon dont les humains ont créé de ravissantes variétés de fleurs relève d'une tentative d'amour conscient. L'élevage des pur-sang les plus magnifiques et des chiens de race est une autre manière de s'orienter vers l'amour conscient. Dans ces exemples, par désir du beau, l'homme s'est mis au service de la création optimale pour une espèce donnée, pour un courant d'énergie.

Ces formes d'amour conscient ont évidemment été perverties par le goût du profit ou du pouvoir, par des fins égoïstes. L'homme n'a pas travaillé pour le chien, mais pour le trophée ; l'homme n'a pas travaillé pour le cheval, mais pour gagner les courses et honorer son insatiable quête de beauté ; l'homme n'a pas travaillé pour la fleur, mais tout cela n'invalide pas son besoin initial. L'homme a travaillé parce que la fleur évoquait quelque chose en lui et que c'était là un sentiment qu'il voulait éprouver. Nous avons cherché à être des dieux, pour créer, pour transformer ! Ne sachant pas ce qu'est l'amour conscient, l'homme n'a pas pu le créer intentionnellement, mais il s'est orienté dans cette direction. L'amour conscient est la forme d'amour la plus élevée à laquelle nous puissions nous référer.

Tout ce qui tourne autour de l'idée d'une « race pure » — la démarche faite pour optimiser la lignée — est une tentative pour créer l'amour conscient. Mais elle est pervertie inconsciemment par nos motivations psychologiques égoïstes. Nous nous y prenons mal pour nous occuper de ces choses. Nous ne savons pas ce que nous faisons, cependant nous sommes littéralement menés dans certaines directions par le grand processus de l'évolution divine. (43)

Quand l'homme est en communion avec la nature, il reçoit une forme très primitive de l'amour conscient. La nature est pure. Elle n'est pas psychologiquement tordue, elle n'a pas d'ego en soi, parce qu'elle n'a pas plus l'ego du ver de terre que celui de l'éléphant, de la montagne, de l'arc-en-ciel ou du soleil ! Face à la nature, nous pouvons être vulnérable et nous exprimer sans retenue car nous n'avons pas de répercussions psychiques à craindre. Malheureusement, nous ne recevons pas des humains ce que nous recevons de la nature, sauf lors d'occasions très particulières qui se présentent dans un espace de conscience — par exemple, dans une école qui propose un travail spirituel.

En vérité, l'amour conscient est tellement sacré et stupéfiant que, d'une certaine manière, le bien-aimé est envoûté par l'amour de l'amant. Dès lors, il ne peut être question pour le bien-aimé d'oublier ou de quitter l'amant conscient. Après un certain temps, cet amour est toujours payé de retour. La réponse initiale à l'amour conscient est, pour ainsi dire, d'y souscrire à vie.

Cependant, être capable de retourner cet amour conscient, une fois que vous êtes pris, est une autre paire de manches, tout comme il est difficile de maintenir le feu dévorant — la tension de la transformation — engendrée par l'amour conscient. Cela peut prendre tout une vie pour que ces ajustements s'intègrent au niveau de l'expérience — et alors ? Que peut-on faire d'autre qui vaille la peine ?

L'amour conscient ne se produit pas par hasard, il doit être cultivé, amorcé, activé et vécu. On ne « tombe » pas dans l'amour conscient. Celui-ci résulte d'un travail quantitativement et qualitativement draconien, dont une partie consiste à vous observer constamment afin de déterminer si ce que vous voulez pour votre amant (ou amante) est ce qu'il y a de mieux pour lui (elle), ou si cela correspond à vos propres préférences égocentriques.

Il va de soi que *vous* voulez certaines choses, mais qu'est-ce qui est le mieux pour l'autre — l'objet de cet amour ? A supposer que ce qu'il y ait de mieux pour lui (elle) ne tienne pas compte de vous pendant un mois, deux mois, un an ? L'amour conscient veut dire qu'il vous faut faire tout ce qu'il y a de mieux pour votre amant (ou votre amante), même si c'est contraire à ce que votre ego souhaiterait par-dessus tout pour vous. (D'ailleurs, dire « votre amant(e) » est ridicule parce qu'aucune notion de possession ne peut s'appliquer à l'amour conscient. Et bien sûr, le mot « amant(e) » n'a absolument rien à voir avec ce qu'il signifie d'habitude. Je l'utilise par commodité pour m'éviter d'avoir recours chaque fois à une périphrase interminable.) La personne qui essaie de faire grandir en elle l'amour conscient est confrontée, sans répit, chaque jour, à des situations de crise — en ce qui concerne le travail, l'heure à laquelle il lui faut se lever le matin, le nombre de fois où elle souhaite avoir des relations sexuelles et quel type de relations sexuelles, ce qu'il lui faut manger et l'apport en vitamines, le moment approprié pour avoir des enfants, leur nombre et l'éducation à leur donner, comment traiter sa belle-famille, les visites à faire à ses parents, et cela n'a pas de fin, jour après jour, encore et encore et encore. Mais ce genre de crises se produit uniquement au niveau du mental — elles sont fondées sur des données qui relèvent du psychologique et du mental — et non au niveau corporel.

« Qu'est-ce qui est le mieux pour mon amant(e) ? » Quoi que cela puisse être, c'est à cela que vous devez vous rendre. (Et ce genre de soumission vient de l'abandon au Divin. De lui-même, l'ego ne peut jamais faire de tels choix. Seule la volonté divine est assez intelligente pour avoir une perspective appropriée de la situation.)

Il arrive parfois que ce qui convient le mieux pour votre amant(e) lui soit très douloureux. Il lui faudra peut-être accomplir quelque chose en versant des larmes de sang et il (elle) s'y opposera à mort. Si vous avez l'impact nécessaire sur votre amant(e), qui lui permette d'accomplir ce qui lui est demandé pour lui (elle), alors vous devez passer à l'action ; même si cela veut dire que vous serez sous pression d'une façon incroyable ; même si cela veut dire que votre amant(e) n'arrêtera pas de vous mettre des bâtons dans les roues pour vous en empêcher.

Vous ne pouvez pas être un(e) amant(e) conscient(e), dans le sens où je l'ai défini, sans que Dieu ne soit au cœur de la relation avec la personne avec qui vous vivez. Lorsqu'avec votre partenaire vous vous conduisez en amant(e) conscient(e), vous êtes parfaitement accordé aux dimensions spirituelles de l'intelligence divine. Si vous vous essayez à ce type de décisions dont nous venons de parler, en faisant appel à des données que vous avez intégrées ou à des expériences acquises, alors, dans le meilleur des cas, vous agirez à partir d'une solution devinée grâce à votre éducation. La certitude est l'affaire de la volonté divine qui prend des décisions par le biais de l'instinct humain, mais jamais à partir d'une construction mentale ou d'une accumulation de connaissances.

Lorsque vous aimez d'un amour conscient, vous pouvez pressentir la perfection dans votre amant(e), non parce qu'il (elle) est un humain, mais parce qu'il (elle) est un élément de la création divine. Peu importe l'aspect de l'enveloppe, peu importe la quantité de bonnes ou de mauvaises habitudes chez l'autre, peu importe son degré de «folie», vous pouvez toujours ressentir cette perfection, cette essence. Et au prix de tout ce qui compte pour vous dans la vie, même si cela doit vous coûter votre équilibre mental, vous voulez faire apparaître cette perfection chez votre amant(e). C'est cela l'amour conscient. Ce genre de relation idéale doit être cultivé. Il faut y travailler, s'y entraîner. Vous n'avez pas été élevés pour faire cela dans cette société. Le plus grand accomplissement que nous puissions jamais espérer pour nous-mêmes est de devenir des amant(e)s conscient(e)s.

La plupart d'entre nous ne sont même pas tolérants consciemment. (La différence est énorme entre être simplement tolérant et être tolérant consciemment.) Nous sommes un amas informe de tendances, d'habitudes et de névroses. La tolérance consciente est la reconnaissance de ces tendances et la compréhension qu'il nous faut établir des rapports avec les autres en tenant compte de toutes leurs habitudes et névroses, sans attendre qu'ils s'arrêtent de nous «caresser à rebrousse-poil». Si c'est cela que nous attendons, nous pouvons y passer notre vie, voire plus. Peut-être qu'en l'espace de cinq ans, ils auront quelque peu changé, ou peut-être qu'ils ne changeront jamais, mais quoi qu'il en soit, ils sont ainsi faits !

Si vous arrivez à voir cette étincelle de perfection dans votre amant(e), il faut vous relier à la fois à ce niveau de profondeur et au niveau superficiel de son être, jusqu'à ce qu'il (elle) change, jusqu'à ce qu'il (elle) agisse en accord avec sa perfection innée. C'est cela la tolérance consciente.

Cependant, la tolérance dont la plupart des personnes font preuve, n'est pas une tolérance qui relève d'un choix. C'est presque une tolérance par nécessité. Nous sommes tolérants parce qu'il faut que nous le soyons, parce que ce que nous voulons, c'est nous entendre avec l'autre, parce que nous n'en avons rien à foutre ou parce que nous ne voulons pas créer « d'emmerde » ou de problème. Nous sommes tolérants pour notre propre survie et non pas consciemment tolérants pour le (la) bien-aimé(e). Nous ne voyons pas la perfection dans l'autre, et réciproquement. Au lieu de cela, nous n'arrêtons pas de pester et de grogner, et lorsque les défauts des autres reviennent à nos oreilles, si nous avons assez de force de volonté, nous serrons les dents pour ne pas parler. Nous sommes tolérants ! Comme nous ne voulons pas faire de remous, nous sommes tolérants.

Mais il est demandé à l'amant(e) conscient(e) de faire tout autant preuve d'humilité que de tolérance consciente. L'amant(e) conscient(e) peut être cent mille fois plus près de sa propre perfection que son (sa) bien-aimé(e) ne l'est, mais l'humilité lui sera toujours demandée. Si vous vivez pour le (la) bien-aimé(e), quelle importance peut avoir le degré de perfection que vous aurez atteint ? Vous ne vous trimbalez pas partout en grand seigneur pour faire étalage de votre perfection !

Avec le temps, ceux qui s'offrent au processus alchimique de l'amour conscient retournent cet amour en nature ; leur propre force et leur propre processus d'évolution les en rendent capables. Dans la réciprocité de l'adoration et de la dévotion cohabitent une manière parfaite de donner et une manière parfaite de recevoir. On a toujours les deux mouvements : donner et recevoir. Il n'y a jamais d'embrouille quant à savoir qui donne quand et qui reçoit quand. On donne et on s'ouvre en donnant, on reçoit et on s'ouvre en recevant, et ce fonctionnement est valable pour deux ou plusieurs personnes à la fois. Il est évident qu'il s'applique entre un homme et une femme, entre amis du même sexe et aussi, entre un humain et Dieu (là, il vaudrait mieux !)

Nous devons savoir ce que nous faisons. Dans la création de l'amour conscient, nous travaillons avec une usine chimique qui est bien plus perfectionnée, sur le plan technologique, que n'importe quelle usine chimique sur terre. Si nous ne détenons pas la *connaissance*, c'est-à-dire, *si nous ne voulons pas connaître le type de relation qui existe entre l'univers fonctionnel, formel, et le mouvement de Dieu, si nous ne voulons pas comprendre le principe hiérarchique de la chimie et des énergies qui se rencontrent, ont des interactions, et constituent ce corps*, alors, nous nous entre-tuerons. Nous rendrons nos partenaires malades, malheureux, fous. Dans le vrai sens du terme, nous nous détruirons réciproquement au cours d'une vie. Nous ne nous contenterons pas de filer aux autres des maladies psychosomatiques en tout genre. Si la connaissance est absente, les gens s'entre-détruiront véritablement.

A lui seul l'amour ne suffit pas ; il faut lui ajouter cette connaissance. Si nous ne faisons qu'aimer, sans accomplir la loi[44], nous mourons. L'amant(e) conscient(e) se fiche de renoncer à tout ce qui est nécessaire pour servir le (la) bien-aimé(e); et, idéalement, le (la) bien-aimé(e) devrait aussi détenir la connaissance, afin que les deux puissent mutuellement se nourrir et se libérer.

Secret 30

Pas d'ego = amour
Ego = pas d'amour

Vous ne pouvez pas avoir trouvé l'amour et être séparé de Dieu. « Bon, je vais rester séparé(e) de Dieu parce qu'après tout j'ai des rêves à accomplir, des désirs à satisfaire et des trucs que je veux faire dans ma vie. J'ai besoin d'être libre et j'ai besoin de créer et j'ai besoin de danser et de chanter et de coudre et de faire des enfants et d'abord, de m'occuper de mon homme. J'aurai du temps pour le Seigneur une fois que j'aurai fait tout ce que j'ai besoin de faire dans ma vie. Alors, je serai aimant(e)... »

Non, vous ne le serez pas ! Peut-être que, selon les normes établies, vous serez un peu plus gentil et convenable que la majorité des gens ne le sont. Mais l'amour est quelque chose qui ne peut exister en dehors de Dieu. Aussi longtemps que votre « je » agit, aussi longtemps que c'est « vous » qui voulez l'amour, et « vous » qui donnez l'amour, ce n'est pas l'amour. Il se peut que ce soit de l'affection, de l'attachement, de l'intérêt, de la considération, de la compréhension, de la sympathie, de l'empathie — mais de *l'amour*, non ! Ce n'est pas de l'amour. Peu importe votre façon de vous sentir exaltée lorsque votre amant vous donne une rose ; ce n'est pas de l'amour. C'est de l'exaltation, pas de l'amour. Ce n'est que de la merde, comme par exemple, le coup du cœur qui fond ou de la larme à l'œil lorsque votre regard s'attarde sur votre compagnon ou votre enfant !

L'amour ne peut pas être au rendez-vous quand vous êtes séparée de Dieu. Il ne le peut pas.

A notre époque, il est de bon ton de porter le même regard sur l'amour que sur un bien de consommation. Nous faisons tous l'erreur de croire que l'ego va garder son autonomie, et que l'amour nous sera donné en prime, parce que nous nous serons « bien » conduits. Pas question ! Il est des chrétiens fondamentalistes qui sont des gens tellement bien que si l'on décernait des médailles pour bonne conduite, ils ne pourraient pas marcher tant ils seraient alourdis par la quantité de médailles sur leur poitrine. Ce n'est pas en étant quelqu'un de bien que vous trouverez l'amour. Vous trouverez l'amour en disparaissant, en acceptant de vous dissoudre. Aussi longtemps que vous existerez, l'amour n'existera pas. Quand *vous* cesserez d'exister, *l'amour* existera — à la seconde. Juste comme ça.

L'équation est parfaite : pas d'ego = amour, ego = pas d'amour. Il n'y a pas de gradation. La première chose que vous devez faire est d'abandonner tous vos petits « je », car vous ne serez pas fichu de savoir qui est votre « Je » tant que votre psyché servira de champ de bataille à une guerre mondiale. Il vous faut d'abord amener tous vos petits « je » dans une sorte d'espace intérieur bien délimité, afin que les trois centres (le centre intellectuel, le centre émotionnel et le centre physique) coopèrent au lieu de se contrecarrer. Les conditions qui vous sont recommandées pour pratiquer la méditation, les exercices corporels et l'étude arrivent à ce résultat. Puis, lorsque vous vous prendrez pour un génie parce que vous faites toutes ces choses, parce que vous vous sentez en super-forme la plupart du temps, parce que vous êtes détaché(e), que vous avez atteint le *satori*, eu des visions puis des révélations, alors il vous faudra abandonner tout cela aussi. En fin de compte, c'est nu qu'il vous faut traverser le monde, c'est libéré d'un « je » qui vous défend et vous protège et qui s'assure que vous ayez toujours raison (même quand vous avez tort). Voilà, vous connaissez toute l'histoire.

Aussi longtemps que vous vous acharnerez à mettre en scène votre « je » et à lui donner le premier rôle, vous ne réaliserez jamais Dieu. Vous n'avez pas le choix, il n'y a pas de prière qui tienne, vous n'avez pas un quart ou même un dixième de chance. Si vous commencez à vouloir abandonner tout cela, le Travail avancera vite. Vous aurez des ailes pour le faire. La crucifixion sera dure mais rapide.

Depuis des années, certains d'entre vous restent suspendus en croix à pleurnicher et se lamenter, mais c'est leur « putain » de faute. Il n'y a personne à blâmer à votre place, il ne faut vous en prendre qu'à vous-même et à votre refus têtu et pervers d'abandonner votre « je ». Pas la peine de dire : « Mais, j'peux pas. » Vous êtes têtu, buté, borné. Voilà la vérité. Il n'y a rien à ajouter. La vie est si simple !

Vraiment, elle se résume en deux choses : le « je » et la transcendance du « je ». Alors que nous n'en finissons pas de faire toutes sortes de considérations. « Que penser de ceci, que penser de cela, que penser... sur la vie après la mort ? Quand l'âme entre-t-elle dans le corps ? L'avortement est-il moral ? Que penser de l'homme, de la femme, de la vie, de la mort, de l'infini ?... Et pendant combien de temps encore vont-ils diffuser *General Hospital* [45] à la télé ? »

Peut-être devrions-nous tous entrer à la télé ; la vie y est belle là-dedans. Nous pourrions tous rester exactement tels que nous sommes et ne jamais vieillir. Nous sommes une culture de crétins et, sur le plan intellectuel, ce pays est un terrain vague ; toute une population qui ne vit plus que pour savoir si un personnage du petit écran va être assassiné ou non ! Si ce n'était pas triste à mourir, ce serait la blague la plus incroyable et loufoque dont l'homme ait jamais entendu parler ! Maintenant, c'est entre vos mains, n'est-ce pas ?

Secret 31

L'ÉDIFICATION DE L'AMOUR ET LE MARIAGE SACRÉ

Dans le livre *Chasm of Fire*⁽⁴⁶⁾, l'auteur, Irina Tweedie, rapporte les paroles de son maître soufi : « L'amour se crée. » L'amour n'arrive pas par enchantement. Il vous faut le construire, l'entretenir et lorsqu'il y a lieu, le réparer. Ceci s'applique tout autant à la relation amicale. Si la flamme baisse quelque peu, vous devez souffler dessus. Vous ne pouvez pas vous servir du passé pour ranimer le feu, parce que le passé est mort. Vous devriez reconnaître que l'engagement que vous prenez en entrant dans le mariage implique le devoir de le faire durer en le créant *mutuellement.*

A l'intérieur du mariage, ce qui fait la communion entre les deux conjoints tend à obéir à un mouvement de flux et de reflux et il y a donc toujours, dans la relation maritale, comme dans toute autre relation, des hauts et des bas. Si vous vous engagez dans le mariage, il vaut mieux dès lors ne pas vous attendre à ce que tout baigne à chaque instant. Lorsque vous êtes dans le creux de la vague, vous ne devriez pas vous dire : « Oh, avant c'était toujours super entre nous, il faut qu'on retrouve ça ! » Vous feriez mieux de penser : « Voilà où nous en sommes arrivés. Bon, alors à partir de *maintenant*, que pouvons-nous envisager ? »

Il arrive que l'homme et la femme, tous les deux, passent par « la crise des sept ans » ou « la crise des quatorze ans ». De quarante à soixante ans approximativement, il est des hommes qui ont envie d'aller voir ailleurs. La femme est souvent profondément frustrée parce que l'homme échoue à servir la « Femme » en elle. Le tout est aggravé par notre approche culturelle de l'amour qui, en centrant la relation amoureuse sur l'irresponsabilité égoïste et le narcissisme, lance un incroyable défi quant à sa durée.

Néanmoins, en dépit de tous les problèmes et obstacles, je suis un fervent partisan de la relation amoureuse durable dans laquelle les deux partenaires s'impliquent. Les personnes qui vivent depuis longtemps ensemble (de nos jours, plus de sept ans de vie commune peut passer pour un bail), dans l'intimité du quotidien, créent quelque chose de virtuellement valable pour le couple, qu'aucune autre circonstance n'occasionnerait. Elles créent une matrice qui servira à les transformer en profondeur, si elles savent la reconnaître et l'utiliser.

Il est nécessaire que nous puissions ainsi nous consacrer à construire l'amour. En fin de compte, le « frisson » du départ ne nous permet pas de vibrer éternellement — même s'il a été un peu plus fort que lors de l'habituel désir charnel (éprouvé par exemple lorsqu'on a l'impression d'avoir enfin trouvé « l'âme sœur »). J'ai observé que dans une relation, les aspects qui relèvent le plus de l'astral ou de l'impalpable n'ont pas besoin que l'on s'occupe d'eux, ils s'en chargent d'eux-mêmes, dès lors que sont pris en considération avec une intégrité impeccable les autres aspects de la relation : ceux qui sont basés sur les responsabilités qui découlent du tout venant et du bon sens, tels l'intérêt pour l'autre, l'honnêteté, la bonne foi et l'humour (plus spécialement celui qui consiste à savoir rire de soi).

Le mariage n'est pas uniquement une habitude culturelle ou une loi. Il n'est pas non plus le rituel vide de sens et la pièce vite oubliée qui ont lieu sur la scène de la vie contemporaine. Dans la société conventionnelle, ce qui constitue le mariage, et ce qui en est attendu, est difficilement révélateur du niveau de sainteté représenté par le vrai mariage. Et le « vrai » mariage se passe de l'approbation donnée par une cérémonie religieuse ou par une autorisation gouvernementale.

Le mariage traduit l'accord pris en commun d'entrer dans l'intimité de l'autre, pas seulement sur le plan sexuel, mais aussi sur le plan de la relation amicale qui se déroule aux différents niveaux de l'âme et de l'être organique profond. Le mariage traduit le commun accord de se mettre au service de l'autre pour la vie, d'être honnête et ouvert à ce qu'il (elle) est (tout autant qu'à ce qu'il (elle) croit être ou qu'à ce qu'il (elle) craint d'être); le mariage traduit aussi l'engagement de communiquer ensemble, de générer l'amour et la compassion face à tout ce qui fait la vie. Il va sans dire que dans une relation maritale « réussie », les deux partenaires font preuve de la même disposition au lâcher-prise intérieur et à l'adoration. (Mais il est rare que deux personnes se situent de la même façon au même moment face à une difficulté ou tout simplement, qu'elles se situent de la même façon tout court.) Cependant, l'attitude mentale adoptée est la solution à tout. Il se peut que l'une des personnes dans le couple soit d'un naturel terriblement jaloux et que pendant un certain temps elle puisse être perturbée à cause de cette tendance, néanmoins, aussi longtemps que les deux partenaires sont prêts à en parler et à continuer à s'aimer, le couple s'en sortira. Ce qui est important, c'est l'attitude mentale — vous devez laisser la liberté à votre partenaire, au même titre que vous devez apprécier qu'il soit à votre service. Cela marche dans les deux sens.

Le mariage implique aussi de votre part le choix de laisser à l'autre, de temps en temps, la liberté d'être insensible et même de vous traiter comme un dû. L'esprit de service signifie que vous choisissez de *ne pas tirer vengeance* du sale caractère de l'autre, bien que vous sachiez très exactement comment vous y prendre pour le lui faire payer. (Après quelques mois de vie commune, on connaît les points faibles de l'autre. Et n'est-il pas saugrenu qu'une des premières choses que nous nous empressions de faire, avec ceux qui nous sont proches, soit d'emmagasiner des données qui nous serviront plus tard à les faire souffrir émotionnellement ?)

Le mariage suppose aussi que nous donnions à l'autre la permission d'évoluer, que nous lui reconnaissions la liberté de répondre comme il l'entend lorsque son *être essentiel* est en jeu, et celle d'entretenir une relation au Divin qui soit profonde et fondamentalement significative.

Dans le mariage, il faut se mettre au service de l'autre, mais pas dans le sens fondamentaliste qui revient à dire que l'homme domine, contrôle la femme et en abuse. Le patriarcat n'a rien d'un système inspiré. (A ma connaissance, il ne l'a jamais été.) Les lois qui régissent le mariage patriarcal sont en elles-mêmes dévoyées et injustes. Donc, il faut faire la différence entre le *mariage*, le *simulacre du mariage*, et le *mariage vu sous l'angle de la relation objective*. Ce dernier existe aux yeux de Dieu et il veut dire que nous sommes sensibles, individuellement, en premier au Divin, ensuite que nous sommes sensibles, toujours individuellement, à la fois à la situation qui se présente et à notre partenaire. Ce type de relation objective traduit un regard beaucoup plus vaste — le regard de la personne qui considère que le couple, en tant que tel, influe littéralement sur la marche de l'univers. En conséquence, nous devons faire attention à ce que le couple ne se laisse pas «*cocooner*» dans sa propre petite bulle bien close, au risque d'oublier qu'en soi, il est «le monde».

Le vrai mariage est une manière élégante de formaliser l'engagement pris par deux personnes de travailler ensemble, suivant un processus qui reflète leur relation à Dieu. Il s'agit essentiellement d'une sorte de contrat inséré dans le cadre de la *sadhana*, ou pratique spirituelle, et établi dans le même esprit, et non avec une quelconque intention de morale. Le vrai mariage est aussi l'expression de l'archétype du mariage. Il est certain qu'une fois que nous sommes devenus d'authentiques disciples du Divin, toutes ces notions — d'ouverture à Dieu, à la situation, au partenaire — existent simultanément. Il n'est pas question de hiérarchie entre elles. Aucune n'est supérieure à l'autre. La totalité de la réponse du disciple, par rapport à ces notions, est complètement naturelle, spontanée, de telle sorte que tout ce qui devra se manifester par elle, se manifestera dans le dessein de servir le processus divin.

Le mariage inclut trois niveaux qui se retrouvent dans le processus d'édification de l'amour et au cours duquel ils doivent être résolus, puisqu'il s'agit d'un processus de transformation alchimique ; ces trois niveaux sont les suivants : le niveau de l'âme ou de l'esprit (niveau des considérations élevées qui relèvent du *monde supérieur* selon la vision chamanique de monde), le niveau de la vie quotidienne (niveau des aspects qui se rattachent au *monde intermédiaire*) et le niveau des noirs secrets qui caractérisent le *monde souterrain* de chaque individu.

Le rite du mariage célébré dans les formes devrait être révélateur du niveau de maturité que vous avez atteint dans le travail spirituel, et qui vous permet de laisser le champ libre à votre partenaire, tout en lui offrant votre aide inconditionnelle pour qu'il puisse progresser dans sa *sadhana*. Mais attention à ne pas vous méprendre sur cette explication. A peine vous aventurez-vous à aborder ce concept objectif ou alchimique de l'amour avec les gens, que la plupart d'entre eux s'exclament : « Ah, vous faites allusion à une sorte de mariage libre, non ? » Communément, « laisser le champ libre au partenaire » est compris seulement sur le plan sexuel.

Que signifie le mariage sacré ? Cela veut dire qu'à l'intérieur du mariage vous créez un espace sacré, une espèce de sanctuaire, qui abrite le travail spirituel de chaque partenaire. Vous laissez le champ libre à l'autre pour qu'il puisse faire le travail spirituel qui lui est nécessaire, sans oublier de lui offrir, en la matière, votre soutien le plus absolu. Et tout cela doit être accompli dans un climat d'intimité, de tendresse et de communion sexuelle. Le mariage sacré libère les partenaires, au lieu de les contrôler. D'une certaine façon, le mariage veut dire que vous vous engagez à ne jamais compliquer la *sadhana* de votre partenaire en étant envieux, mesquin, avide et en vous comparant à lui (elle).

La construction de l'amour — avec le partenaire dans le couple, avec les enfants, avec les amis — n'a pas de prix, quel que soit celui qu'il vous faille payer, même si pour y arriver vous devez faire une croix sur votre tranquillité d'esprit et votre santé. L'édification de l'amour occasionne une qualité d'être qui continue, ou ne cesse pas, lorsque le complexe corps-esprit meurt. En plus, construire l'amour permet de nous faire une « musculature » qui n'est pas négligeable, voire essentielle, dans de nombreux autres domaines relatifs à la *sadhana*.

L'édification de l'amour exige de faire des sacrifices. Elle libère en nous une énergie particulière, du fait que le moindre millimètre carré de notre corps (causal et physique), habité tout autant par l'ego que par le refus du Divin, s'ingénie à essayer de saboter et d'embrouiller la vision juste et la force d'impulsion que nous développons en construisant, puis en entretenant l'Amour. Un tel processus requiert de nous des qualités hors du commun. Cependant, le résultat est tout aussi extraordinaire car il nous tire de l'ornière où nous avait fait tomber l'ego, pour nous élever au rang d'adorateur de Dieu.

Secret 32

L'AMOUR NE FINIT JAMAIS

Au cours de la relation conjugale, les partenaires du couple passent par des phases de transformation radicale de leurs comportements. Vous devez vous attendre à ce que cela se produise avec votre partenaire, vos amis, et vous apprêter à reconnaître qu'une phase, aussi difficile puisse-t-elle être, n'en reste pas moins qu'une étape sur la voie spirituelle. La phase de désagrément est temporaire même si, dans pas mal de cas, elle s'étire dans le temps. L'amour n'est pas tributaire des changements dans le comportement de l'autre. Impossible. Evidemment, à supposer qu'il le soit, ce ne serait plus de l'amour. Mais ce qu'*habituellement* nous prenons pour de l'amour *est* affecté par les changements de comportement. L'autre peut vous dire sur un ton de voix anxieux : « Mais tu n'es plus la même personne que celle que j'avais épousée ! »

En aucun cas vous ne voudriez que la personne que vous avez épousée soit aujourd'hui la même que celle qui avait dit oui, ou alors c'est que vous auriez épousé un bout de bois ou une pierre. Mais, parfois, plus spécialement lorsque vous vous élevez au niveau des sphères d'influence divine, les changements dans le comportement peuvent être radicaux. Cependant, si l'amour existe, il ne peut-être affecté par les changements dans le comportement de l'autre, bien qu'ils obligent à réajuster la relation. Ces changements que vous voyez se perpétrer chez votre partenaire peuvent vous ennuyer, mais l'amour n'est pas mis à mal. (Il peut arriver parfois que le plaisir que vous trouviez à être dans la même pièce que l'autre soit compromis pour quelque temps, mais l'amour ne devrait jamais être menacé ou affaibli par le processus de métamorphose de l'autre.)

Une fois que l'amour est entré dans votre vie, si c'est bien d'amour qu'il s'agit, il y reste. Il demeure en vous, même si la relation avec la personne prend fin.

L'amour authentique nous oblige à prendre des risques et nous terrifie. Tout ce sur quoi nous avions consciemment pris appui dans le monde, s'effondre au regard de l'amour authentique. Vous demandez : « Et si jamais je ne revenais pas du voyage ? » Et alors — c'est le risque à prendre !

Nous ne savons jamais quels risques peut cacher l'amour, parce que nous ignorons toujours quelle forme l'amour peut revêtir. Lorsque vous avez pensé à l'amour pour la première fois, vous avez certainement imaginé une vie paisible auprès de quelqu'un — une jolie petite famille, des voyages de temps en temps, une bonne nourriture, de beaux vêtements. Peut-être que vous vous êtes aventuré à prendre quelques risques en épousant une personne désapprouvée par vos proches. Mais quand vous entrez vraiment dans l'amour, vous ne savez jamais quelle forme il peut prendre.

Entretenir une relation vous fait prendre des risques au niveau émotionnel, néanmoins ils ne dépassent pas le cadre du domaine psychologique. L'amour en lui-même n'est pas en danger, parce que l'amour est permanent. Situez-vous dans l'amour. Bien sûr, il y a des problèmes, mais prendre des risques au niveau émotionnel consiste à rester dans la relation pour résoudre les difficultés. Eviter de prendre des risques, sous quelque forme que ce soit, consiste à aller voir ailleurs lorsque le torchon brûle ou à prendre les choses à la légère, à les tourner en dérision, afin de ne pas se brûler les doigts. Eviter de prendre des risques consiste toujours à sauter hors du feu.

L'amour et la relation sont sans rapport. Dans un couple, il est très rare que les deux partenaires connaissent ensemble l'amour, même s'ils se rabâchent « Je t'aime ». Cependant, même pour ce type de relation, cela vaut le coup de prendre tous les risques. Prenez le risque ! Si vous aimez vraiment et que ce ne soit pas le cas de votre partenaire, il se peut que vous y arriviez ensemble, ou peut-être pas, car l'amour et la relation sont séparés. Les deux se situent dans des domaines différents.

Si deux personnes s'aiment vraiment, et que leur référence pour cela soit l'autre dans le couple, il leur faut réaliser que d'une part, elles s'aiment vraiment, et que d'autre part, les circonstances les ont réunies. Ce n'est pas qu'elles s'aiment à cause de leur relation commune, mais plutôt que l'amour existe en dépit de leur relation commune. C'est super ! Pour une raison ou une autre, ils vivent l'amour et peu importe pourquoi. Ils vivent l'amour et cela s'exprime dans leur relation de couple.

L'amour est semblable à Dieu. Il nous enracine en même temps qu'il nous fait décoller. On ne le perd jamais. Il est toujours là. L'amour authentique ne nous rend pas incolore, inodore et sans saveur. La terreur, l'envie, la cupidité, la passion, toutes les émotions peuvent survenir sans que l'amour nous échappe une seule fois. Dire : « Je n'aime plus, parce qu'il y a un truc qui n'a pas collé dans ma relation », signifie que vous n'avez jamais aimé. Si vous avez vraiment aimé, vous aimerez *toujours*, quelles que soient les circonstances.

*
* *

Les gens pensent couramment qu'ils veulent vivre une relation, mais il n'y a rien qui ressemble à « une relation ». Seule, existe *la relation*. Lorsque vous vivez « une relation », vous ne vivez pas *la* relation.

Certes, il s'agit là d'une utilisation du langage propre à l'ésotérisme et au *dharma*. Mais cette utilisation est juste. Elle soulève seulement un point de contradiction : à savoir que vivre « une relation » nie l'existence de *la relation*.

*
* *

Si vous aimez une personne et polarisez votre attention sur *elle*, alors vous vous servez de Dieu comme d'un pont ; mais si vous aimez quelqu'un et que l'amour lui-même soit le centre de votre attention, et non la personne que vous aimez, alors vous allez *directement* à la source. Lorsque vous optez pour l'approche directe, la personne que vous aimez est aimée objectivement, mais n'est pas cajolée de façon névrotique. Le fin du fin de la relation dans le couple est la forme qu'elle prend lorsque les deux partenaires maintiennent entre eux un lien solide, ou demeurent dans un esprit de communion riche d'affection, de compassion, d'honnêteté et d'intimité, parce que tous deux dirigent leur attention sur l'amour et non sur l'autre. Alors, comme vous vous êtes abandonné à la volonté divine au travers du grand processus de l'évolution divine, la relation est ce qui se produit tout naturellement pour vous. Ce qui n'est pas comparable avec le fait d'être dans « une relation » qui repose sur la solitude et de nombreuses attentes.

Le sentiment de communion qu'expérimentent entre elles les personnes qui vivent dans une vraie communauté n'apparaît pas parce qu'on le recherche, mais parce que l'objectif principal de chacun est son Travail. Ainsi, le sentiment de camaraderie peut apparaître. Plus nous nous focalisons entièrement sur le Travail, plus la camaraderie peut s'exprimer d'une façon saisissante.

Secret 33

UTILISER LES COMPOSANTES
DE L'AMOUR HUMAIN POUR ENVISAGER
L'AMOUR À PORTER AU BIEN-AIMÉ[47]

Vous pouvez entretenir avec votre épouse, vos enfants, vos parents et amis des relations sans problèmes, profondes, où il y a place pour l'amour, l'attention et l'affection. Cependant, il existe une qualité d'amour pour le Bien-aimé qui est différente de celle que l'homme a pour ses frères, quels qu'ils soient — «âme sœur» y comprise, à supposer d'ailleurs que cette chose existe ! De nos jours, il est de bon ton de répéter comme des perroquets ce qui s'enseigne à l'intérieur du mouvement «Nouvel-Age», à savoir qu'il faut adorer notre partenaire au même titre que nous adorerions un dieu ou une déesse, dont il serait véritablement la personnification masculine ou féminine. Un tel enseignement est très dangereux.

D'un point de vue essentiellement humain, nous pouvons être touché par cette merveille qu'est la vie, ce qui peut ouvrir notre cœur. Ce ressenti risque de se produire à travers l'amour que l'on nous porte, ou que nous éprouvons pour quelqu'un, ou par le biais de n'importe quel catalyseur autre qu'humain. La relation entre deux personnes est identique à la relation entre l'amant mystique et le Bien-aimé : «Sur la terre comme au ciel». Ce qui implique que dans notre soif de trouver le Bien-aimé, nous pouvons rencontrer un autre être humain qui, à cause d'un curieux concours de circonstances ou d'une certaine qualité de perception de notre part, le représentera pour nous. Si nous nous laissons aller à être touché par cette représentation, tout en gardant notre faculté de discernement, nous pouvons être très amoureux de la personne sans pour autant tomber dans le piège tendu par le mental qui voudrait nous faire croire : « J'ai trouvé le Bien-aimé » — Sous entendu : « *mon* bien-aimé ».

Il est des amours humains qui forment une trinité avec le Bien-aimé. Ce qui veut dire que si deux personnes partagent un même amour pour le Bien-aimé, ce point commun entre elles peut-être une composante de leur amour réciproque et leur relation en est fortifiée.

Les archétypes Krishna et Radha, Parvati et Shiva, Rama et Sita, représentent l'amant mystique qui a trouvé le Bien-aimé, mais ne devraient pas chasser l'image que nous avons de la perfection de l'amour « humain ». Lorsque nous calquons la représentation que nous avons de l'amour humain sur les représentations transmises par ces archétypes, si nous considérons que nous obtenons un bel échantillon de modèles à imiter, nous faisons essentiellement mauvais usage de cette bénédiction. Sans compter que dans les archétypes proposés, le Bien-aimé, à un moment ou à un autre de la relation, part, l'amant mystique et le Bien-aimé se séparent d'une manière ou d'une autre. Il faut que vous compreniez que c'est justement la séparation qui permet à l'amant mystique de trouver le Bien-aimé, parce qu'il se languit de lui. Toutes les manifestations de Shiva le montrent en train de quitter son épouse, pour quelque temps, sur ces bonnes paroles : « Il se peut que je ne revienne pas. Je dois faire pénitence pendant environ quinze siècles. Attends-moi ici. »

C'est à partir des composantes de la relation humaine que nous envisageons l'amour à porter au Bien-aimé, tout en faisant la distinction entre les deux. Mais la distinction appropriée qu'il faut faire consiste à réaliser qu'autant que vous puissiez aimer une personne, elle n'est pas le Bien-aimé. Pour Rumi, la représentation du Bien-aimé était Shams-i-Tabriz, et celle de Majnun était Layla. Rumi aurait pu utiliser le nom de « Shams » et le personnage qu'il représentait, comme un point tangentiel avec le Bien-aimé. Effectivement, à la lecture de ses poèmes on trouve des indices qui nous laissent supposer que Shams n'était qu'un nom. Dans la version intégrale de l'histoire de Layla et Majnun, ce dernier finit par conquérir Layla qui accepte de l'épouser, mais le jour du mariage venu, Majnun a disparu. Aussitôt qu'il a accompli la femme (Layla) en lui, il disparaît. Il ne consomme pas le mariage. Il ne veut rien avoir à faire avec elle. Elle est là, assise sur le lit, alors qu'il erre à l'extérieur de la tente en répétant : « Layla, Layla... »

Vous pouvez donc utiliser des composantes de l'amour humain — telles que la tendresse, la compassion, l'exaltation et l'abandon — pour envisager l'amour à porter au Bien-aimé. La qualité de la relation est la première chose sur laquelle vous devez travailler, puis, une fois que la relation tient la route, vous passez à l'approfondissement sans fin de l'amour.

Secret 34

UNE FOIS QUE VOUS AVEZ DÉCOUVERT L'AMOUR, POURSUIVEZ-LE JUSQU'AU BOUT

Lorsque des relations naissent dans le contexte d'une vie dédiée à Dieu, il est important de ne pas vous conduire comme vous le feriez dans le cadre habituel des relations ordinaires. Le résultat final de l'amour authentique est la dissolution du « je » dans l'objet de l'amour. Avant d'en arriver à ce résultat, ce qui persiste de l'ego vous fait vous languir, désespérer, souffrir émotionnellement, et il n'y a rien à faire pour remédier à cet état, si ce n'est aimer encore plus.

Lorsque les gens tombent amoureux de façon conventionnelle, ils disent : « Pourquoi aimer plus ? Je n'en retire que des souffrances supplémentaires. Avant d'être amoureux, je ne ressentais rien de cela. » Mais la vérité est que vous ne pouvez pas aimer moins que vous ne le faites, et que vous ne pouvez pas rester là où vous en êtes ; alors, même si vous avez l'impression que d'aimer plus vous occasionne d'autres souffrances, la seule façon de sortir de cette situation est d'en passer par elle. Donc, il faut vous jeter éperdument dans l'amour, jusqu'à ce qu'il vous consume. Il n'y a pas d'autres réponses à donner ; il n'y a pas de solution de facilité pour en sortir. Une fois que l'amour vous a fait prisonnier, il faut que vous le laissiez vous consumer, sinon vous souffrirez, vous vous affligerez, vous vous languirez de lui et vous vous en sentirez séparé. Il n'y a pas de juste milieu. Une fois fait prisonnier, vous êtes bel et bien prisonnier. Une fois mordu, vous êtes bel et bien mordu. Il n'y a pas moyen d'y échapper. C'est pourquoi, si vous n'êtes pas encore « tombé » amoureux, votre heure est venue d'envisager ce que cela veut dire. Pas de demi-mesures. Une fois que l'amour vous a touché, vous devez le poursuivre jusqu'au bout.

Lorsque vous tombez amoureux, il y a toujours une gradation dans la chute ; des restes de désirs conventionnels vous poussent à vouloir agir comme vous avez appris que vous devez le faire — il faut que vous possédiez l'objet de votre amour, que l'autre vous serve à quatre pattes, qu'il vous parle comme vous le voulez, qu'il ressemble à ce que vous souhaitez, qu'il fasse preuve à votre égard de sensibilité, de romantisme et de délicatesse. Autant de désirs normaux et compréhensibles. Néanmoins, avec cet amour d'un autre ordre, la seule façon de traiter le fait que vous vous languissez de l'objet de votre amour, que vous le désirez, que vous souffrez d'en être séparé, est de vous laisser consumer par lui. Point d'état intermédiaire. Jusqu'à ce que vous soyez consumé, vous souffrirez, vous le désirerez, votre soif restera inassouvie, mais une fois que vous serez consumé, vous serez bel et bien consumé pour toujours. Une fois que l'amour vous a emprisonné, ne serait-ce qu'un tout petit peu, la seule façon de lui échapper est d'en passer par lui.

En conséquence, si vous n'êtes pas encore tombé amoureux, il est encore temps de prendre vos jambes à votre cou et de vous éloigner aussi loin que possible de tout ça. Ne recherchez plus la vie spirituelle, ne pensez plus à Dieu, ne vous émerveillez plus. Si vous n'avez pas encore été mordu et ne tenez pas à l'être, filez, partez en quatrième vitesse. Ne vous occupez plus de ce truc jusqu'à une prochaine vie, jusqu'à ce que vous soyez prêt. Parce qu'une fois que vous êtes piégé, la seule façon de vous en sortir est d'y rentrer complètement, et d'être consumé par cet amour.

Lorsque l'amour vous a consumé, il n'y a plus d'ego. Il n'y a plus personne pour souffrir, pour être paumé, pour se tordre de douleur ou crever de désir. Il n'y a plus d'individu pour faire référence à toutes ces choses, parce que *votre* désir *est* le désir du partenaire. Si le désir du partenaire est de ne pas être avec vous, alors c'est aussi votre désir. Point de souffrance, point d'angoisse, point de chagrin, seulement : « Bon, ce sont les cartes qui m'ont été distribuées. » Bien sûr, en tant qu'amant vous devez vous sacrifier. Mais, une fois que vous avez été consumé par l'Amour, le mot sacrifice ne peut même plus s'appliquer.

C'est mon boulot que de vous faire passer de l'autre côté. A proprement parler, mon boulot n'est pas de vous faire passer, parce que je n'en suis pas capable. Mais mon boulot est de vous « guider » convenablement, afin qu'au moins, en cours de route, vous ne vous perdiez pas dans les montagnes, vous ne tombiez pas dans les criques et ne vous y noyiez pas. A la rigueur, cela, je *peux* le faire, si vous m'en laissez la possibilité.

QUATRIÈME PARTIE

LES CULTURES, LES POLARITÉS ET LES ÉNERGIES FONDAMENTALES DE L'HOMME ET DE LA FEMME

L'aspect central des idées de Mr. Lee est la création d'une communauté centrée sur Dieu. Communauté qui propose une solution viable pour contrer les facteurs de déshumanisation de l'ensemble de notre culture. Dans la bouche de Mr. Lee, la culture est un terme qui recouvre la totalité de l'éducation dispensée à l'être humain, de sa naissance à sa mort, et qui inclut le sens à donner aux expressions « être un homme » ou « être une femme ». La culture crée, ainsi, le milieu dans lequel l'individu va apprendre à vivre.

Dans cette partie, Mr. Lee attire notre attention sur ce que sont une culture masculine vivante et une culture féminine vivante. Il nous montre le caractère unique de chacune et le pouvoir qui est respectivement le leur. Ces bases établies, il explore la nature fondamentale des polarités masculine et féminine pour en arriver au thème essentiel de son enseignement : la nécessité de devenir Femme.

Secret 35

La nourriture offerte
par la culture masculine
et par la culture féminine

Lorsque j'étais enfant, mes parents invitaient à la maison tous leurs amis accompagnés de leur femme ou mari. La majorité des hommes et de nombreuses femmes étaient des artistes. L'amitié de ces gens ne reposait pas sur une simple convention, mais sur un ressenti, un objectif ou un but commun. De ces rencontres, se dégageait une atmosphère de communion incroyable, à la fois chaleureuse et nourricière. (En tant qu'enfant, je n'ai jamais pu l'apprécier. Mais la trentaine venue, combien de fois n'ai-je pas souhaité me trouver à nouveau dans ces réunions, uniquement pour y rester assis à m'imprégner de l'atmosphère !)

En début de soirée, les gens se rassemblaient et faisaient connaissance, puis tout le monde passait dans la salle à manger pour le repas. Généralement, les couples n'étaient pas séparés à table mais cela pouvait se faire, c'était très informel. Après le dîner, les hommes allaient systématiquement dans le salon et les femmes à la cuisine. (Bien que de temps en temps, une femme fasse une apparition dans le salon pour causer avec les hommes.)

Les conversations qui s'ensuivaient étaient encore plus agréables que celles des dîners. Elles avaient un autre goût, une autre profondeur que celles qui avaient animé le repas alors que les couples étaient ensemble. J'étais submergé par la richesse qui s'en dégageait.

C'était incroyable de passer la porte du salon, où les hommes discutaient d'art, de politique ou d'autre chose (les sujets importaient peu), et de sentir dans la pièce la profondeur de la communion qui les unissait. Je n'avais pas de point de comparaison pour comprendre de quoi il s'agissait exactement et je ne me sentais pas faire partie du groupe, ni en être exclu. J'étais tout bonnement curieux, mais sans me focaliser sur quelque chose de précis. Par contre, je ressentais ce qu'il y avait dans l'air, et ce ressenti est demeuré en moi, reconnaissable entre tous, inoubliable.

Les femmes (elles étaient nombreuses à avoir réussi professionnellement ; il y avait des artistes reconnues qui exposaient dans les musées ou dans leur propre galerie d'art) se retiraient à la cuisine où elles faisaient la vaisselle tout en bavardant.

Pendant une éternité, les dynamiques respectives qui sous-tendent la culture masculine et la culture féminine, telles qu'elles s'exprimaient dans le cadre de situations tribales traditionnelles, et même dans le cadre d'environnements sociaux plus vastes mais toujours traditionnels, ont brillamment rempli leur rôle. En me remémorant ma propre expérience, je peux dire que ces dynamiques fonctionnaient aussi il y a trente ans. Lorsque les couples étaient assis ensemble autour de la table, qu'ils se parlaient entre eux, l'atmosphère était merveilleusement à la détente, au laisser-aller et à la communion. Tandis que les hommes passaient au salon et les femmes à la cuisine, l'esprit de communion continuait. Ces femmes qui allaient à la cuisine n'étaient pas brimées. Elles ne se sentaient pas frustrées parce qu'elles n'étaient pas dans le salon avec les hommes. Elles ne tenaient pas une conférence dans la cuisine pour discuter de lois à proposer au M.L.F. Elles n'envisageaient pas comment, une fois ces lois passées, elles entreraient au pas de charge dans le salon pour prendre part à la conversation des hommes. Les hommes parlaient selon l'inspiration du moment et de ce qui les passionnait ; les femmes parlaient de ce qui les passionnait et selon l'inspiration du moment, et il s'agissait souvent des mêmes sujets, mais le petit quelque chose qui venait de la différence des cultures était extrêmement bénéfique, approprié et nourrissant. Les femmes partageaient un esprit de communion dans la cuisine, les hommes partageaient un esprit de communion dans le salon et, bien que séparés, chaque groupe était plus en communion avec l'autre groupe que si tout le monde avait été dans le même espace.

Regardez ce qui se passe de nos jours dans les réunions mixtes. Ce que l'on y trouve n'est pas l'esprit de communion. La pièce est pleine de tensions, mais on fait semblant d'être heureux et satisfaits, on n'y voit que minauderies pour se mettre physiquement en valeur et pour séduire. Le centre d'intérêt de chacun est de savoir qui va regarder qui, qui va coucher avec qui la nuit prochaine ou la semaine suivante, qui porte quoi. Le degré de tension sexuelle est incroyable, pas tout à fait insupportable mais certainement « vulgaire » pour qui a un tant soit peu de finesse et de distinction. Voilà ce que l'on trouve, de nos jours, dans les réunions mixtes, parce que les hommes ne fréquentent pas la compagnie des autres hommes, et les femmes ne fréquentent pas la compagnie des autres femmes.

En effet, il y a quelque chose qui ne va pas dans tout cela ! Il s'agit là d'un phénomène incroyable et ahurissant.

Après une soirée passée entre hommes, mon père était rayonnant ! Il adorait se retrouver avec des amis du même sexe que lui. Il adorait être à table avec tout le monde lors du dîner et il adorait être en famille. Mais il adorait aussi être avec ses amis hommes, parce que leurs réunions étaient différentes des réunions de famille. Avec les hommes, il était « nourri » de mets différents — pas nécessairement meilleurs, mais à coup sûr, différents.

Lorsque vous observez une personne que vous aimez et que vous la voyez être librement et spontanément heureuse, ce bonheur nourrit la relation du couple. Lorsque vous voyez votre partenaire en train de partager un moment de communion avec une personne du même sexe que lui ou qu'elle, votre relation de couple en bénéficie grandement. Il se peut que vous vous soyez bagarrés tous les deux pendant quinze jours. Vous pouvez être sur le point de vous entre-tuer mais lorsque vous voyez que cette même personne, avec laquelle vous vous êtes battu « toutes griffes dehors » pendant deux semaines, expérimente un « moment de liberté »[48], immédiatement, vous l'aimez à nouveau. Cette reconnaissance active le feu de la communion — qui est fondamentalement la communion des cœurs.

La plupart d'entre nous peuvent établir des comparaisons en ce qui concerne l'usage à faire de la culture masculine et de la culture féminine. Lorsqu'elles sont bien définies, les cultures masculine et féminine sont un apport nécessaire, voire crucial, dans les relations. Leurs différences ne doit pas entraîner une séparation des énergies qu'elles représentent respectivement, pour établir une ligne de démarcation entre le masculin et le féminin. (Il n'y a qu'un pas pour faire de chacune de ces cultures une justification de l'exclusion.) De toutes façons, les différences entre les deux cultures devraient nous sauter aux yeux. Il faut plutôt comprendre que la nature inhérente à la culture masculine et féminine repose sur un phénomène de nutrition. Il est un type de « nourriture » spécifique auquel rien ne peut être substitué, que les hommes fabriquent pour les hommes et que les femmes fabriquent pour les femmes. Ce que je dis ne porte pas à préjudice et il n'y a pas à y chercher quelque chose de tordu. Je rapporte un fait simple et objectif.

Les hommes croient volontiers que la femme leur donnera plus facilement ce type de nourriture. Mais pour l'obtenir de l'homme, il faut donc qu'ils s'impliquent dans le même genre de relation avec les hommes que celle qu'ils ont avec les femmes — sans l'aspect sexuel. Idéalement, pour établir une relation avec un autre, homme ou femme, il faut pouvoir se relier à cette personne comme on se relierait à quelqu'un du même sexe que nous, avec qui on serait en communion. Ceci apporte un éclairage nouveau sur la nécessité d'avoir une culture masculine et une culture féminine. Presque chacun d'entre nous a vécu une expérience de communion avec une personne du même sexe. Lorsque nous avons une sorte d'intuition de ce sentiment de communion, nous pouvons commencer à apprécier la culture masculine et la culture féminine, ce qu'elles représentent et comment elles peuvent nous nourrir. Dans les cultures séparées n'interviennent pas les jeux entre sexes, et cela encore moins lorsque les personnes ont créé une culture authentique, établi des liens et sont devenues intimes, au lieu d'être un groupe d'individus qui tuent le temps ensemble. Lorsque vous vous êtes rendu compte, par vous-même, de la liberté qu'il y a dans une relation avec quelqu'un de votre sexe, et que vous appliquez l'essence de ce que vous y avez découvert dans le cadre de la relation avec votre partenaire, alors vous tenez le bon bout. Il y aurait beaucoup d'autres détails à expliquer mais vous avez là les données de base importantes.

Secret 36

LES POLARITÉS UNIVERSELLES

L'homme est créateur, la femme est créée. Cependant, l'homme ne peut exister en dehors de la création. Aussi le mythe d'Adam et Eve renverse-t-il les rôles car il montre la femme comme provenant du corps de l'homme. En premier, Dieu créa la femme, et l'homme fut tiré du corps de la femme. Si vous réalisez que l'homme provient de la femme alors que vous essayez de vous prendre pour un héros macho, cela peut vraiment vous calmer ! Dans chaque domaine l'homme doit tout à la femme. La question fondamentale sur les relations personnelles entre l'homme et la femme restera sans réponse tant que l'homme ne se sera pas mis à honorer la femme, pour ce qu'elle est en vérité, et pour ce qu'elle représente individuellement par rapport au pôle féminin de l'ensemble du monde manifesté.

L'univers est une entité dynamique, non une entité statique, et le dynamisme qui le sous-tend provient du jeu éternel entre les pôles masculin et féminin. Ils se manifestent symboliquement et concrètement dans chaque élément de la création. L'homme et la femme — le sexe masculin et le sexe féminin — symbolisent l'aspect bipolaire de l'univers. (Les soi-disant chrétiens appellent les polarités « Dieu » et « le Diable ». Il est évident que, pour eux « Dieu » représente le pôle masculin et « le Diable » le pôle féminin, ce qui explique pourquoi tant de chrétiens sont estropiés aux niveaux émotionnel et psychique, sans parler du fait que cela leur a donné une impudente mentalité patriarcale. La haine inconsciente que tant de « religions organisées » portent à la femme est tellement manifeste qu'elle se passe de commentaires.)

De l'étude de nombreux cas thérapeutiques, il semblerait ressortir que nous devons faire la synthèse des aspects mâles et femelles de notre personnalité pour qu'ils forment un ensemble cohérent. Ma façon de comprendre les choses est différente. Je pense que les pôles masculin et féminin de la conscience, ou de l'être, sont complètement distincts l'un de l'autre ; j'en suis arrivé à la conclusion qu'il est absolument impossible de faire en nous une synthèse des éléments mâles et femelles de notre être. Il faut que nous reconnaissions, clairement, chaque pôle pour ce qu'il *est*. Pareille reconnaissance nous permettra de travailler avec nos deux pôles, sans nous mettre en situation conflictuelle, et de construire une entité qui sera plus importante que la somme des deux pôles, ou que chaque pôle pris séparément. (Cette *entité* n'additionne pas les particularités inhérentes à chaque pôle, mais elle les recycle dans le cadre plus vaste de son propre processus d'évolution. D'où le fait qu'il y a *vraiment* création de quelque chose de nouveau. Quelque chose qui est créé du fait que les deux énergies, mâle et femelle, fournissent la « nourriture », le matériau, nécessaire à la création. Donc, il ne s'agit pas de quelque chose qui résulterait de la somme des deux énergies qui en s'additionnant en donneraient une troisième.) La synthèse se fait essentiellement lors du travail complet que nous effectuons avec chaque pôle ; elle n'a rien à voir avec une « assimilation » au sens littéral du mot.)

Il faut tenir compte ici de la prémisse qui dit que le processus de création est en perpétuelle évolution, et que la création évoluera quoi que nous fassions. Nous pouvons participer consciemment au processus de création en nous mettant à son service, ou alors nous pouvons être emporté par son courant. En d'autres termes, dans le domaine du processus de création, notre rôle peut consister à prêter ou non notre appui. D'une part, la conscience que nous avons des pôles mâle et femelle n'est pas cruciale pour le processus d'évolution en soi, du fait que notre compétence à être essentiellement ce en tant que quoi nous avons été créé n'a rien à voir avec le processus divin ultime. (Il est plus important que nous et ne nous attendra pas.) D'autre part, s'il nous arrive cependant un jour de vouloir faire coïncider notre processus d'évolution avec le processus d'évolution divine, c'est-à-dire de vouloir être conscient, alors une compréhension de la dynamique mâle et de la dynamique femelle sera capitale. La polarité est principalement un aspect de toutes choses, y compris de notre être et de notre conscience. Car Dieu est bipolaire dans toute la création, que nous voulions le reconnaître ou non.

Il devrait être évident pour nous d'admettre que cette polarité existe, à la fois à l'intérieur de nous et à une plus vaste échelle. A un premier niveau, cette polarité fait partie intégrante de l'ensemble de notre construction psychologique ; ce qui explique pourquoi nous pouvons être timide, coléreux ou insécurisé. A un deuxième niveau, même le chemin qui mène à la transcendance passe par la dynamique des polarités.

L'aspect masculin de l'existence concerne la structure ou matrice à partir de laquelle tout survient (Shiva), et l'aspect féminin se rapporte à la forme (Shakti). L'homme est la conscience, la femme est la manifestation. La conscience est la structure, dépourvue de matière, qui sous-tend toute chose ; elle n'est point une « chose », mais elle est le terrain au sein duquel les choses se produisent et à partir duquel elles s'élèvent. La forme et la manifestation sont des choses ; elles viennent de l'être.

Chaque pôle a des caractéristiques très spécifiques. C'est pourquoi, si l'on arrive à faire la différence entre ce qui relève du domaine du masculin et ce qui relève du domaine du féminin, on est grandement aidé dans le Travail sur la personne et la transcendance.

C'est d'abord par le biais de l'étude que vous commencez à établir ces différences — de simples manuels qui traitent de la question suffisent — puis, les yeux grands ouverts, par le biais de l'observation toute simple de vous-même et du monde qui vous entoure. Ensuite, vous appliquez ce que Gurdjieff voulait dire lorsqu'il se référait à « l'observation de soi ». Si vous vous observez — si vous faites attention à ce qui vous semble coïncider avec vous en tant qu'homme (ou femme) et à ce qui vous semble être différent de vous, d'une manière caractéristique, tout en étant une partie de vous-même — alors, avec un peu de pratique, vous arriverez à définir ce qui relève d'instinct du domaine masculin et ce qui relève d'instinct du domaine féminin.

Habituellement, l'apogée de cette connaissance intuitive du masculin et du féminin se situe (ou devrait se situer) à la puberté. Mais, dans notre culture occidentale, nous manquons souvent d'expérience pour pouvoir énoncer ces différences, ou n'avons pas l'habileté suffisante pour le faire et en conséquence, elles se noient souvent dans les profondeurs de l'inconscient où elles cessent d'être une ressource que nous pourrions exploiter ou utiliser. Pour l'adolescente, il se peut que ce qui s'apparenterait le plus à cet instinct en train de faire surface se produise au moment de la menstruation. Ce qui expliquerait pourquoi, dans certaines méthodes tantriques, le moment optimum pour avoir des relations sexuelles est lors des règles. Evidemment, dans de nombreuses communautés de type « Nouvel-Age », on enseigne que c'est très exactement cette période qu'il faut éviter pour avoir des rapports sexuels. En fait, nombreuses sont les traditions où la femme est complètement mise à l'écart quand elle a ses règles. Quel gâchis ! Je serais porté à croire que dans notre culture le couvercle de répression mis sur l'aspect féminin, tout autant que sur les fonctions de l'hémisphère droit de notre cerveau, n'est pas étranger à cette mise à l'écart et à cet isolement imposés à la femme.

Si nous nous permettons fondamentalement « l'abandon à la volonté divine » comme ligne directrice de notre vie, nous trouverons à tous les coups l'équilibre parfait entre les phénomènes chimiques qui relèvent du domaine masculin et les phénomènes chimiques qui relèvent du domaine féminin. Cependant, si l'ego est notre ligne de conduite, nous finirons par avoir tôt ou tard beaucoup de problèmes. Si notre psychisme n'est pas assez fluide et si, contrairement à ce qu'il faudrait, il ne peut pas se déplacer entre les deux pôles, comment aurons-nous la possibilité de nous relier au Divin ?

La psychothérapie peut arrondir nos angles ; elle peut faire tomber les barrières que nous avions érigées. Il est nécessaire que nous soyons tout autant masculin que féminin et que nous n'obstruions pas les courants inverses de l'énergie féminine et de l'énergie masculine. Tout en étant à même de faire cela, il nous arrivera parfois d'être très féminin, ou très masculin, et d'être parfois quasiment androgyne — mais ce n'est pas l'ego qui choisira la tendance qu'il souhaiterait voir se manifester dans une situation donnée. Lorsque l'ego décide, son choix va toujours dans le sens de sa stratégie de survie et il ne correspond jamais aux besoins du Divin.

Pour que, dans leur relation commune, l'homme et la femme puissent être les manifestations vivantes des polarités symboliques de l'univers, tout ce qui entre eux est de l'ordre des contestations personnelles doit être résolu ou, du moins, leur apparaître déplacé. Les reproches mutuels incluent les conflits dans les domaines de la sexualité, de l'avoir et de l'espace, comme par exemple : « C'est ma chaise préférée et je ne veux pas que tu t'assoies dessus. » Autrement dit, il faut que tous les éléments contenus dans les trois premiers chakras ne posent plus de problèmes — qu'ils soient purifiés des désirs névrotiques et autres phénomènes anormaux.

Ainsi, dans notre société contemporaine, nous avons une situation intéressante. Nous avons toute une culture féminine et toute une culture masculine dans lesquelles les hommes ne manifestent pas, ou ne stimulent pas, la structure, ou matrice, appropriée. En fait, ce que nous représentons en tant que culture n'a, littéralement parlant, aucun moyen de comparaison possible avec ce type de connaissance qui est, depuis si longtemps, absent de notre système éducatif. Nous ignorons même qu'il puisse y avoir autre chose que notre mode de pensée mort et conditionné. Et les femmes qui n'ont pas la matrice appropriée à laquelle se relier, ne peuvent se manifester comme étant essentiellement *féminines*. Elle n'ont pas de vrai pôle contraire qui puisse les aimanter. Par contre, le pôle en face d'elle susceptible de les réfléchir représente le masculin dans tout ce qu'il a de patriarcal, misogyne, psychologiquement inapte et ignorant. Il n'est pas étonnant que nous soyons tous si frustrés et vides. Le monde manifesté n'exprime pas la nature authentique de la *Femme*, parce qu'il est absent de la nature *masculine* fondamentale à laquelle elle pourrait se relier. Nous avons une culture de femmes qui n'ont pas de sol sur lequel pousser pour devenir Femmes à cause des hommes qui ont renié ce terrain originel pour le remplacer par un soubassement fait de leurs faiblesses, de leurs colères et de leurs peurs.

Il arrive occasionnellement qu'une femme devienne malgré tout Femme, mais par accident, parce qu'en réalité, les femmes sont avant tout *féminines*. Cependant, la culture occidentale ne permet pas de suggérer ou d'apprécier l'existence des possibilités féminines et masculines ; ne parlons même pas du fait de les reconnaître lorsqu'elles se produisent.

Une culture qui m'a fait une très forte impression est la culture des femmes en Inde. Certes, elle devient de moins en moins remarquable au fur et à mesure que le pays se modernise, qu'il entre dans le domaine de la concurrence et de l'âpreté au gain ; mais malgré tout, il reste sur le continent indien une culture féminine clairement délimitée.

D'un point de vue historique, la femme en Inde est considérée comme propriété. Dès l'âge de cinq ou six ans on la fiance en vue du mariage, et le futur conjoint est choisi par les parents. (Ce qui se pratique toujours dans les campagnes mais moins dans les grandes villes.) Les possibilités d'épanouissement offertes à la femme indienne sont très restreintes. (Il faut à nouveau faire exception du cas de la citadine.)

En Amérique, la femme peut réparer les postes téléphoniques ou conduire un taxi si cela lui chante. Il est à peu près certain qu'en Inde, si une femme était chauffeur de taxi, on lui tirerait dessus. Tout simplement, cela ne se fait pas. En conséquence, en Inde, la culture des femmes a été forcée d'évoluer et de se développer en une culture extrêmement riche et puissante qui se suffit tout à fait à elle-même, et ce afin de permettre aux femmes de s'épanouir au lieu de se sentir complètement impuissantes et d'être battues par les hommes. Et ce qui m'a impressionné par-dessus tout, c'est l'aspect lumineux — je me réfère à l'aura — de la paysanne. Il y a là une puissance incroyable. La femme ne se sent pas amoindrie parce que l'homme la traite comme sa propriété. En Occident, on voit toujours tant de mesquineries et de rivalités entre les sexes. En Amérique ou en Europe, je n'ai jamais vu quoi que ce soit de comparable à la force qui se dégage de la culture indienne. Peut-être y aurait-il un soupçon de cette force dans certains pays européens, mais autant dire qu'en Amérique elle est inexistante ou stérile.

Secret 37

DEVENIR HOMME

Il y a vingt ou trente ans, l'homme était un vrai « macho ». Il n'avait aucun ressenti et aucune sensibilité qui lui auraient permis de comprendre ce qu'est la femme, et qui elle est. Bien évidemment, la femme a réagi (enfin !) à ce type de comportement et il s'en est suivi l'émergence de tous les mouvements féministes. De nos jours, l'homme essaie de se relier aux aspects féminins qui le composent et il s'efforce de devenir doux, respectueux de l'autre, gentil, et j'en passe. Mais, récemment, le poète Robert Bly disait dans un article de magazine que tous ces « hommes parfaits » n'avaient aucune énergie.

Où qu'il aille, Bly s'entretient avec des couples. Il a observé que généralement, le partenaire masculin ressemble à ce que *pourrait* être « l'homme parfait » : il est doux, plein d'attentions pour la femme, tendre, en contact avec l'énergie féminine, respectueux des points de vue qu'émet sa compagne, de son individualité et de sa féminité. Mais il n'a pas d'*énergie*. Il n'a pas de *jus*. Et Bly de dire qu'il y a quelque chose qui va vraiment de travers.

Bly est l'auteur d'un livre qui s'intitule *Iron John*[49] (New York, Vintage Press, 1990), et qui traite de la signification et de l'archétype de l'échange dans les contes de fées et les mythes. Un de ces contes, « L'homme de fer », traduit un mythe traditionnel que les Frères Grimm furent les premiers à relater. En gros, voici l'histoire.

Il était autrefois un village dont la population masculine disparaissait. Chaque fois que des hommes ne réapparaissaient pas chez eux, d'autres hommes partaient à leur recherche, et à leur tour, ne revenaient pas. Sur ces entrefaites, arrive un chasseur sans travail. Il fait du porte-à-porte, demandant à ce qu'on l'embauche, et les villageois n'ont de cesse de lui raconter comment les chasseurs disparaissent du pays. Alors, accompagné de son chien, il part en balade sur les terres qui ont vu les hommes pour la dernière fois et arrive à un lac. Brusquement, une main gigantesque sort des eaux. La main est en fer rouillé, elle happe le chien, puis l'entraîne dans les profondeurs du lac. Le chasseur observe le phénomène, y réfléchit d'une manière très rationnelle, avant de retourner au village où il demande aux hommes qui restent de l'accompagner au lac, munis de seaux. Tous ensemble, ils vident le lac et découvrent, allongé sur la vase, un homme de fer, géant, et tout rouillé — il fait cinq mètres et sa chevelure lui tombe jusqu'aux pieds. Les hommes le font prisonnier et le ramènent au roi qui le fait jeter dans une énorme cage située dans la cour du château.

Or, il se trouve que le roi a un jeune fils. Un jour, alors que l'enfant s'amuse en plein air avec une balle en or, celle-ci lui échappe et roule jusque dans la cage où se trouve l'homme de fer. Alors, l'homme de fer, avec les cheveux qui lui tombent jusqu'aux pieds, s'approche des barreaux et dit au petit garçon : « Voudrais-tu que je te rende ta balle ? » Le garçonnet répond : « Ouais ! », et l'homme de fer ajoute : « Si tu la veux, il faut que tu rentres dans la cage avec moi. »

Le petit garçon, effrayé, part en courant et en pleurant. Mais comme il veut récupérer sa balle, il revient le lendemain et demande au géant : « Puis-je avoir ma balle ? » L'homme de fer persiste : « Si tu la veux, il faut que tu rentres dans la cage avec moi. » Le petit lui rétorque : « J'peux pas passer à travers les barreaux et j'ai pas la clef ! » L'homme de fer lui explique : « Je sais où tu trouveras la clef : sous l'oreiller de ta mère. »

Pour en finir, un jour où sa mère et son père sont sortis, l'enfant décide de s'emparer de la clef. Puis il ouvre la cage. L'homme de fer lui donne la balle, sort de la cage et s'éloigne du château. Mais l'enfant lui dit : « Vous ne pouvez pas partir comme cela, parce que si ma maman et mon papa reviennent, et qu'ils s'aperçoivent que je vous ai libéré, ils me tueront ! » Alors, l'homme de fer lui répond : « Bon ! La seule solution qu'il te reste, si tu ne veux pas avoir d'ennuis avec ta mère et ton père, est de venir avec moi. » Le petit garçon accepte. L'homme de fer le hisse sur ses épaules et, ensemble, ils s'en vont.

L'explication que Bly donne de ce mythe concerne ce qui, de nos jours, est absent dans la personnalité de l'homme. Dans les contes de fées, l'enfant qui joue avec une balle en or est un symbole courant. La balle en or symbolise l'innocence, la spontanéité, la liberté, qui sont des caractéristiques de la jeunesse et de l'enfance. L'homme de fer, dont la chevelure lui tombe jusqu'aux pieds, symbolise l'essence de l'homme — c'est-à-dire la puissance physique, la force, la violence qui se manifestent lorsqu'elles sont nécessaires, et les pulsions animales. Mais dès lors que l'homme de fer est mis en présence de l'enfant, il n'est pas dangereux. Ils deviennent bons amis. Il parle à l'enfant. Il ne lui fait pas de mal mais il enlève assurément l'enfant à sa maman et à son papa. C'est en ami que l'enfant s'asseoit sur les épaules de l'homme en fer. A partir de ce moment, l'explication de Bly s'étire en longueur et, compte tenu de ce que j'ai à vous dire, il n'est pas nécessaire que je vous rapporte tout.

L'homme qui s'attarde sur les qualités mâles de l'homme de fer qui vit en lui, a de quoi prendre peur. Ces qualités sont inhérentes à l'homme primitif, au guerrier ; elles sont puissantes et instaurent une dynamique mais elles sont aussi ténébreuses et ancestrales. Lorsqu'un homme peut voir cela, il se dit : « Je ne devrais pas être ainsi. Il ne faut pas que j'aie un comportement agressif, dominateur et bestial. Je devrais être tout le temps doux et sensible », et j'en passe. Il peut en arriver à complètement supprimer sa part masculine à force de la nier. En conséquence, non seulement ne peut-il pas s'en occuper, mais en plus, il n'a aucune énergie.

L'homme qui est relié à l'homme de fer, bénéficie d'un certain type d'énergie. Il se peut qu'il ne soit qu'une brute, qu'un animal. Il est possible que l'homme de fer « régente » entièrement sa vie, lui enlevant toute forme de sagesse et de recul par rapport aux choses. (Il y a beaucoup d'hommes qui ne sont que des bêtes, néanmoins il faut leur reconnaître une énergie d'une certaine intensité.) Il se peut qu'il faille aussi comprendre que l'homme relié à l'homme de fer, a fait face aux aspects ténébreux de sa masculinité et a vu comment il devait les laisser s'exprimer. Pour qu'un homme soit vraiment sain, il faut que ces aspects souterrains montent, d'une manière ou d'une autre, à la surface de sa conscience. Il n'est peut-être pas utile que l'homme les libère en étant un macho — en brutalisant les femmes et en les rabaissant. Cependant, il faut que l'homme reconnaisse que le guerrier, le guerrier ancestral, représente une des qualités essentielles, fondamentales, inhérentes à sa masculinité et qu'il ne peut pas, ou ne doit pas, l'ignorer. (Quant à la qualité fondamentale de la féminité, c'est la Mère, c'est-à-dire la réceptivité.)

Un homme qui ne s'occupe pas de ces qualités masculines essentielles se castre lui-même. Même s'il développe en lui d'incroyables qualités de douceur, de compréhension, qu'il fasse tout pour aider, être généreux, quelque chose lui manque — quelque chose de très important. Et tôt ou tard, c'est ce manque qui le poussera à bouffer les gens qui l'entourent, sa partenaire, ses amis, ses enfants. Il les bouffera, les pompera, dans une tentative intuitive de s'emparer chez eux de l'énergie qu'il n'a pas.

C'est vrai qu'il y a de quoi prendre peur pour l'homme qui se trouve en présence de la bête qu'il porte en lui parce qu'elle est capable d'une violence sauvage extrême. Et qui peut arrêter l'homme de fer ? L'homme de fer dévore les gens. Mais si vous faites la paix avec « lui », si vous lui rendez la liberté et lui donnez votre confiance, il ne fera jamais volontairement du mal à qui que ce soit. Son fonctionnement sera semblable aux agissements du guerrier.

Evidemment, l'homme de fer n'est pas invulnérable. C'est ce que vous apprenez en voyant comment il s'est lié d'amitié avec l'enfant. Il avait mangé tous les chasseurs, ses semblables, car chez eux il avait rencontré l'agressivité, par contre il s'est lié avec l'enfant. Il a rendu sa balle au garçonnet, l'a hissé sur ses épaules et lui a dit qu'il pouvait venir avec lui.

Dans l'article, Bly mentionne également l'exemple de cultures primitives, telle la culture des indiens d'Amérique du Sud, les Hopi, où l'adolescent de douze ou treize ans est emmené dans la *kiva*[50]. Il y reste fort longtemps, en compagnie d'hommes vaillants, sans voir sa mère pendant un an et demi. Il ne la voit toujours pas quand il sort de la *kiva*. Dans la vie de l'adolescent, le droit à cette période de transition sert, en partie, à supprimer tous les aspects malsains qui peuvent persister dans la relation mère-fils.

Bly nous dit que, de nos jours, si un père se fait accompagner de son enfant au bureau, ce dernier ne peut pas comprendre en quoi son père peut être utile lorsqu'il le voit brasser de la paperasse au lieu de chasser. Les garçons grandissent avec cet énorme conflit interne, dû au ressenti de l'inutilité de leur père. Mais lorsque les sociétés étaient axées sur le travail, comme c'était le cas voilà des siècles, les garçons voyaient leur père travailler la terre ou réparer une clôture et ils étaient fiers de lui. Ils réalisaient que ce que leur père faisait servait à quelque chose. Aujourd'hui, l'enfant ne peut pas comprendre en quoi gribouiller quelque chose sur un bout de papier peut être un travail profitable. Il peut le concevoir sur le plan intellectuel, mais quelque part au plus profond de son instinct, de son corps, il se sent paumé et désorienté.

Dans nombre de cultures primitives, l'adolescent de douze ou treize ans est retiré de la culture féminine. On l'envoie chasser. Pour le sexe masculin (et souvent aussi pour le sexe féminin), il y a toujours lors du passage de l'adolescence à l'état d'adulte, des rites initiatiques très lourds de sens.

Il existait une culture primitive où les hommes s'emparaient de l'adolescent, l'isolaient pendant trois jours sans lui donner à manger ou à boire. Ensuite, ils l'intégraient au cercle des hommes de la tribu. Après avoir à peine dormi et mangé pendant soixante-douze heures, l'adolescent se demandait ce qui était en train de lui arriver. Il sortait de trois jours de solitude avec sa peur et ses projections sur ce qu'être un homme pouvait bien vouloir dire. Mais une fois introduit dans le cercle des hommes, il entendait la musique et il y avait de l'électricité dans l'air qui vibrait. C'est alors que les hommes brandissaient leur couteau, à tour de rôle ils se faisaient des entailles dans le bras, recueillaient le sang dans un bol, puis le tendaient à l'adolescent qui devait en boire le contenu. Ils le poussaient à boire le sang sans brusquerie ni exigence. C'est d'une façon à la fois douce et insistante qu'ils l'encourageaient à boire. Ainsi, l'adolescent comprenait qu'il avait passé sa vie à se faire allaiter par sa mère, mais que l'heure était venue de changer de registre et de se relier différemment à elle. Il pouvait alors saisir que les hommes procurent un tout autre type de nourriture. Il était entièrement passé par un rituel très lourd de sens. L'adolescent de treize ans en ressortait homme.

Cependant, Bly sous-entend que le monde moderne n'a pas de culture masculine, et particulièrement l'Occident. On ne peut pas même en trouver de traces.

Secret 38

GARDEZ LE CONTACT
AVEC LES BAS-FONDS

Si un homme s'abandonne au Féminin sans intention[51] précise de sa part et sans faire preuve de sagesse, il se fait alors complètement aspirer dans le néant, dans la soupe primordiale, que la science et la conscience n'ont toujours pas définie. Si, lors de ses tentatives d'abandon au Féminin, l'homme s'abandonne aveuglément corps et âme à « une » femme, il se transforme en un bébé géant — soit il devient un môme qui a toujours besoin de quelque chose, qui est irritable, susceptible, soit il devient une sorte de légume émotif. Ce qui peut se révéler plutôt négatif eu égard à la vie — l'individu est alors très égoïste et insensible. Mais si l'homme peut s'abandonner au Féminin lucidement et avec sagesse, il peut ainsi apprécier complètement le Féminin pour ce qu'il *est* fondamentalement et en conséquence, l'homme peut y répondre et l'adorer, à la fois dans sa forme réelle et en tant qu'objet d'adoration.

Comment l'homme peut-il développer en lui pareille lucidité ? En restant en contact avec les « bas-fonds ». A elle seule, la femme ne suffit pas à « nourrir » l'homme complètement — du moins, pas dans le sens ultime du terme. La part féminine de l'homme a besoin de se perfectionner au contact des bas-fonds. Et pour qu'une culture masculine soit véritablement un succès, il faut qu'elle soit pénétrée par une compréhension claire et intelligible.

D'un point de vue historique, comment les Bâuls sont-ils restés en contact avec les bas-fonds ? Littéralement parlant, en traînant dans les rues, en se pétant la gueule, en baisant, en bouffant tout et n'importe quoi et en composant des poèmes et des chansons. Leur manière de chanter et leur musique résultaient du temps passé dans les bas-fonds à flirter avec des entités (des forces énergétiques). Aller dans les bas-fonds leur a permis de vivre au « bord du gouffre » et de ce vécu, ils ont tiré la compréhension de ce que doit être la communion avec le Féminin.

Celui qui est dans les « bas-fonds » a intérêt à faire preuve d'attention et de discernement. La naïveté ne lui est pas recommandée. Si vous faites quelque chose de dangereux, comme par exemple de la course automobile ou de l'alpinisme, vous avez tout avantage à savoir très précisément sur quoi, en premier, vous voulez canaliser votre attention. A supposer que sur une autoroute allemande vous conduisiez à cent-cinquante km/h, vous ne pouvez pas quitter la route des yeux pendant une fraction de seconde. Et les gens roulent jusqu'à deux cents km/h. Pas question de rêvasser !

Celui qui a été un tant soit peu dans les « bas-fonds » sait qu'il lui faut rester sur le qui-vive, sinon il court à sa perte. Il lui faut faire preuve de lucidité et de discernement, au lieu de douter et de tomber dans la vantardise. Par exemple, les criminels dans les films savent reconnaître un policier parce que l'instinct du criminel est aiguisé et perspicace. Son flair n'est pas un mécanisme psychologique de merde qui ne sert à rien. C'est un instinct pragmatique et aiguisé qui demande à ce que l'individu soit vraiment présent à lui-même.

Si vous avez cette qualité de présence et comprenez le besoin d'étreindre la Femme, c'est-à-dire le Féminin, alors vous ne courez aucun risque d'être englouti en entrant en interaction avec cette force (qu'elle se manifeste dans une femme en chair et en os ou dans le Féminin en tant que pôle énergétique ; que vous soyez homme ou femme, peu importe.) Car le Féminin *dévorera* tout ce qu'il peut dévorer, sans faire de quartier. C'est sa nature — elle consiste à tout incorporer dans son propre processus d'évolution. Si l'homme fait preuve de lucidité en ce qui concerne sa propre féminité, il ne sera pas menacé, lors d'une relation, par la machine à « engloutir-tout-ce-qui-se-trouve-sur-son-chemin ». Or, le Féminin risque toujours de devenir cette machine, dès lors qu'il est reproduit de travers par le « petit féminin », c'est-à-dire la psychologie de la femme.

La femme a besoin de répondre à sa propre part féminine avec autant de lucidité que l'homme, afin de ne pas se transformer en une « machine à étouffer », c'est-à-dire, en un humanoïde vide et ambulant mû par une sensiblerie crasse. Par manque de lucidité, la femme se martyrise toute seule, sans arrêt, sans faire preuve de discernement ni d'à-propos. Pour ce type de femme, peu importe ce qui est nécessaire, ce qui est souhaitable, qui est la personne ou quelle est la situation. Vous avez vu les conséquences d'un tel comportement sur n'importe quel entourage, non ? Donc, la femme a tout autant besoin que l'homme d'exercer sa lucidité. Comment la développe-t-elle ? En s'impliquant et en répondant à la culture féminine — en créant avec d'autres femmes l'intimité de la relation entre amies. Mais l'homme décèlera difficilement cette lucidité à l'œuvre dans la culture masculine, car la culture masculine a un but ou un objectif différent. Ce sont les bas-fonds qui enseigneront la lucidité à l'homme.

De nos jours, beaucoup de femmes essayent aussi de l'apprendre des bas-fonds, ce qui a pour résultat de nourrir leur masculinité et leur illusions, au lieu de nourrir leur féminité. Il est des femmes qui font le même usage des bas-fonds que d'une injection de testostérone. Littéralement parlant, c'est comme si elles se métamorphosaient en hommes. Une telle façon de faire devrait terroriser les hommes car elle dénonce, chez ce type de femmes, leur inaptitude à se relier au Féminin. Je ne veux pas dire que les femmes doivent s'abstenir de faire, par exemple, du parachutisme en chute libre ou de l'escrime. Mais elles se doivent d'être Femme *avant* de pratiquer le parachutisme. Pourquoi ? Pour ne pas permettre à une certaine forme de lucidité qui s'éveillera en elles de générer une matrice masculine inutile. Chez une femme saine, il y a un élément nécessaire qui lui vient de sa part masculine. Cependant, dans chaque femme prise individuellement, la complaisance qu'elle met dans ce Masculin, l'abus qu'elle en fait, la manière dont elle l'amplifie de façon théâtrale, créent en elle beaucoup de fausses notes et un état maladif.

Probablement que les femmes qui réussissent le mieux en tant que telles, qui ne se complaisent pas dans le Masculin ou ne l'amplifient pas, tout en évoluant dans les bas-fonds, sont les actrices. Dans les arts de la scène, la femme ne peut pas ne pas être une femme. C'est évident. Dans les arts de la scène, la différenciation entre l'homme et la femme est très nette. Elle ne l'est pas dans le parachutisme. Ce n'est pas comme s'il s'agissait d'une discipline bipolaire. Par contre, dans les arts de la scène c'est très net, surtout dans l'art cinématographique et théâtral. Le théâtre est conçu pour les rôles féminins et masculins. D'un point de vue énergétique, il est beaucoup plus difficile à une femme de conserver son pôle féminin dans ce qui n'est pas spécifiquement masculin ou féminin, comme la course automobile ou le parachutisme.

Dans la mesure où la culture masculine est clairement définie et cohérente, il n'y a plus besoin de suivre une thérapie de groupe une fois par semaine. Sans culture masculine distincte, tout système de soutien à l'homme devrait considérer le fait d'être en contact avec les bas-fonds (et en fait, sur ce que signifie *être* en contact avec les bas-fonds). Et ce, pour que les hommes comprennent de façon évidente quel genre de nourriture et de lucidité les bas-fonds peuvent leur procurer. N'importe quel art martial impliquant le sens de la compétition, même sans remise de prix à la clef, est une manière d'arriver à ce résultat. Dans ce domaine, le judo est parfait parce que sans être un sport extrêmement dur, l'émulation y reste intense. Il en va de même avec l'aïkido.

La nourriture que leur propose chacune de leur culture peut permettre à l'homme et la femme de beaucoup progresser et d'être très satisfaits. Néanmoins, s'ils manquent de cette lucidité rigoureuse, leur culture respective, tout en devenant pour eux, à plus ou moins long terme, un soutien ou un support, perd ses vraies propriétés alchimiques. Si le facteur lucidité est présent, alors les cultures deviennent le relais, la courroie de transmission vers un niveau de transcendance ou d'extase, toujours plus élevé, du fait que toutes les substances nutritives sont là pour permettre une transformation appropriée.

Secret 39

CE QUE LA FEMME VEUT DE L'HOMME

Lorsqu'une femme regarde un homme, elle est attirée par deux choses. La première est l'aspect animal ou viril qui peut lui paraître super pendant un certain temps, mais qui ne dure jamais si les éléments plus profonds de la relation ne sont pas satisfaits. Dès lors, la valeur de la virilité, ou le feu qu'elle peut produire, cède le pas à la frustration, au conflit émotionnel et à la rage. Elle ne peut jamais se perpétuer en quelque chose qui satisfait pleinement les besoins de la femme, à moins évidemment que les deux personnes du couple ne soient aussi inconscientes et insensibles que des pierres. Une femme avec un peu de sensibilité peut être attirée par la virilité, mais cette dernière ne peut lui servir de base sur laquelle s'appuyer pour trouver les profondeurs de son être fondamental.

Alors, que lui faut-il d'autre ? Un homme sensible ? Un homme capable d'exprimer ses émotions ? Un homme qui respecte les sentiments de la femme ? L'homme qui répond à ce descriptif est généralement déstabilisé, pleurnichard et tellement coupé de sa propre masculinité qu'il en est devenu malade. Au bout d'un certain temps, cette sensibilité de l'homme et la capacité qu'il a d'exprimer ses émotions ne suffisent pas non plus à la femme. Très vite, elle aura besoin du pôle masculin [52] de l'homme en réponse à son pôle féminin. Donc, lorsqu'une femme regarde un homme, la deuxième chose qui l'attire est sa vraie vulnérabilité qui, dans mon langage, est l'expression de l'innocence organique. Qu'est-ce qui en l'homme inspire à la femme un amour authentique profond ? La dévotion, le sentiment de dévotion qui grandit sur un terrain vrai, solide, de présence masculine et d'appartenance à l'innocence organique.

Dans le royaume des humains, il ne peut y avoir d'abandon véritable sans dévotion. Un homme ne peut s'abandonner, à moins d'être un Homme. De toute évidence, un homme insécurisé et superficiel ne peut s'abandonner ou exprimer naturellement de la dévotion. La femme sait d'instinct que l'homme qui peut s'abandonner est à même de lui donner ce dont elle a besoin en tant que femme. (Ce qui ne se compare pas avec ses besoins névrotiques. Un homme capable d'abandon total ne peut pas être envahi ou contrôlé par une femme.)

Sans l'existence d'une culture masculine solide, cet enseignement de l'abandon authentique à la volonté divine ne changera rien à la marche de l'univers. En réalité, cela ne le fera pas avancer d'un centimètre. Donc, la clef de la culture féminine (et incidemment de la culture des enfants) est la culture masculine. Il est vital que la structure de la culture masculine soit appropriée, afin d'instaurer une dynamique vraie, capable d'aimanter la culture féminine. Alors, la culture des enfants peut réfléchir et traduire la plénitude de la culture adulte. Ainsi pourrait commencer un cycle de maturité, de croissance sacrée et d'éducation. Cycle où les égos désespérément bagarreurs et infantiles ne mettraient plus à mal les demandes faites à partir d'une compréhension adulte, naturelle et vraie des réalités. C'est de cette façon que doit se manifester la culture éclairée.

Secret 40

LA SOLUTION À QUATRE-VINGT-DIX POUR CENT

L'homme dit ou ressent souvent : « Je ne peux pas vivre sans une femme. » Cet état de tension pourrait être à la fois une obsession névrotique et le résultat de la reconnaissance intuitive de ce qu'est l'énergie féminine.

Aucun d'entre nous ne serait vivant sans l'énergie féminine, sans « le Féminin ». Sans les qualités du Féminin, en tant que pôle énergétique de l'univers, la relation elle-même ne pourrait être une dynamique. Parce que nous n'avons pas grandi dans un contexte culturel où ces choses sont comprises, nous avons tendance à transformer notre besoin réel du « Féminin » en la conviction qu'il nous faut une compagne, une partenaire sexuelle. Nous retournons comme une veste le vide de notre relation avec notre *anima* (le féminin profond chez l'homme) en cherchant à avoir des relations sexuelles ou à nous faire materner. En fait, cette pulsion est souvent si dévorante qu'elle nous fait échouer à construire des rapports profonds et durables, tant nous sommes obsédés par l'idée de former un couple sur la base de la dépendance mutuelle. C'est là une grande tragédie.

« Le Féminin » ne se rencontre pas exclusivement chez une personne seulement. Si l'homme pense qu'une femme plus qu'une autre est pour lui l'unique source d'énergie féminine, parce qu'intuitivement il sait que sans énergie féminine il meurt — tant sur le plan de l'esprit que sur celui de l'âme — l'atmosphère sera toujours tendue lorsqu'il sera avec celle qui, à un moment déterminé de son existence, l'aura particulièrement attiré. La femme est synonyme de vie au même titre que le souffle, et l'individu qui sent qu'il risque de ne plus pouvoir continuer à respirer est constamment sous pression.

L'aspect masculin de la création est l'idée, l'intellect pur, et l'aspect féminin de la création est la forme. En conséquence, la structure de *cet* univers est féminine.

L'homme ne peut devenir homme que s'il incarne, en tant qu'homme, ce qui est féminin — et qui est la manifestation, l'énergie et la création. L'homme doit se faire Femme à quatre-vingt-dix pour cent : il faut qu'il personnifie, en tant qu'homme, le Féminin qui est l'essence de cet univers. (Ajoutez le quatre-vingt-dix pour cent de Femme à ce qu'est *déjà* l'homme et cet homme deviendra un Homme. Il faut que l'homme se transforme en Homme, alors que la femme est déjà Femme, parce que nous vivons essentiellement dans un univers féminin.)

L'aspect féminin se caractérise par tout ce qui est lié aux notions de réceptivité, de nourriture et de sentiment. Dans le domaine des idées, il n'y a pas de place pour le sentiment. Cela n'existe pas. Donc, devenir femme revient à incarner les qualités féminines — ce qui ne veut pas dire être uniquement capable d'un ressenti corporel, comme la souffrance physique, mais être à même d'éprouver un certain type de sentiment permettant de nourrir l'autre et de le respecter.

Ce qui rend tellement difficile la croissance d'une culture masculine, c'est que lorsque le sentiment y apparaît, il prend des aspects nourriciers et réceptifs, et que ces aspects sont quasiment absents de la nature masculine. Les hommes préfèrent se mesurer dans le domaine de la compétition ; or, la compétition n'est pas une nourriture pour l'autre.

Alors que les *sentiments* ne sont qu'une partie de ce qui fait la qualité féminine, le *ressenti* en est la matrice. Si vous *ressentez* d'une certaine manière, vous serez automatiquement amené à exprimer les autres qualités qui vous habitent. Si vous ne faites vivre que l'aspect nourricier de votre nature, ce que vous représentez en tant qu'humain risque d'être complètement bancal. Si vous donnez une réalité au *sentiment*, vous ne pouvez pas être psychologiquement de guingois, parce que le sentiment, à lui seul, génère tous les autres aspects positifs de votre nature. Si vous faites vivre l'aspect nourricier de votre nature, il ne génère pas nécessairement, de lui-même, vos autres qualités. Vos autres qualités peuvent être très restreintes, mais le *sentiment* va les mettre en action et les ressourcer. Le *sentiment* est réellement la clef.

Secret 41

LE PRINCIPE FÉMININ ET LE PRINCIPE MASCULIN

Fondamentalement, la *Femme*, le principe féminin, fonctionne essentiellement selon deux modes, et l'*Homme*, le principe masculin, fonctionne également selon deux modes. Nous parlerons en premier de la Femme.

Selon le premier mode, la *Femme* se montre entièrement responsable de la pure féminité, ou de la Divinité, qui est en elle. Elle est extrêmement forte, passionnée, vibrante, ardente, appétissante, voire savoureuse. Pour qui ne pressent pas ses qualités profondes, elle peut paraître arrogante. A supposer que ce genre de femme n'ait pas été baisée depuis cinq ou dix ans, elle n'en apparaîtra probablement pas moins lumineuse, vivante et radieuse chaque jour, sans exception.

N'importe quelle femme un tant soit peu en contact avec son être authentique sait ce dont je parle. Elle sait reconnaître ce *parfum* en elle, et les hommes le savent aussi. Il s'agit de quelque chose de tellement puissant et lumineux que l'homme, quel qu'il soit, pourrait en perdre la tête de frayeur — sauf un fou, un animal, ou un Homme authentique (et encore, lui-même en serait bouleversé).

A la différence du sanskrit et d'autres langues, l'anglais n'a pas les mots, les sonorités nécessaires, ou les subtilités adéquates, pour permettre de décrire qui ou ce qu'est la *Femme*. Notre culture est muette et restreinte, dès lors qu'il s'agit des vraies données de la vie et de l'extase.

Le Féminin authentique ne peut survenir que s'il se construit à partir du pouvoir de la féminité, spirituellement inhérent à l'individu, et non à partir d'apparences factices. Lorsque ceci s'applique à une femme, elle donnera l'impression d'être sauvage, sans avoir besoin de prendre des airs féroces ou colériques. Et ce type de sauvagerie se situe au fin fond de l'essence de l'individu, en tant que *Femme*, en tant que Féminité ou Shakti.

Cette manière d'être ne peut pas être, même dans une seule parcelle du corps de la femme, une réponse, une réflexion ou une considération, se rapportant à autre chose que le Féminin. Cela ne peut être faux ou névrotique. Si l'on s'identifie à l'«autre», aux autres femmes ou aux autres hommes, avec l'illusion d'être séparé, et en étant tributaire de la pulsion qui nous pousse à survivre exclusivement en tant qu'individualité organique, cette manière d'être ne peut être authentique et émaner du vivant.

L'habillement, le maquillage, les comportements de séduction ne font pas la femme. Cette connaissance intuitive, ce ressenti, ce fait d'être *Femme*, n'existent pas en fonction de l'homme — il ne saurait être question d'être «Femme» sous prétexte de s'attirer un homme ou de pouvoir s'en passer. Par exemple, il est courant de voir chez les riches féministes engagées dans le mouvement militant, un air de confiance en soi qui n'a aucun rapport avec leur façon d'être. Il est tout aussi habituel de voir le comportement inverse, celui de la femme qui s'habille mal et qui, à l'instar de l'adolescente révoltée, donne l'impression de se déprécier volontairement et d'afficher un «j'en ai rien à foutre». (Donc, lorsque la femme le veut, elle peut se mettre sur son trente-et-un — se maquiller, se fringuer et porter beaucoup de bijoux.) Mais cette allure qui semble nécessiter pas mal d'argent, n'est pas celle des féministes pauvres.

De nos jours, nombreuses sont les femmes qui paraissent sûres d'elles parce qu'elles dirigent. Il se peut que dans leur service elles aient quatorze hommes sous leurs ordres ; elles convoquent les gros bonnets ; elles embauchent et mettent à la porte ; elles gagnent deux cent mille francs par an, alors que les hommes ont un salaire annuel de cent mille francs. Elles ont l'air de « Madame l'agent de change », l'air de celle qui a plus de comptes bancaires que n'importe quel homme au bureau, ou l'air de la femme qui use et abuse de son « rang », toujours le même, à la maison. C'est l'air de quelqu'un qui est fier de sa réussite professionnelle, fier de l'avoir emporté sur le système patriarcal, mais ce n'est pas l'air qui caractérise le principe féminin.

A notre époque, la femme n'est pas désireuse d'être femme dans le cadre de la relation avec son homme. Elle ne veut pas être nourricière, recevoir, vivre et générer de l'attention, de la confiance, de la force et de la puissance. En fait, de nos jours, les femmes ne sont pas monnaie courante. Les corps féminins, eux, ne manquent pas pour s'essayer à être les égaux des hommes, eu égard à l'énergie masculine, même s'il s'agit là d'une aspiration masquée par la demande d'égalité des droits sur les plans économique, moral et juridique.

Selon la représentation proposée par chaque archétype concerné, l'homme est le chasseur et la femme est la gardienne du feu et, entre autres fonctions, la prêtresse. Mais, fondamentalement, l'homme chasse et la femme pourvoit à ce qui est nécessaire à la culture, prise dans son ensemble, et à l'environnement. Shiva n'a rien à faire ; il pose son postérieur sur son coussin de méditation, ou sur un bouton de lotus, et parle de vérité. Shakti fait tout — elle s'occupe de la maison, supplée à la culture, aux circonstances et à l'inspiration.

Shakti est tout. Cependant, la femme ne se met pas en état d'ouverture pour être tout, elle essaie de diriger l'homme. A l'heure actuelle, la femme a un incroyable potentiel de sexualité consciente. Et, comme les hommes sont terrifiés par cette énergie chez la femme, l'incidence d'impuissance masculine n'a jamais été aussi grande dans l'histoire de l'humanité. La femme dit : « Je veux être au-dessus de lui », et elle ne le laisse pas seulement entendre lors de la relation sexuelle, mais sur toute la ligne !

Les formateurs de groupes d'éveil de la conscience ne comprennent pas que, pour la femme, la véritable façon de se débrouiller avec sa sexualité puissante, avec ce fort potentiel d'énergie, est de « savoir perdre pour gagner », c'est-à-dire d'adopter une attitude de lâcher-prise intérieur. Si vous voulez réellement mener un homme par le bout du nez, lâchez prise. Ne vous ramenez pas en lui disant : « Si cette fois tu m'fais pas *jouir*, t'as pas intérêt à y revenir, Julot ! »

Lâchez prise et le type sera désemparé. Abandonnez vous à lui, et vous pourrez tout faire et tout attendre — même des miracles.

Au judo, le principe est de « savoir perdre pour gagner », et c'est aussi celui qui s'applique pour « vaincre ». Si vous voulez *vraiment* vaincre, si vous voulez vraiment dominer une situation, il vous faut céder et permettre à la situation, en tant que telle, de transcender ses propres limites et résistances. Elle le fera, si vous appliquez ce principe correctement.

Vouloir avoir la mainmise sur tout n'est pas la solution. Pour vaincre ou contrôler une situation, il faut avoir une main de fer dans un gant de velours, et faire preuve d'une gentillesse intraitable. Dans les annales de l'histoire on voit que les femmes qui ont le mieux réussi en la matière, sont celles qui avaient un vrai pouvoir. Par exemple, les femmes devant lesquelles les plus grands poètes, les plus grands écrivains, se faisaient tout petits. Et les meilleurs guerriers se trouvent au nombre des femmes qui ont su « perdre pour gagner ».

Il est possible que ce que j'énonce ait un petit côté chauvin, néanmoins, c'est parfaitement vrai.

Il faut que la femme veuille reconnaître, sans aucune arrogance, et dans un esprit d'ouverture totale, qu'elle *est* l'éminence grise debout derrière le trône. Elle a besoin de le réaliser de façon tacite, vitale et non égoïste. En fin de compte, c'est évident. D'un point de vue organique, cela saute aux yeux.

Mais, au lieu de se contenter d'être l'éminence grise debout *derrière* le trône, la femme veut s'asseoir dessus. Et c'est là que le bât blesse. C'est ce comportement que nous voyons à l'œuvre à notre époque.

En Occident plus particulièrement, les mères ont fait des nullités. Il y a tellement peu d'hommes, à ce jour, que l'on puisse prendre pour modèle. L'homme ne sait pas ce qu'est sa masculinité. *Il* veut être l'éminence grise debout derrière le trône ! Au lieu de réaliser qu'il ne l'est pas, il continue à trimbaler sa violence envers la femme.

Il faut que l'homme veuille reconnaître que la Femme est l'éminence grise debout derrière le trône, et qu'il honore cette vérité en faisant preuve d'adoration. Ce qui n'est pas du tout la même chose que de dire : « Oui, je voterai pour le projet de loi sur l'égalité des sexes. » Affirmation qui doit dépendre d'un choix intime, suite à une réflexion personnelle, et non en fonction d'une considération d'ordre publique et politique.

La Femme doit être adorée. Sans l'énergie féminine, la création ne serait pas.

La « chasseresse » est aussi un véritable archétype du principe féminin ; elle est féroce, mais ce n'est pas en vue de prendre quelqu'un en particulier. La férocité de l'archétype de la chasseresse est universelle : sa férocité s'exerce contre la fainéantise, l'illusion, le doute, le désordre et la non-reconnaissance du féminin. La férocité à caractère vindicatif, personnel, racial, ou empreint de fierté est caractéristique d'un comportement impur ou névrotique.

La femme qui se situe dans son essence en tant que *Femme*, peut répondre à deux descriptions.

La première, lorsque l'on voit une femme dormir par exemple, nous montre une femme affalée de tout son long sur le lit, jambes écartées, bras pendants de chaque côté du matelas. Les femmes qui correspondent à cette description ne sont pas du genre à avoir peur de ne pas pouvoir s'endormir, ou à rester éveillées, parce qu'elles sont tendues. Elles ne s'endormiraient pas recroquevillées en position fœtale, jambes et bras repliées sur la poitrine, complètement ramassées sur elles-mêmes et frigorifiées.

La deuxième description qui pourrait s'appliquer à l'aspect extérieur de la *Femme* ou à ce qu'elle est, nous montre un corps tout en douceur, en rondeurs, paisible, qui n'est pas anguleux — pas plus que la voix, le regard, ne sont acérés, ou que les gestes ne sont brutaux. Cette suavité résulte du fait que l'attention est absorbée dans la contemplation du dieu personnel, dans la prière de soumission et d'amour. L'énergie de ce type de femme serait beaucoup plus intériorisée qu'extériorisée.

La *Femme*, la *Femme* authentique, rayonnera soit vers l'extérieur, vers le monde, vers l'univers connu et inconnu, soit vers l'intérieur. Il lui serait *impossible* de rayonner sur *elle-même*, parce qu'une Femme authentique n'a plus de « elle-même », sauf de façon conventionnelle, au niveau du langage et de la communication. Elle ne cessera pas d'être humainement utile. Mais la femme qui rayonne vers l'intérieur remplira plutôt les fonctions de gardienne du feu que celles de guerrière.

Des deux types présentés dans ces descriptions, il n'en est pas un de supérieur à l'autre. Ils diffèrent seulement dans leur manifestation. (Chez la Femme la plus tournée vers l'extérieur, son centre d'intérêt essentiel, ou en harmonie avec son contexte, n'est pas contenu dans l'expression *Dieu seulement*, mais dans l'expression *seulement Dieu*. *Dieu seulement* traduit l'aspect immanent de l'absolu[53]. *Seulement Dieu* traduit l'aspect transcendantal de l'absolu[54]. Toute la différence est là.)

La femme ne peut agir qu'à travers l'une de ces deux manières, consciemment ou inconsciemment, de façon détournée ou innocente, pour d'obtenir ce qu'elle veut. Il est des femmes à l'air doux, soumis et tendre, qui n'en ont pas moins des griffes plus acérées que celles d'un tigre. A part ces deux façons d'être *Femme*, toute solution intermédiaire relève de la névrose. Une solution intermédiaire peut avoir une possibilité minime de transformation, mais elle reste une solution incomplète, entravée ou contrariée dans son expression. Et ce, sans exception. La femme qui veut être l'« égal » de l'homme et vivre dans un « monde d'hommes », ne peut témoigner d'aucune de ces deux façons d'être *Femme*. L'égalité n'existe pas, sauf dans le sens Divin. L'Homme n'est pas la Femme, la Femme n'est pas l'Homme, et il en sera toujours ainsi.

La soumission absolue à l'aspect réceptivité du *yin* se manifeste soit en tant que Shakti parfaitement ouverte, soit en tant que Shakti complètement sauvage. Une Shakti n'exclut évidemment pas l'autre, et les deux ont une grande gamme de possibilités de manifestation auxquelles elles font appel, si nécessaire, en diverses circonstances.

*
* *

Pour que la *Femme*, incarnant l'un de ces modes d'être, puisse se balader sans se faire constamment malmener (je ne veux pas dire sans qu'on lui saute dessus et qu'on l'agresse physiquement mais sans qu'on lui fasse de mal au niveau psychologique et émotionnel), il faut que l'*Homme* personnifie l'un des deux modes qui s'appliquent à lui. L'un des principaux modes de comportement et de présence de l'*Homme* est tout à fait clair.

Lorsque vous plongez dans le regard d'un homme, vous pouvez savoir immédiatement si l'individu est profond — s'il vit librement à l'intérieur de sa propre masculinité. Un regard ne peut-être que clair ou trouble. (Je ne me réfère pas à la couleur de l'iris ou à celle du blanc de l'œil. Nous savons tous faire la différence ; nous avons tous regardé une multitude d'yeux !) Un regard clair pétille ; un regard clair est brillant et sans fond. Il n'est ni brouillé ni voilé, ce qui se traduit par un corps vertical et entre autres possibilités, par un refus de lorgner les femmes.

Il est des hommes qui ont toujours l'air élégants, et ce quoi qu'ils portent, parce que quelque chose de limpide émane de leur personne. Lors d'un récent entretien on demandait à un acteur âgé : « Plaisez-vous vraiment aux femmes ? Dans votre dernier film vous aviez l'air tellement vieux et vidé ; on aurait dit que vous étiez fatigué, que vous traîniez votre existence... » Il a répondu : « Evidemment que je plais aux femmes ! Ne croyez pas qu'elles en pincent pour les mecs qui frétillent sur les plages et qui n'ont rien entre les deux oreilles. Les femmes aiment les hommes qui savent qui ils sont. » Et il a ajouté : « Je sais qui je suis. C'est cela qui plaît, en dépit de ce à quoi je peux bien ressembler. »

Ces paroles que je rapporte montrent « l'état d'être » de l'*Homme*, elles ne soulignent pas ce qui pourrait passer pour une confiance en soi toute relative. Lorsque, dans le cadre de sa masculinité, l'homme sait qui il est, il se comporte avec une certaine élégance. « L'état d'être » naturel de l'Homme est de se comporter avec l'élégance du chef guerrier, conscient d'être un chef guerrier. C'est tout bonnement ce qu'il est, sans avoir besoin de jouer la comédie.

Le deuxième mode d'être, pour que l'*Homme* puisse se révéler, est de passer inaperçu. L'invisibilité porte en soi une élégance indéniable que la majorité des gens ne sait pas reconnaître. L'invisibilité est l'aptitude à pouvoir s'intégrer, naturellement et spontanément, dans n'importe quel environnement, comme si l'on en faisait partie — c'est être un caméléon humain. Le type d'homme capable de se faire invisible est rare à trouver parce que la psychologie du « primate » mâle — c'est-à-dire celle du singe qui montre les dents et se tape sur la poitrine — le pousse à croire qu'une telle invisibilité traduit de la faiblesse et un comportement « efféminé ». Cependant, cette douceur que l'on trouve chez l'*Homme* est l'équivalent de la douceur que l'on trouve chez la *Femme*. C'est de l'*intérieur* de lui-même que l'homme doux adore la déesse, alors que le type d'homme tourné vers l'extérieur actualise l'aspect *seulement Dieu*.

Pour pouvoir adorer la Déesse de l'*intérieur*, il faut être réceptif à son pouvoir, à son exigence et s'y abandonner. Ce qui ne veut pas dire que le type d'homme plus « pétillant » ne répond pas à la Déesse, mais il a un centre d'intérêt qui se situe sur un plan plus universel que personnel.

Lorsque la personne a compris le sens de son « état d'être » fondamental en tant qu'*Homme* ou *Femme*, il ne faut pas que cela la désécurise ou lui complique l'existence.

Précisons ce que j'ai dit. Ce n'est pas que la *Femme* pourrait être authentique selon les modes proposés et que l'*Homme* pourrait être authentique selon les modes proposés. Non. Les descriptions données définissent, en fait, la Féminité authentique et la Masculinité authentique. Vous ne pouvez pas « essayer » d'être comme les modes qui vous ont été décrits ; ils sont ce que vous découvrez comme étant votre être authentique. C'est après avoir fait cette découverte que vous

vous situez et vous détendez dans votre condition fondamentale. Pourquoi ? Parce que vous vous dépouillez alors de tous les mécanismes qui vous pesaient et vous distrayaient, car l'observation vous montre combien ils sont inapplicables à l'être fondamental.

Secret 42

DEVENIR FEMME

I / POUR L'HOMME :

C'est en devenant *Femme* que l'homme découvre le Féminin en lui. Il ne le découvrira pas en se conduisant comme « une femme », en s'habillant comme une femme et en agissant comme une femme — bien que ces procédés, adoptés par beaucoup d'hommes dans le cadre d'une *sadhana* sérieuse, aient fait apparaître chez eux des signes de métamorphose. Néanmoins, devenir *Femme* relève d'un processus totalement différent.
Une manière très simple pour commencer à avoir une idée de comment s'y prendre, consiste à observer la *Femme*. Maintenant, il est vrai que si vous regardez les femmes dans le but d'essayer de trouver en elles la Femme, il vous faudra à tous les coups faire abstraction de leurs nombreux travers et exagérations. L'homme qui veut observer les femmes doit être certain de la différence qui existe entre la féminité fondamentale, et le comportement femelle de la « primate ». Quoi qu'il en soit, c'est pourtant chez les femmes que l'homme trouvera le modèle de la Femme.
Vous risquez de faire fausse route si vous observez une femme dont le comportement serait calqué sur le mode d'expression de ses contemporaines, frustrées, indépendantes et qui clament « nous-sommes-les-

égales-des-hommes ». Si vous voulez comprendre le sens de devenir Femme, il faut que vous discerniez ce qui a de la valeur chez la femme, et qui apparaît lorsque ses aspects conditionnés ne jouent pas. En d'autres termes, il faut que vous remarquiez ce qui est vrai, au lieu de faire attention à la puérilité de son mental. Si vous avez la chance de pouvoir contempler une femme en train de faire sa toilette, vous la verrez alors, dans une situation où les aspects conditionnés de son comportement tendent à se dissiper. La femme qui se regarde dans un miroir a tendance à se rapprocher de sa nature véritable.

Il faut que vous commenciez par observer les femmes, et lire entre les lignes, pour pouvoir vous mettre à sentir ce qu'est l'essence de la féminité plutôt que de remarquer ce qui relève du conditionnement, des habitudes ou des attentes d'une civilisation.

Il est beaucoup plus facile à un homme de devenir Femme qu'à une femme de devenir Femme ; la femme se croit déjà Femme alors qu'elle n'est qu'« une femme ». C'est bien plus difficile pour une femme car il lui faut s'abandonner à ce qu'elle est déjà — sa condition fait penser à l'histoire légendaire du poisson qui vit dans l'océan et qui a soif. L'homme a seulement à voir la Femme dans les femmes, puis de l'intérieur, à faire sienne cette vision : c'est tout. Cela revient à provoquer une étincelle au niveau de l'allumage.

*
* *

Si vous ne savez pas danser, le Féminin vous apprendra à le faire. Ce n'est pas un crime pour un homme de laisser la femme diriger jusqu'à ce qu'il apprenne à diriger. De qui un homme va-t-il apprendre à diriger si ce n'est d'une femme ? Dans le cadre de notre discussion, il ne s'agit pas d'« une femme » — mais de la Femme, du Féminin. Laissez le Féminin (quel que soit le sens attribué à ce mot) mener la danse, vous donner l'exemple, mais non pas en prenant comme exemple une femme parmi d'autres, ou en observant « une » femme en particulier. Le Féminin vous apprendra à danser. Le Féminin est une danseuse.

Cherchez à voir comment les qualités féminines s'appliquent à toutes les situations et quel état d'esprit primordial caractérise le féminin. L'état d'esprit n'a rien à voir avec l'aspect sous lequel il tend à se manifester, comme par exemple l'aspect du confort, nourricier, maternel ou réceptif. La forme prise par la manifestation n'est pas nécessairement la danse. Mais il y a un *état d'esprit* réceptif, un *état d'esprit* maternel, un *état d'esprit* nourricier, qui *est* la danse. Ce n'est pas le fait de danser qui est la danse ; c'est l'*état d'esprit*.

II / POUR LA FEMME :

Il y a de nombreuses différences et évidemment quelques similitudes, entre la qualité qui caractérise l'état d'esprit nourricier, nécessaire dans la relation mère-enfant, et la qualité de réceptivité et de réponse à l'autre qui est appropriée dans la relation femme-compagnon. Pour la femme qui souhaite commencer à se pencher sur ces différences, l'une des façons de s'y prendre consiste à demander à son compagnon s'il a l'impression qu'elle le « materne ». Si ce type d'amour particulier souffre d'un déséquilibre, la réponse donnée l'évaluera correctement.

Dans ce genre de situation, et parce qu'en général ils n'ont jamais été correctement maternés, les hommes sont enclins à se montrer extrêmement susceptibles. Donc, dans l'intérêt du résultat en jeu, il faut que la femme se prépare à ne pas se révolter face au cynisme dont l'homme fera preuve.

La femme ne devrait pas se questionner sur : « Qu'est-ce qu'une mère ? Qu'est-ce qu'une amante ? Qu'est-ce qu'une gardienne du feu ? Qu'est-ce qu'une artiste du foyer ? », mais plutôt sur : « Qu'est-ce que la *Femme ?* » La question ne devrait pas être : « Qu'est-ce qu'*une femme ?* » *Une femme* n'est qu'un fourre-tout de motivations psychologiques et de traits de personnalité avec un noyau subtil polarisé par le noyau subtil masculin. (En cela, *une femme* est semblable à *un homme*, à part le fait que le pôle énergétique de ce dernier fonctionne avec le pôle énergétique féminin.)

Lorsqu'*une femme* découvre qui elle est, elle découvre seulement qu'elle préfère la cuisine chinoise à la cuisine indienne, qu'elle aime mieux être sur l'homme que sous lui lors de la relation sexuelle, et j'en passe. Lorsqu'*une femme* découvre qui elle est en tant que *Femme*, elle découvre une créature d'une tout autre nature.

Une fois libérée des aberrations, des projections et des demandes du mental, il est une qualité propre à l'énergie féminine, qui est une réponse spontanée, adaptée à n'importe quelles circonstances et donnée par la *Femme*, le *Féminin*, au lieu d'être émise par l'un des nombreux personnages qu'*une femme* peut incarner.

Pour qui s'arrête sur la question « Qu'est-ce que la *Femme ?* », la première chose à faire est d'être très précis dans le langage. Si vous y réfléchissez — compte tenu de toutes les extrapolations, implications et déviations que permet le sujet — faites-le toujours en vous demandant : « Qu'est-ce que la Femme ? » Ne soyez pas brouillon. Soyez constamment très exacte. Un changement infime ou apparemment insignifiant au niveau de la langue, peut complètement modifier le résultat de ce que vous cherchez.

Deuxièmement, une expérience qui pourrait s'avérer intéressante serait de poser la même question à plusieurs femmes : « Qu'est-ce que la Femme ? » Lorsqu'elles vous répondraient : « Eh bien, vous savez, c'est une mère, et patati et patata... », vous reviendriez à la charge : « Non, non et non ! Je ne vous ai pas demandé : Qu'est-ce qu'*une femme,* mais qu'est-ce que la *Femme* ? »

Si vous voulez un vaste échantillonnage de réponses, vous constaterez qu'elles seront quasiment toutes inutiles. Mais, ici et là, une femme sortira des sentiers battus ; elle se laissera aller un petit peu plus et vous dira quelque chose qui sera sans prix — ce sera une révélation pour vous, une pierre précieuse qui illuminera votre compréhension et qui pourra vous servir de nourriture, ou de combustible, pendant des années, voire toute une vie, ou même pour... et puis, que diable, je lâche le mot : l'éternité ! Mais soyez prêtes à entendre pareille réponse en dépit de la forme sous laquelle elle se présentera. Il serait assez inhabituel qu'elle vous soit exprimée verbalement. Il vous faudra être capable de *ressentir*, à travers les mots proférés, le contenu du cœur et de l'âme de la personne en train de vous répondre.

Lorsqu'une femme découvre ce que la *Femme* est, sa vision transcende toutes les caractéristiques et références qui lui sont propres et qui l'enferment.

III / POUR LES HOMMES ET LES FEMMES :

Ce que signifie être *Femme* ne peut être défini, ni nommé. Le « je » n'est pas un attribut de la *Femme*. Fondamentalement, la *Femme* est réceptivité, et le « je » n'est pas un attribut de la réceptivité. La réceptivité est une étreinte, elle n'est pas une confrontation.

Tout ce à quoi le « je » est applicable se confronte à autre chose : « Je suis ceci, je suis cela. Je joue un rôle dans le couple. Je te fais à manger. Je vaux mieux que ça. » (La psychologie branchée des mouvements féministes énonce qu'une femme mérite dix-sept orgasmes par jour. On commence par lui dire : « Tu en as bien mérité un, chérie, mais après, tu ne veux plus t'arrêter, je sais que l'on doit bien te traiter, etc. » Le lavage de cerveau, ou toute autre chose avec un grand « je » en plein milieu, n'est pas la réceptivité. Pour être fondamentalement réceptif, il faut que la référence au « je » ait disparu.)

Lorsque je parle de cela, les femmes disent que si elles essayent d'appliquer ce que je dis, les hommes leur marcheront dessus. Bon, et alors ? Elles ne peuvent pas continuer à se laisser traiter indéfiniment comme de la merde. Leur argument a du poids. Que faire ?

Tout d'abord, si vous vous apprêtez à être une *Femme* authentique, il faut que « quelque chose » soit là pour rencontrer cette *Femme* authentique. Si vous essayez de vous abandonner complètement à la réceptivité, il faut que vous ayez quelque chose à étreindre — par exemple, un Homme authentique.

Ensuite, ce genre de réflexion ne peut être analysé hors du contexte auquel il se rapporte. En ce moment, nous ne sommes pas en train de faire l'amour. Nous sommes en train de formuler la question : « Qu'est-ce que la *Femme* authentique ? » Ou encore : « Comment dois-je m'y prendre pour devenir un *Homme* authentique afin de rencontrer cette *Femme* authentique ? » Ces questions sont parfaitement appropriées dès lors qu'elles sont posées dans le bon créneau ; par exemple, posez-les-vous la prochaine fois que vous ferez l'amour, que ce soit sur le plan sexuel ou non. (J'ai dit à dessein faire l'amour, et non « copuler », au sens biologique du terme.) Bien qu'il y ait évidemment des différences, vous pouvez néanmoins « faire l'amour » dans une relation avec un enfant, ou lorsque vous êtes en communion avec des amis.

Pas la peine de chercher des techniques pour gérer votre énergie, posez-vous simplement cette question au bon moment. C'est un questionnement à faire mûrir en vous, puis, lorsque la situation le permettra, il fusera de lui-même. Si vous prenez en considération la totalité de votre question, vous *ferez* ce dont elle traite. C'est extrêmement simple — c'est tout ou rien.

Pour le moment, je n'ai plus rien d'utile à vous dire sur le sujet. A force de l'épicer, on dénature le goût du ragoût. Tout ce que nous voulons accomplir, sincèrement, pour nous-mêmes, doit rester une interrogation, comme un *kôan*[55], pour utiliser le langage zen. A supposer que l'on vous donne une réponse prédigérée à une question de cette importance, vous vous retrouveriez avec quelque chose de très artificiel. Nous ne sommes pas faits pour absorber de la nourriture prédigérée. Nous sommes faits pour manger, digérer et, en finale, chier : cette dernière fonction est très importante dans le processus. Si vous ne procédez pas ainsi, vous serez dans de sales draps.

Pour celui qui utilise la *Femme* comme un *kôan*, lorsque le processus de devenir *Femme* se met à agir, les chakras, conformément à ce qui est décrit dans nombre de traités de yoga, s'équilibrent et se mettent en place, naturellement et spontanément, sans subir d'influences anormales et perturbatrices. Tout ce processus ne requiert pas de notre part une attention extraordinaire, il ne nous demande pas de nous ajuster à lui ou de nous affiner. Commencer à harmoniser le système des chakras[56] peut-être une façon de vous engager dans le processus de devenir *Femme*. Cependant, si vous abordez le domaine de cette connaissance par le biais de la volonté, il vous faudra, une fois arrivé au but, abandonnez la démarche volontaire qui vous aura conduit au but. Alors, tout le processus sera repris à zéro, non par vous, mais pour vous.

Celui qui découvre la *Femme*, découvre automatiquement l'Homme. Attendu que ces polarités sont inséparables, même si elles sont distinctes l'une de l'autre, il s'agit véritablement d'une réalisation simultanée.

Le labeur — pour devenir *Femme* — est exactement le même pour tous les hommes et pour toutes les femmes ; le but, seul, diffère. Le processus étant linéaire ou progressif, il n'existe aucun « chemin »[57] à suivre pour pouvoir nous abandonner à la *Femme* qui réside en nous. Il faut tout bonnement *le faire*. C'est pour cela qu'il s'agit d'un *kôan*. Vous bossez dessus, vous bossez dessus, et puis, un jour, c'est là — accessible et devenu vrai pour vous.

L'homme et la femme, dans leur recherche individuelle de la *Femme*, ont un but différent parce qu'ils sont des pôles énergétiques opposés. Vous pourriez alors poser la question : « Pourquoi la *Femme* ne chercherait-elle pas l'Homme ? » Ce à quoi je vous répondrais : la *Femme* est tout. Pourquoi aurait-elle besoin de chercher l'Homme ?

Secret 43

LA RÉPONSE PSYCHOLOGIQUE DE LA FEMME À LA FAIBLESSE MASCULINE

Quelle que soit la relation, pour qu'elle réussisse, il faudra toujours qu'elle obéisse au jeu des contraires — mâle-femelle, *yin-yang*, positif-négatif, attraction-répulsion. Si ce schéma de flux et de reflux, propre à la création universelle, est absent d'une relation où les deux partenaires sont trop semblables, il faudra alors qu'une cause extérieure au couple fasse office de force d'opposition : cause qui pourra être une façon de voir la vie politique, sociale, religieuse, ou quotidienne.

L'homme entre dans la relation presque uniquement en tant que force la plus faible du couple. (Vous, les hommes, si vous y faites attention, vous verrez que probablement chaque femme que vous avez rencontrée a été, en fait, la force dominante dans la relation. Et vous, les femmes, si vous y faites attention, vous verrez que dans vos relations avec les hommes, vous vous êtes toujours conduites de façon à être la force dominante par rapport à la force docile, faible, de l'homme.)

Dès lors qu'elle ne se situera pas au niveau de la conscience et de la réflexion personnelle, la femme répondra toujours à cette faiblesse de manière *primitive* — à partir de la relation psychologique définie par les tendances de l'homme et de la femme non-éveillés, à partir de motivations névrotiques plutôt que saines, à partir d'un état d'esprit subconscient dont les partenaires ne tiennent toujours pas compte. S'il n'y avait pas un tel comportement, la relation serait un espace ouvert avec des possibilités infinies.

Ce qui, d'instinct, est voulu dans la relation est l'interaction spontanée du principe masculin et du principe féminin. De manière caractéristique, la femme ne répondra pas à l'homme avec la féminité authentique, si ce dernier ne manifeste pas la masculinité authentique demandée par la femme. Au contraire, c'est par une réaction psychologique mécanique, ou névrosée, qu'elle répondra aux automatismes psychologiques de l'homme, ou à sa névrose. Et la réponse de la femme sera primitive, inconsciente. Ce sera une réponse qui, même lorsqu'elle n'en montrera pas les signes extérieurs, opérera toujours comme un état d'esprit sous-jacent. Le seul moment où cette réponse n'aura pas lieu d'être, se situera lorsque l'homme manifestera une véritable énergie masculine. Mais encore faudrait-il que la femme ait quelque peu une idée vraie de ce qu'elle est en tant que *Femme*, en tant que présence féminine authentique.

A supposer que la femme trouve un homme qui manifeste l'énergie masculine authentique, une première difficulté dans la relation viendra du fait qu'ayant pris l'habitude de répondre à l'homme selon un schéma névrotique, elle continuera à mener les mêmes jeux psychologiques. Une impulsion aura été donnée qui arrivera à se perpétrer presque par la seule force d'inertie. La femme vivra des crises d'une incroyable intensité. Parce que l'innocence organique de sa féminité reconnaîtra l'innocence organique de la masculinité, elle sera en situation conflictuelle car, essayant de communier avec l'innocence organique masculine, elle sera menée par ses automatismes conditionnés qui la poussent à « induire » ses schémas psychologiques originels. Ce n'est pas à dix ans que la femme découvre ce genre de chose. Elle l'apprend dès la petite enfance — à la minute où elle se met à observer maman et papa.

Généralement, cette réponse psychologique de la femme à l'homme est si puissante qu'elle ne permet pas à la femme de trouver, en elle-même, un espace intérieur où elle puisse s'abandonner à ce qui permet l'expression naturelle du féminin authentique.

Comment l'homme se débrouille-t-il avec ce mécanisme ? Il n'a aucun moyen de l'arrêter, sauf en transcendant le comportement qui provoque la réponse de la femme, et ce n'est qu'un début. Ce qui veut dire qu'en premier lieu, l'homme doit faire sa *sadhana*, avant d'entrer dans une relation qui réussira finalement sur le plan spirituel. L'homme doit cesser d'incarner la faiblesse qui occasionne la réponse psychologique originelle de la femme. Ce n'est pas nécessairement en devenant un héros macho que l'homme mettra un point final à cette faiblesse. Comme vous le savez tous parfaitement, c'est chez les hommes les plus machos que l'on trouve ceux qui sont les plus faibles et les moins sûrs d'eux-mêmes. Leur comportement spectaculaire et fanfaron est de la poudre aux yeux pour empêcher de voir où ils en sont véritablement. La véritable force masculine n'est pas acérée, dure, glaciale, cruelle ou brutale. C'est la névrose masculine qui la voit de cette façon.

Si l'homme arrête d'incarner la faiblesse qui traduit son échec à être Homme, la femme cessera éventuellement d'avoir une réponse puissante, émise à partir des mécanismes psychologiques primaires spécifiques à « la ricaneuse ». Une fois le terrain déblayé de tout cela, l'innocence organique de l'énergie féminine, ou essence de la féminité, s'exprime. Cependant, lorsque le phénomène se produit, l'homme névrosé peut être si déconcerté par la qualité de présence lumineuse de la femme, qu'il devient encore plus faible, et le « putain » de mécanisme peut repartir de plus belle. Pareille éventualité est bien plus que probable ; aussi, à chaque seconde, vous devez être sur vos gardes. Afin de pouvoir au moins faire sienne la vraie masculinité lorsqu'elle se présente à lui, l'homme doit auparavant la reconnaître et être à même de l'habiter ! C'est un truc un peu tordu dont nous pourrions parler maintenant mais, concrètement, il faut d'abord commencer à fonctionner à partir de « l'esprit qui ne tire pas de conclusions »[58], à partir du plan de l'éveil, pour que cela puisse avoir lieu. Plus besoin de se soucier de la sexualité pour l'homme et la femme qui, à travers l'innocence organique, peuvent exprimer leur masculinité et leur féminité. Ce qui ne veut pas dire que chaque nuit sera l'occasion d'une orgie monstre, sauvage, au cours de laquelle l'homme et la femme fusionneront avec tout ce qui les entoure dans la pièce. Néanmoins, si vous vous arrêtez sur cette métaphore, vous risquez de l'adopter d'un point de vue philosophique. Les problèmes liés à la sexualité, au désir, à la lubricité, aux réactions chimiques, aux fantasmes et autres, sont mis au service de la nature instinctive qui caractérise une vie soumise à la volonté de Dieu.

Habituellement, de par sa névrose, l'homme est amené à projeter dans la relation toutes les faiblesses qu'il a en fait apprises de sa mère. C'est d'elle qu'il tient cette connaissance et il l'a vérifiée en observant son père. Mais lorsque l'homme s'ouvre au principe masculin, il a la possibilité d'arrêter de perpétuer et de manifester ces faiblesses coutumières.

Alors, à quel genre de Travail peut s'adonner la femme pour améliorer cette situation qui n'est pas naturelle ? Bon, pour ne pas nous compliquer la tâche, disons que *la femme devrait mettre toute son attention dans l'abandon, et l'homme devrait mettre toute son attention dans la sadhana*. Les rôles s'inverseront plus tard, l'homme se concentrera sur l'abandon et la femme se concentrera sur la *sadhana*. D'une certaine manière, la femme a la partie belle, car, aussi longtemps que l'homme accomplit ce qui lui est demandé en propre, en faisant sa *sadhana*, il la fait aussi pour la femme. Après avoir atteint un certain degré de maturité dans le discernement, la discipline et l'effort, la femme ne génèrera plus de réponse psychologique primale, aussi longtemps que l'homme ne génèrera plus de faiblesse.

Secret 44

APPROCHEZ-VOUS DU FÉMININ SANS ESPRIT DOMINATEUR

Le Féminin ne pouvant pas être dupé ou compris en dehors de son propre « espace », toute approche pour le connaître, faite à partir d'un point de vue masculin, ou avec une « indécrottable tournure d'esprit mâle », sera par avance vouée à l'échec. Il se peut parfois que le Féminin s'accommode de la compréhension erronée, ou de l'interprétation fausse, de quelqu'un qui, pour diverses raisons, essaie de le saisir, mais on ne le roulera jamais. Si nous voulons comprendre ce qu'*est* le Féminin, nous devons adopter l'angle de vision qui nous permettra de voir ce qu'il est de *l'intérieur*, au lieu de nous appuyer sur les observations et le point de vue de l'individu que nous sommes, ou d'aborder le Féminin de l'extérieur — d'une manière ou d'une autre, un tel regard est toujours faux : c'est celui de la personne qui cherche à acquérir du pouvoir et à dominer.

Traditionnellement, les membres des civilisations patriarcales adoraient les dieux pour qu'ils leur donnent d'abondantes et saines récoltes, des conditions climatiques favorables, et aussi la puissance pour qu'ils les aident à sortir victorieux des guerres et à soumettre les peuples voisins. Pour tout ce qui concernait la vie pratique, dans ce qu'elle a de primordial, ils adoraient la Déesse. A un moment donné de l'histoire de l'humanité, les civilisations patriarcales ont développé le culte de la Divinité avec l'idée de contraindre le

Féminin. « Puisqu'elle ne semble pas vouloir s'en aller, nous avons tout intérêt à l'utiliser à notre avantage. »

Par quel biais peut-on le mieux assujettir le Féminin ? Par celui de la sexualité. Dans les temps anciens, se répandirent des cultes rendus par un grand nombre de prêtresses qui, habituellement une fois l'an, et parfois aussi quotidiennement, assumaient dans le temple les fonctions de prostituées. Les prêtresses correspondaient littéralement à la définition que l'Orient donne au mot *guru* — elles symbolisaient l'incarnation de la Divinité et étaient reliées à elle. Donc, féconder la prêtresse revenait à apaiser la Divinité et à lui plaire. Si la Divinité était pacifiée, elle gratifiait les cultures de son sourire, ce qui en retour, l'apaisait — alors les récoltes étaient bonnes, les hommes gagnaient les guerres et tout un chacun jouissait d'une bonne santé.

De nos jours, il est intéressant de constater que les cultes de la Déesse, qui prédominent dans le mouvement « Nouvel-Age », demandent à être considérés avec cette sorte de ferveur. En dépit du discours tenu par les adeptes du mouvement, ces cultes font l'objet d'une approche masculine. Les membres ont beau avoir la bouche pleine du *« féminin »*, leurs comportements nécessitent d'opter pour un point de vue masculin. Dans ce type de processus, les femmes sont tellement coupées de leur propre féminité qu'elles ne savent même pas ce qu'elles font à notre époque. Déformées par le point de vue masculin, elles le calquent sur leur recherche instinctive du Féminin authentique. Mais pareille approche ne peut donner que des résultats aberrants, et c'est ce qui s'est produit.

La partialité dans les différences établies entre le masculin et le féminin, la demande d'un certain type de reconnaissance en tant que « le féminin », et un discours exclusif et vertueux ou expressément explicite, sont autant de caractéristiques de cette approche masculine.

Les hommes abusent des femmes depuis si longtemps qu'elles en ont perdu le sens de leur humanité et de leur Divinité. Pour elles-mêmes, principalement, elles ont *besoin* de reconquérir la signification de leur être — afin de retrouver la confiance en elles et leur fierté. Toutes les cultures féministes en vogue ont été induites par ce besoin. Cependant, ce ne sont pas les revendications brutales qui permettront d'obéir au Féminin authentique, ce seront les sentiments de gratitude et de reconnaissance que lui vouera le masculin (présent tant chez l'homme que chez la femme).

Fondamentalement, lorsque l'homme rencontre la femme, il se relie à elle dans l'urgence et la tension. Pourquoi ? A cause de la sexualité ! Peu importe le degré de raffinement ou de subtilité de l'homme, sa raison profonde reste la sexualité. Lui aussi est complètement piégé par le puissant modèle social de haine envers la femme. Qu'est-ce qui pousse l'homme à vouloir que la femme lui procure du plaisir sexuel ? Qu'y a-t-il dans cette demande qui puisse occasionner ce ressenti d'urgence et cette tension ? Voici la réponse : l'homme éprouve le besoin névrotique et terrifiant de dominer ce qui, en fait, est la vie elle-même — ou Shakti.

Seules, l'urgence et la tension motivent les jeux sexuels qui ont pour but l'orgasme. Si l'orgasme est la raison pour laquelle deux personnes (ou plus) s'unissent, font l'amour, si les individus imaginent que pareille motivation est l'accomplissement ultime que permet ce type d'union, alors ils nient les plus hautes possibilités qu'offrent l'acte d'amour et de communion. Dès lors que l'homme aborde la sexualité en obéissant à la dynamique inconsciente d'urgence et de tension, ce qui le motive est de dominer le Féminin parce qu'il a peur — en fait, il est terrifié, non pas à l'idée d'être dominé par le Féminin, mais à la pensée d'avoir à s'abandonner si totalement au Féminin qu'il sera réduit à néant dans sa lumière.

Il en va de même pour les femmes. Celles qui appartiennent à la classe moyenne de notre société ne s'intéressent pas au vrai plaisir, à la joie fondamentale. Il est possible que l'on ait l'impression contraire parce que leur discours porte sur le nombre d'orgasmes qu'elles peuvent avoir, et sur la manière de se procurer du plaisir et d'obtenir un maximum de satisfaction par les sens. Mais toutes ces belles paroles masquent le refus et le déni.

Le thème de la jouissance uniquement sensuelle fait fureur dans les magazines de psychologie et les revues féminines. « Si votre homme ne vous fait pas jouir, utilisez un vibromasseur ; en plus, c'est beaucoup mieux, vous pouvez faire tout ce que vous voulez avec, sans saletés, sans avoir à supporter des histoires émotionnelles ou à vous attacher. » Cette façon de s'exprimer n'a rien à voir avec le plaisir, elle traduit le besoin de domination. Pour la femme, ce dernier est toujours la motivation sous-jacente, dès lors qu'elle aborde la relation sexuelle dans l'urgence et la tension ; néanmoins, dans son cas, il s'agit du besoin de dominer sa propre peur face à son pouvoir et à sa vérité fondamentale. La femme est tout aussi terrifiée à l'idée qu'elle pourrait être ce qu'elle est, comme l'homme l'est à l'idée de devenir cela (le Féminin) ou de devoir s'y abandonner.

Secret 45

LE SECRET PAR EXCELLENCE
ET SEUL VRAI SECRET
SUR LE TANTRA SEXUEL
(et que Dieu me pardonne de le divulguer pour si peu)

Dans le cadre de la sexualité, la rencontre entre l'homme et la femme ne devrait avoir qu'une seule motivation. Fondamentalement, l'homme devrait demander à la femme de se révéler à lui en tant que *Femme*, et la femme devrait demander à l'homme de se révéler à elle en tant qu'*Homme*.

Je ne dis pas qu'ils devraient se faire cette demande verbalement, sinon vous allez complètement vous paumer dans des considérations philosophiques et vous désintéresser de la chair qui est à portée de votre main. Tout ce que la sexualité est *vraiment*, se résume à cette motivation et, occasionnellement, au besoin de procréer. La sexualité confondue avec le plaisir, ou même avec le processus alchimique, n'est qu'un moyen sophistiqué adopté par des animaux pour justifier leur forme humaine. Toute considération tantrique de la sexualité comme étant au service d'un processus alchimique, n'est que bourrage de crâne permettant d'intéresser pendant assez longtemps la personne qui pratique, afin qu'elle puisse recevoir le « choc » authentique. Pour l'homme qui est avec une femme, la question, la porte ouverte, la clef de l'univers est : « Révèle-moi la Femme ».

La totalité du processus du Travail effectué dans le Tantra sexuel vise à dépouiller la femme de toutes les choses dont elle se croit faite en tant que femme, c'est-à-dire tous les subterfuges dont elle a recouvert la nudité crue, primaire, de sa « qualité d'être » féminine. Ceci est également valable pour l'homme. La femme ne devrait avoir une relation sexuelle avec un homme que lorsqu'elle est dans l'état d'esprit de désirer une masculinité à l'état brut et primaire.

Autrefois, les initiatrices du Tantra savaient comment amener un homme à ce seuil. Ces maîtres tantriques femmes savaient s'y prendre pour arracher tous les artifices et laisser l'homme, non seulement face à la vision du Féminin authentique, mais aussi face à ce qui en lui est le Masculin authentique. Ce n'est qu'après des années d'apprentissage que l'initiation pouvait commencer, parce que si vous amenez un homme non préparé à cet endroit, il risque de « disjoncter ». Il peut vraiment devenir dingue ou être pris d'une telle frayeur que, pour le restant de ses jours, il ne se risquera jamais plus à quoi que ce soit de ce genre. Sa recherche de la vie authentique sera définitivement terminée.

L'initiation à laquelle je me réfère n'a rien à voir avec ce que l'intellect, ou de vagues aperçus sur la question, permettent de saisir. Le Travail tantrique consiste à dépouiller la femme et l'homme de tous les ajouts psychologiques habituels plaqués sur la féminité et la masculinité fondamentales. Telle est ce que devrait être la relation sexuelle, sous toutes ses formes. Si elle est autre chose que cela, si elle se résume à une banale histoire d'amour, alors elle ne débouchera que sur des déceptions et des frustrations, ou encore, elle servira à consolider les mécanismes inconscients. Il faut qu'elle soit tout autre chose que cela.

La relation sexuelle peut-être une forme particulière de l'amour qui amène les partenaires amoureux à révéler, en chacun d'eux, l'Homme et la Femme authentiques. Mais si la relation sexuelle traduit uniquement : « Prouve-moi que tu m'aimes... », elle n'aura pas d'autre choix que d'aboutir à la frustration. Elle n'aura tout simplement aucune autre possibilité. (Je n'aurais même pas dû dire cela tout haut. La seule raison pour laquelle je l'ai fait, c'est que dans tous les cas, personne ne va comprendre, à une ou deux rares exceptions près.)

La motivation profonde, à l'origine de toutes relations sexuelles, est : « Montre-moi... » Lorsque l'homme est avec la femme, la relation sexuelle ne devrait jamais être ramenée au nombre d'orgasmes de la femme, à l'expression sur son visage, ou au fait qu'elle geigne ou qu'elle crie.

Beaucoup d'hommes ont leur compte après une demi-heure, quarante-cinq minutes ou une heure. Une fois la battue terminée, la biche « tuée », vous vous ennuyez. La femme a eu deux orgasmes (ou elle a geint et vous a regardé dans les yeux comme si vous étiez la merveille du monde), et puis après, vous en avez eu marre. Si vous ne pouvez faire vôtre cette intention : « Montre-moi la Femme », la relation sexuelle aura beau vous procurer un plaisir extraordinaire et vous satisfaire pendant longtemps, cela n'empêchera pas que, vue sous cet angle, elle n'a aucune raison d'être. En fin de compte, la relation sexuelle doit mourir.

Pour l'homme, le but est : « Révèle-moi la *Femme* ». Ce n'est pas : « Qui es-TU en tant que femme ? » N'importe quelle femme, ou n'importe qui de sexe féminin, est à même de lui montrer cela. Il se peut qu'il y ait quelques rares exceptions, mais en règle générale, peu importe qui est la femme, quelle est sa constitution physique, quelle est sa personnalité — une femme sera toujours une femme. Tout est là.

Une *Femme* authentique veut savoir qui est l'*Homme*, mais pas les autres femmes. Connaître l'*Homme* irait à l'encontre des intérêts du psychisme de la femme moyenne, contre chacun de ses intérêts, y compris celui qui la pousse vers la famille, l'amour, et j'en passe.

La *Femme* est un mystère profond. La plupart des hommes n'y trouvent pas leur avantage. Ils veulent s'envoyer en l'air, puis en terminer. Et chaque femme croit qu'en se contentant de geindre un peu, elle va montrer au type qui elle est. Non. La motivation de la femme devrait être : « Révèle-moi l'*Homme* », non pas : « Je te révèlerai la Femme. » Nombreuses sont les femmes qui pensent : « Je vais te révéler qui est la Femme » ; néanmoins, elles vont très vite se rendre compte qu'elles ne font pas de différence entre leur *yoni* et un trou dans le sol.

« Révèle-moi la Femme ! » Il faut des années pour y arriver, à moins que, peut-être, la première fois ne soit la bonne. Cela dépend de qui vous êtes et de ce que vous faites.

L'homme qui sait en quoi consiste ce Travail, ne sera jamais satisfait tant qu'il n'aura pas découvert, d'une façon ou d'une autre, ce qu'est la *Femme*. Grâce à Dieu, la relation sexuelle n'est pas le seul moyen d'y parvenir. Il y en a d'autres. Mais la relation sexuelle est la façon la moins secrète, la plus évidente. C'est un moyen indiqué par des lettres en tubes de néon rouge de deux mètres de haut. Les autres façons sont infiniment plus subtiles.

Fondamentalement, l'homme devrait créer l'atmosphère implicite propre à : « Révèle-moi la Femme », et ne plus s'en soucier. Parler de cela à une femme revient au même que de lui demander : « Alors, quand vas-tu jouir ? » Il y a vraiment de quoi inhiber quelqu'un. Certes, de nos jours, la majorité des femmes répondraient : « Espèce de blanc-bec, si tu ne peux pas le piger tout seul, trouves-en une autre ! » Mais en en parlant, au lieu de chercher à savoir à partir de l'état d'esprit du « Révèle-moi... », on passe à côté.

Vous pouvez me croire sur parole. Faites-en votre *kôan* et allez-y. Essayez d'intensifier votre volonté de connaître la *Femme*, et votre volonté de connaître l'*Homme*.

Secret 46

ÉQUILIBRAGE DE LA NATURE MASCULINE ET DES ÉNERGIES FÉMININES

En chaque être humain on trouve des polarités masculines et féminines dont les énergies mâles et femelles ont tout un éventail d'interactions — qui se déploie du masculin presque intégral au féminin presque total, en passant par toutes les nuances intermédiaires. L'individu naît avec des dispositions organiques qui le situent quelque part sur l'éventail. Indépendamment de leur sexe, l'homme et la femme ont des tendances marquées qui les portent soit vers une masculinité forte, soit vers une féminité forte. Par exemple, et sans que cela change quoi que ce soit à la disposition fondamentale de l'homme ou de la femme concerné(e), il est possible pour une personne dotée d'une forte féminité, d'exploiter, d'expérimenter, d'exprimer et d'utiliser efficacement son énergie masculine.

Pour qui sait reconnaître les rapports entre les énergies mâles et femelles, ainsi que leur nature, il s'ensuit tout naturellement une compréhension du rôle fondamental que jouent ces énergies dans chaque aspect de la création, animée ou inanimée. A titre d'exemple, observez que la réussite d'expression de quelques-uns des morceaux de musique classique les plus poignants, tient au fait que la musique elle-même se sert des forces féminines et masculines. Il est des musiques qui, sans aucun doute, sont masculines, et d'autres féminines. Une fois insérée dans ce contexte, l'activité sexuelle devient une manière parmi d'autres, d'utiliser la dynamique instaurée entre les pôles masculin et féminin. Ceci est valable tant pour l'activité sexuelle hétérosexuelle qu'homosexuelle. (Certes, il y a des différences évidentes entre les deux mais sur le plan de l'énergie, les applications sont semblables.) Ainsi, le jeu sexuel devient seulement un moyen, *pas nécessairement le plus significatif ou primordial*, d'intégrer et d'équilibrer les interactions entre les forces masculines et féminines.

En fait, l'homosexualité est une relation entre un homme et une femme — indépendamment du sexe biologique des individus impliqués dans le couple homosexuel. Je pense que la majorité des homosexuels seraient profondément choqués d'entendre que leur homosexualité est en fait une relation établie entre eux et leur mère biologique, et non entre eux et l'homme qu'ils ont choisi pour partenaire. Sans vouloir offenser qui que ce soit, c'est ainsi que cela se passe.

Cette constatation ne s'applique pas à tous les homosexuels, et l'homosexualité ne provient pas toujours d'une névrose. Cependant, dans la plus grande partie des cas, être homosexuel(le) ne traduit pas une préférence pour une personne du même sexe ; il s'agit d'un choix qui est une réaction en face d'un traumatisme, ou d'un abus, ou d'une situation de honte, subie par l'enfant. Ceci vous apparaîtra tout à fait évident et clair au niveau psychologique, si vous vous penchez sur le nombre de mécanismes fondamentaux, liés à la peur, qui ont été les vôtres dans la petite enfance.

Il est évident que dans une relation homosexuelle qui « marche », il y a interaction des énergies mâles et femelles (qui « marche » s'applique à une relation construite sur l'amour et l'attirance naturelle et non à une relation qui procède d'un refus, ou d'une dynamique psychologique de névrose). Il ne s'agit pas exclusivement de l'énergie masculine dans la relation homosexuelle entre hommes, et exclusivement de l'énergie féminine dans la relation homosexuelle entre femmes.

Aux yeux d'une personne non-intuitive, ou qui ne réalise pas que les énergies masculines et féminines sont la raison principale de l'interaction entre toutes les forces de l'univers (pas seulement entre l'homme et la femme), la relation sexuelle devient ce qui amplifie le plus l'interaction des énergies. Peu importe qu'il s'agisse d'une relation homosexuelle ou hétérosexuelle. Ceci est évident dans un grand nombre de communautés homosexuelles, quelles qu'elles soient, où l'on voit, chez certains hommes, d'incroyables manifestations féminines et chez certaines femmes, d'incroyables manifestations masculines. Ce qui montre bien que l'interaction entre les énergies féminines et masculines est amplifiée, car ces hommes ne s'essayent pas à devenir femme, et ces femmes ne s'essayent pas à devenir homme.

L'un de mes amis, qui est un maître, fit autrefois une expérience. Il invita un travesti et lui demanda de déguiser en femme tous les hommes de sa communauté. Ensuite, notre ami demanda aux hommes de se comporter en femme pendant tout l'après-midi. Les femmes de la communauté avaient pour consigne d'observer les hommes, de ne pas provoquer volontairement de réactions chez eux et de ne pas s'imposer à eux.

Au début, les hommes se sentirent très mal à l'aise et réagirent à leur embarras en exagérant ce qu'ils pensaient être des comportements féminins. Ils parlèrent d'une voix aiguë et se mirent à gesticuler d'une façon semblable à celle qu'ils attribuaient aux femmes — telles qu'ils les voyaient. Mais au bout d'un moment, tout cela leur parut déplacé et en fin de compte, ils arrêtèrent leurs singeries et se mirent à agir « normalement » — selon leur manière habituelle de se comporter, sauf qu'ils étaient habillés en femmes. Après avoir accepté de se détendre et de ne plus empêcher le déroulement de l'exercice, ils commencèrent à vivre vraiment comme un groupe de femmes l'aurait fait.

C'est alors que le maître leur demanda d'aller se démaquiller, de reprendre leurs propres habits et d'arrêter l'exercice. (Mais à ce moment, ils ne voulaient plus !) Plus tard, les femmes avouèrent qu'au début de l'exercice les hommes leur étaient apparus comme de loufoques caricatures, mais dès qu'ils avaient arrêté d'essayer de jouer, elles avaient eu l'impression que ces « hommes » étaient simplement un autre groupe de femmes, qu'elles auraient pu facilement se mêler à eux, dans le style « rien que nous, les femmes... » Parmi les hommes, se trouvaient des barbus et des moustachus, mais c'était comme si les barbes et les moustaches étaient devenues invisibles. Ces caractéristiques n'avaient rien changé aux comportements.

Les hommes décrivirent leur expérience avec des airs émerveillés : ils avaient compris quelque chose de fondamental et d'essentiel, voire même, de transformant.

L'un des moyens de développer la spiritualité en vous, est de reconnaître avec quelles caractéristiques vous êtes venu au monde. Nul besoin d'amplifier, d'exagérer vos tendances, pas plus que de vous y adonner ou de vouloir les supprimer.

*
* *

Il est courant que la personne qui a une part féminine faible et une nature masculine forte, ou une part masculine faible et un nature féminine forte, cherche l'équilibre non pas en renforçant la part faible, mais en affaiblissant la part forte ou en développant des habitudes qui lui donneront une impression de force dans la partie faible.

C'est une façon de faire qui peut donner une illusion d'équilibre — le mental se dit : « Bon, j'ai réussi le travail difficile d'équilibre et maintenant je le tiens. » Mais en fait, rien n'a changé, tout est exactement comme avant.

La réponse à ce problème est relativement simple. C'est en renforçant le masculin en soi que l'on compense sa part masculine faible. Cependant, il arrive parfois que le corps voulant suppléer à une nature masculine faible, la personnalité se développe de façon excessivement masculine. Ainsi, la personne devra travailler très durement pour se défaire de ses habitudes masculines tenaces. Dans ce cas, l'« action » des manifestations masculines empêche l'individu de voir qu'une telle masculinité est creuse et immatérielle. Néanmoins, si la personne fortifie en elle le principe masculin, sa personnalité s'ajustera et son corps trouvera l'équilibre. Et comme le corps sait d'instinct ce qu'est l'équilibre salutaire, l'individu n'aura rien à faire pour l'atteindre. (Si jamais il vous est arrivé d'essayer de changer votre personnalité, ne serait-ce qu'un tant soit peu, vous savez combien cela est chose difficile. Rien que pour avoir l'air différent de ce que vous êtes, il vous faut une incroyable force de volonté, alors ne parlons pas de celle requise pour obtenir des changements durables et constants. Mais vous n'êtes pas *vraiment* différent, si vous vous contentez d'agir différemment.)

Dans le même ordre d'idée, si vous avez une nature masculine très développée et une part féminine faible, n'essayez pas de morceler votre masculin. Fortifiez votre nature féminine.

Certaines personnes comprennent que la féminité est « réceptive » et que la masculinité est « active ». C'est une façon de voir les choses, à la fois simpliste et pas vraiment exacte. Elle ne montre qu'un aspect du tableau et non ce qu'est le principe masculin et le principe féminin. La personne qui veut équilibrer dans son corps les énergies masculines et féminines doit aller directement au principe masculin ou selon le cas, au principe féminin, qui sont extrêmement différents de leurs manifestations superficielles.

Dans la dichotomie de base mâle-femelle, Shiva est la connaissance pure, c'est-à-dire, le contenant. Shakti est le contenu : la manifestation, la forme et l'énergie. Shiva est le tout non manifesté, et Shakti est tout le reste — tout ce qui relève de la sensualité, de la vie, du mouvement et de la créativité. Donc, il est possible de dire qu'un féminin faible peut avoir un rapport avec un élément de la personnalité (pris parmi ceux qui se trouvent dans l'ensemble que constitue le psychique, les émotions, et le physique) qui a des difficultés à *agir*, à *faire* ou à *se manifester*. Shiva est l'archétype fort et silencieux ; il n'est pas le modèle du guerrier — ce dernier est représenté par Diane, Athéna ou Shakti. C'est donc en agissant que vous fortifierez le féminin, mais agir ne veut pas dire brasser de l'air, faire des vagues ou se conduire comme un éléphant dans un magasin de porcelaine.

L'énergie masculine ne parle pas. Elle *est*. L'énergie féminine agit : elle parle, elle est vivante, agressive et puissante. Fondée sur la sagesse, et non sur l'accomplissement ou la beauté, l'énergie masculine se contente de rayonner. Pour fortifier votre masculin faible, il faut vous situer dans la connaissance pure — il faut que vous arriviez à *connaître*, à découvrir la sagesse. Si vous n'êtes pas sûr de vous, si vous croyez ne rien savoir, vous fortifierez votre masculin faible en trouvant en vous-même le lieu qui le connaît *vraiment*, et qui le reconnaît et l'étreint. Chaque fois que vous ressentez que vous ne comprenez pas, cherchez immédiatement pourquoi et tout particulièrement ce qui se rattache à cette insécurité.

Fortifier le féminin en vous, revient à utiliser votre énergie sur le mode de la productivité optimale ; vous ne devez pas gaspiller votre énergie et aggraver vos points faibles. Cela ne veut pas dire que vous ne pouvez pas vous promener, vous asseoir dans un jardin public et regarder les gens autour de vous ; mais si vous le faites, utilisez votre promenade, ou votre repos, comme nourriture pour votre travail spirituel, pour calmer votre faim fondamentale, et non pour fuir votre être profond. Une façon très pratique de fortifier le féminin sur le mode de la productivité optimale, est de ne jamais laisser un projet inachevé ; une autre façon consiste à conserver l'énergie en économisant la parole.

Résumons-nous. Si le masculin est trop faible, ne vous cassez pas la tête en cherchant à savoir si le féminin est trop fort ou non. Fortifiez le masculin. Si le masculin est trop fort, n'y faites pas attention une seule seconde. Fortifiez le féminin.

Secret 47

AU-DELÀ DU MASCULIN ET DU FÉMININ

Il nous faut être un peu plus souples. L'idéal serait d'être, suivant le besoin du moment, masculin ou féminin. Cependant, selon ce que nécessitent les circonstances, trop peu de personnes sont assez souples pour être ou masculines, ou féminines. En fait, il s'agit là d'une perspective qui terrifie beaucoup de gens. La plupart des hommes qui s'essayent à être masculins n'y arrivent pas vraiment, et ils ne réussissent pas plus à être féminins, même si la situation le requiert. Quant aux femmes, la majorité d'entre elles s'essayent à être féminines et sont incapables d'être masculines si la situation le nécessite.

Lors de la relation sexuelle, l'homme peut-être masculin ou féminin, et la femme peut-être féminine ou masculine. Vous pouvez oublier si vous êtes féminin ou masculin lorsque vous abordez la relation sexuelle avec l'idée que vous pouvez être l'*Homme* ou la *Femme*. A ce moment-là, vous pouvez simplement être l'événement qui se déroule, l'interaction des énergies spontanées. A ce moment-là, l'orgasme devient un ancien projet, juste bon à étouffer l'énergie. Vous pouvez ne plus vous soucier de l'orgasme car ce que vous êtes en train de faire est meilleur. Lorsque vous êtes profondément dans le jeu des interactions de l'énergie, vous oubliez que vous êtes un homme, ou une femme, et à qui vous faites quoi. Vous êtes tout bonnement dedans. S'investir aussi loin dépasse les limites du plaisir momentané de l'orgasme ; et c'est à partir de là que vous pouvez continuer. Alors, une joie délicieuse transcende l'état d'esprit qui qualifie par : « C'est mieux ». L'extase consume la dualité de l'accouplement.

CINQUIÈME PARTIE

LE TANTRISME : CONSIDÉRATIONS AVANCÉES

Les secrets qui suivent ne devraient pas surprendre le lecteur à qui les bases nécessaires pour leur compréhension ont été données dans les parties précédentes. Cette cinquième partie commence par une étude approfondie des centres, en relation avec le système des chakras, pour permettre de comprendre la place que tient l'énergie sexuelle dans le processus d'évolution de l'homme. Ensuite, Mr Lee avertit le lecteur occasionnel des dangers qui le guettent sur la voie du Tantra. Cette partie se termine sur le principe, des plus élevés, de l'adoration de la Femme, principe qui permet une étude détaillée du concept de « Devenir Femme ».

Secret 48

LES CHAKRAS ET LES CENTRES[59]

Dans la philosophie du yoga, le premier chakra[60] se situe au niveau du périnée, le deuxième chakra au niveau des organes génitaux (centre sexuel), le troisième chakra correspond au plexus solaire, le quatrième au cœur, le cinquième à la gorge (glande thyroïde), le sixième chakra est appelé le troisième œil (il se trouve au milieu du front) et le septième est au sommet de la tête.

Toujours selon la philosophie du yoga, et de manière caractéristique, le chakra qui se trouve au niveau de la gorge est associé à l'intellect, celui qui correspond au lieu du cœur est associé aux émotions, et le plexus solaire est associé au désir de puissance. Et ces trois chakras sont ceux-là mêmes qui sont associés aux trois centres dont parle Gurdjieff dans la Quatrième Voie[61] — le centre intellectuel, le centre émotionnel et le centre physique. En fait, dans le travail de Gurdjieff, il est question de six centres, attendu que chacun des trois centres cités a un aspect supérieur et un aspect inférieur[62].

Orage, un disciple éminent de Gurdjieff, a schématisé ces trois centres et les a associés avec les chakras, suivant cette classification :

1 : Centre physique inférieur (premier chakra).
2 : Centre émotionnel inférieur (troisième chakra).
3 : Centre intellectuel inférieur (cinquième chakra).

4 : Centre intellectuel supérieur (sixième chakra).
5 : Centre émotionnel supérieur (quatrième chakra).
6 : Centre physique supérieur (deuxième chakra).

Selon Orage, l'individu évolue sur un mode direct, linéaire ; il progresse d'un centre au suivant (au lieu de progresser d'un chakra au suivant). Donc, pour la personne qui veut mettre le Travail en pratique, si le premier centre n'est pas « éveillé », peu importe que d'autres centres le soient — elle n'a pas les fondations adéquates. Si les fondations nécessaires sont inexistantes, quels que soient les phénomènes créés de façon arbitraire, ou accidentelle, ils n'ont aucune valeur pour le Travail. Ils restent au stade de phénomènes. (Dans les mouvements « Nouvel âge » on trouve de nombreuses personnes avec des dons impressionnants de médium, de clairvoyance — et qui sont complètement siphonnées. Il en est parmi elles qui ne peuvent pas tenir une conversation suivie. En Inde, il y a aussi beaucoup de yogis qui expérimentent des phénomènes insolites, mais vivent d'une façon complètement aberrante.)

Une des idées-forces de l'enseignement de Gurdjieff est que l'individu doit complètement harmoniser son être — il doit intégrer tous les centres. Lorsque dans le cadre du Travail cette notion est comprise, elle permet d'être cohérent et de faire preuve, entre autres, d'honnêteté dans les engagements pris. En termes de Travail, il vous est littéralement impossible d'être responsable tant que votre être n'est pas unifié. Si vous n'avez pas accordé votre être, un « je » sincère aura beau faire des vœux, prendre des engagements, dès lors qu'un autre « je » montrera le bout du nez, vous serez emporté par vos mécanismes. Vous n'aurez même pas le choix : vous ne tiendrez pas vos promesses. Vous serez mené, parce que vous ne serez pas unifié. Tant que votre être ne sera pas un ensemble cohérent, les principes de responsabilité et d'obligation, liés au Travail, resteront purement théoriques.

La philosophie du yoga tient dans l'idée que l'individu doit fonctionner, et évoluer, à partir du quatrième chakra ; elle ignore les trois chakras inférieurs et, plus particulièrement, le deuxième, c'est-à-dire le centre sexuel — qui, dans quasiment tous les yogas, est considéré comme le fauteur de troubles. Il est associé aux désirs et à toutes les considérations d'ordre «inférieur». Mais, dans le schéma tel qu'Orage le présente, il vous est impossible de réaliser le Travail dans sa totalité, à moins que vous n'unifiiez, de façon sérieuse, le deuxième chakra. En fait, le deuxième chakra est la clé ultime.

C'est à partir de ce point de vue, que je vais parler des centres. Le premier centre, à la base de tous les autres, est le centre physique. Il est associé au périnée, ou au siège de la *kundalini* [63] qui réside dans le corps. C'est le centre que l'on associe à la défécation, la peur et au fait d'être vivant dans ce qu'il y a de plus instinctif. Donc, à titre d'exemple, dans n'importe quel art corporel — tels la danse et les arts martiaux — la personne qui s'implique au niveau des tripes sera meilleure que les autres.

Le centre émotionnel est associé au plexus solaire, et non au cœur. Nous sommes enclins à relier les émotions au cœur. «J'ai le cœur brisé... J'ai le cœur gros... J'ai le cœur qui déborde de joie...» Sur le plan du langage, notre culture nous fait associer les émotions au cœur. En réalité, si notre «cœur est brisé», c'est parce que nous le rendons inopérant en lui rattachant toutes les émotions impropres, ou émotions inférieures. Ces émotions fausses mettent le cœur hors circuit, n'en tiennent pas compte. En fait, c'est au niveau du plexus solaire que se situent les sentiments inférieurs.

De façon typique, le centre intellectuel est associé à la tête, parce qu'elle est le siège du cerveau. Or, généralement, nous croyons que la pensée s'élabore dans le cerveau. En réalité, c'est la glande thyroïde, ou cinquième chakra, qui est le siège du centre intellectuel inférieur. C'est là que réside l'ego dans tout ce qu'il a de plus primaire.

Il faut un choc pour que soient activés les centres supérieurs. Vous pouvez énergétiquement passer du premier centre au second et au troisième avec une maturité normale et des exercices élémentaires, mais ce degré ordinaire de maturité ne suffit pas pour passer du troisième centre au quatrième. Il faut un choc pour que s'ouvrent et fonctionnent les centres supérieurs.

Selon la méthode de Gurdjieff, le choc peut être consciemment provoqué par le maître, ou être induit par la bénédiction [64] d'un maître authentique, ou encore se produire accidentellement. Une maladie physique, la perte d'un être cher, la naissance d'un enfant, ou un traumatisme de l'affect, beaucoup de choses sont à même de provoquer l'explosion d'énergie qui est nécessaire. Cependant, il faut d'abord que le corps soit réceptif aux échanges d'énergies, pour que l'explosion puisse être efficace. A supposer que l'explosion se produise dans un corps sous pression, il se détraquera complètement. Au lieu de se transformer, de passer par un processus alchimique, il se brisera tout simplement. C'est pour cela qu'il est si important de savoir ce que vous faites, lorsque, à la manière de Gurdjieff, vous vous provoquez intentionnellement un choc. Si vous vous occasionnez un choc au mauvais moment, vous brisez la partie de vous-même à laquelle il s'adresse. Au lieu de lui fournir la charge d'énergie dont elle a besoin, vous l'abîmez. De même, votre voiture exploserait, au lieu d'aller plus vite, si vous remplissiez son réservoir avec du carburant destiné aux fusées spatiales : son moteur n'est pas fait pour consommer ce type de carburant.

*
* *

Si vous voulez mettre le Travail en pratique dans votre vie, le premier des centres qui a besoin d'être édifié en soubassement est le centre intellectuel supérieur. C'est à partir de lui que les autres centres supérieurs pourront se développer naturellement et sans anomalies. Nous tendons à considérer le centre intellectuel supérieur comme s'il était « en plus ». Cela serait bien si nous pouvions bénéficier du centre intellectuel supérieur, mais nous sommes surtout intéressés à vouloir atteindre un niveau émotionnel plus élevé. Nous prenons le centre émotionnel supérieur pour la crème — nous le relions à la poésie, au sentiment authentique, à la compassion et à tout ce genre de trucs. Nous associons le centre émotionnel supérieur au cœur. Mais en fait, dans le processus alchimique transformateur, évolutif, des centres supérieurs, le centre émotionnel supérieur n'est qu'une étape intermédiaire.

Le centre supérieur à tous les autres, est le centre physique supérieur. Il est associé à l'innocence organique. Vous progressez dans ce centre uniquement sous l'impulsion d'un *stimuli* qui dépend, ou résulte, de la volonté divine. L'ensemble du processus est évident. Si les centres sont développés dans l'ordre approprié (chakras 1, 3, 5, 6, 4, 2), et que vous les harmonisiez, il en résultera comme ultime révélation l'épanouissement du centre physique supérieur — et non celui du centre émotionnel supérieur qui se fait tout au long du processus de transformation. Processus semblable au négatif d'une photo en cours d'impression qui représenterait l'être humain.

En ce qui concerne le septième centre, dont nous n'avons pas encore parlé, la terminologie propre à la Quatrième Voie nous ferait savoir qu'il correspond au stade où nous commençons à vivre avec une âme. Le septième centre est la porte ouverte sur l'âme. Cependant, pour en atteindre le seuil, il faut être passé par tout le processus d'évolution.

L'idée générale et caractéristique du yoga est de faire s'élever la *kundalini* à travers tous les chakras, jusqu'à ce qu'elle ouvre le sommet de la tête, le *sahasrara*, pour que l'individu devienne lumière et irradie. Néanmoins, si vous forcez le passage de la *kundalini* à travers les centres sans suivre la progression appropriée, ce qui se produit lorsque vous sautez des chakras, il se peut que vous ne puissiez plus revenir à ces chakras. Des *kriyas*, c'est-à-dire des mouvements corporels involontaires, se produisent lorsqu'en traversant chaque chakra, la *kundalini*, ou force de vie, se fraye un passage à travers des blocs. Lorsque la poussée à travers les blocs ne se fait pas comme il le faudrait, il y a rupture des chakras et impossibilité de revenir vers eux lorsque le besoin s'en fera sentir.

Nombreux sont les systèmes largement répandus, élaborés à partir des théories du yoga, qui ont été motivés par l'intensité du phénomène qui se produit dans les centres quatre, cinq et six. Par contre la monotonie du phénomène qui a lieu plus bas, dans les centres un, deux et trois, n'est pas faite pour attirer. Cet exemple, donné par le yoga, caractérise bien le type d'expérience recherchée, puisqu'aux niveaux supérieurs elle permet de s'éclater, tandis qu'aux niveaux inférieurs, elle est très ordinaire.

Mon vécu dans ce domaine (et je n'ai jamais fait s'élever intentionnellement l'énergie au niveau qu'elle pouvait, de toute évidence, atteindre) m'a puissamment montré la nécessité de laisser la *shakti*, ou *kundalini*, évoluer selon sa propre intelligence. C'est à cette condition que le contexte de l'influence divine, qui n'est pas le contexte du yoga traditionnel, pourra déterminer tout ce qui doit arriver dans la vie de la personne. Si l'influence divine est le contexte qui définit comment la *shakti* doit s'élever, elle le fera en sautant des chakras (selon l'ordre donné dans le schéma d'Orage), et non en progressant d'une façon linéaire (comme dans le schéma traditionnel proposé par le yoga). Si la *kun-*

dalini se mettait spontanément en route, sans qu'aucun contrôle ne soit exercé sur elle, elle tendrait d'elle-même à évoluer à travers les centres (selon le schéma d'Orage), sans les abîmer le moins du monde. Elle s'élèverait très aisément, avec beaucoup de grâce, sans endommager quoi que ce soit. L'astuce pour ce faire est qu'il ne faut pas manipuler la *kundalini*. Dans cet ordre d'idée, on remarque que lorsque la dévotion s'élève naturellement du cœur de l'homme, elle donne lieu à un phénomène ahurissant ; mais, dès lors que l'homme la provoque en lui, elle peut entraîner des phénomènes dangereux pour son organisme. L'homme qui se jette frénétiquement dans la dévotion finit généralement par court-circuiter la possibilité d'épanouissement authentique du centre émotionnel.

D'après le yoga, la *kundalini* veut s'élever en passant d'un chakra à l'autre. Il arrive souvent que la personne qui se met à prier de tout son être, ou qui se croit en train de méditer, ou de faire un travail spirituel, ressente la puissance de l'énergie sexuelle d'une façon incroyable — parfois même elle se sent comme anéantie par le désir sexuel. L'énergie biologique commande à la *kundalini* de s'élever tout droit et sur son chemin, de passer à travers le deuxième chakra, ou centre sexuel, en le fracassant. Néanmoins, lorsque la *kundalini* a traversé le deuxième chakra, et l'a fait voler en éclats, l'individu se retrouve sans appétit sexuel. Dès lors, il a la possibilité de s'élever vers des chakras supérieurs ; il peut donner l'impression d'être désincarné, très gentil et doux, mais, il faut également comprendre qu'il n'éprouve aucune passion. Il est « mort » !

L'histoire est tout autre lorsqu'il s'agit de passer du centre intellectuel inférieur (cinquième chakra) au centre intellectuel supérieur (sixième chakra). A nouveau, un choc est nécessaire pour parvenir au sixième chakra. Et une fois que vous y êtes, il vous faut revenir sur vos pas et descendre, vous rebroussez chemin pour venir au niveau du centre émotionnel supérieur (quatrième chakra) et ensuite, au niveau du centre physique supérieur (deuxième chakra).

*
 * *

Théoriquement, passer du centre un au centre deux, puis au centre trois, devrait être l'ordre suivi par le processus d'évolution d'un être humain jeune, mais nous ne développons pas les centres dans cet ordre. Il faut plutôt voir que notre système biologique de primate, en développant organiquement les chakras dans l'ordre proposé par le yoga, touche systématiquement les centres dans le désordre.

La première étape de la vie (de la naissance à sept ans) est l'étape du développement de la motricité. Lors de la deuxième étape de la vie (de sept à quatorze ans) nous nous développons au niveau émotionnel. Pourtant, lors de cette deuxième étape, notre contexte culturel d'occidentaux nous forme à affiner nos moyens de discrimination et à aiguiser notre intellect, alors que de sept à quatorze ans, nous devrions être formés à développer toutes nos qualités relationnelles : la compassion, le sens de l'hospitalité et du service. Ce n'est qu'ensuite, de quatorze à vingt-et-un ans, que la formation devrait essentiellement porter sur le développement du sens de la discrimination et permettre l'évolution d'une certaine qualité de pensée analytique — en fait, la formation devrait alors traiter de tout ce qui est enseigné au lycée, en philosophie.

Parce que les adultes sont typiquement coincés quelque part en bas, au niveau du deuxième chakra, ou centre sexuel, les enfants voient et ressentent l'obsession sexuelle que vivent les grandes personnes de leur environnement. C'est pourquoi, dès son tout jeune âge, l'enfant se met à polariser son attention sur ce centre.

Normalement, les enfants jouent très innocemment avec leur propre corps. La petite fille s'amuse avec parce qu'elle a découvert qu'elle pouvait mettre ses doigts *dedans*. Le petit garçon s'amuse avec parce que *ça dépasse*. Les enfants font cela comme une investigation naturelle du corps. L'adulte qui observe ce comportement y voit quelque chose qui n'y est pas. L'enfant le ressent et se trouve coincé à ce niveau, parce qu'il ne comprend pas l'énergie, la fascination et la confusion associées à la sexualité, chez l'adulte.

*
* *

Ce qui se passe habituellement c'est que les trois premiers centres se font la guerre pour avoir le pouvoir. Le centre émotionnel se bat avec le centre intellectuel, ou avec le centre physique. Pour dépasser ce conflit ouvert, la première chose à faire est d'activer le centre intellectuel supérieur, ce qui rend possible l'harmonisation du centre intellectuel. Lorsque l'on active le centre intellectuel supérieur, il se combine alors avec le centre intellectuel inférieur ; puis, le centre émotionnel supérieur s'agence avec le centre émotionnel inférieur ; et finalement, c'est au tour du centre physique supérieur de s'unir au centre physique inférieur. En fin de compte, on se retrouve toujours avec trois centres, mais sans possibilité de conflit. La paix est faite.

Activer le centre intellectuel supérieur revient à insuffler la vie au « témoin ». Ce qui veut dire, par exemple, que même si vous vous sentez perdu et emporté par vos émotions, vous garderez la possibilité de vous ressentir en tant qu'être perdu et emporté par ses émotions.

Il faut que l'être humain active et épanouisse le centre intellectuel supérieur, le centre émotionnel supérieur et le centre physique supérieur, s'il veut réaliser, dans sa chair, le potentiel d'évolution contenu dans son organisme humain. Pour ce faire, les pratiques respiratoires et l'utilisation de l'énergie sexuelle chez les Bâuls servent de clé. Il est impossible d'unifier le centre physique supérieur, à moins de porter la plus haute estime, ou un regard tantrique, sur l'énergie sexuelle et ce qu'elle est. L'organisme de la personne qui ne peut pas harmoniser son centre physique, n'arrivera jamais à l'étape ultime du processus alchimique d'évolution. Cet organisme humain restera inachevé. L'utilisation de l'énergie sexuelle est le seul moyen d'épanouir le centre physique supérieur, parce qu'il est relié au chakra sexuel. On ne peut, en aucune façon, échapper à l'énergie sexuelle (l'énergie sexuelle ne veut pas dire la sexualité; l'énergie sexuelle signifie vraiment l'énergie sexuelle). L'individu qui envisage d'accomplir le Travail en une vie, ne peut se dérober à l'énergie sexuelle. Il est impossible qu'il en soit autrement.

Maintenant, il est vrai qu'il y a des personnes qui ont utilisé l'énergie sexuelle sans la sexualité. Je pense que les histoires que l'on raconte au sujet du travail que Nityananda[65] effectuait avec ses disciples femmes, sont parfaitement crédibles. Il utilisait l'énergie sexuelle sans faire le moins du monde appel à la sexualité. Evidemment, ce n'est pas la méthode la plus facile. Mais, à bien y réfléchir, peut être que non. Il est possible que ce soit la solution la moins difficile. En fait, la personne qui n'a pas intégré le centre intellectuel supérieur et le centre intellectuel inférieur, le centre émotionnel supérieur et le centre émotionnel inférieur, est dans l'impossibilité de saisir la signification de l'étape finale du processus d'évolution.

Le centre physique supérieur et l'utilisation appropriée de l'énergie sexuelle comptent au nombre des dernières choses à travailler — c'est un conseil de poids que ne doivent pas oublier les aspirants au Tantra. Vouloir pratiquer le Tantra sans épanouissement du centre intellectuel supérieur et du centre émotionnel supérieur, c'est foutu d'avance ! Vous devez aborder le Tantra sexuel après la compassion, pas avant. Vous pouvez brûler ces étapes, comme c'est le cas dans beaucoup de pratiques tantriques, mais dans la tradition du Bouddhisme tibétain, les pratiques du Tantra sexuel ne sont étudiées qu'après avoir expérimenté toutes les autres pratiques concernant tous les autres centres. Le Tantra sexuel n'y est jamais abordé hors de son contexte. En Occident, par contre, on retire le Tantra sexuel de son contexte. De même, il arrive aux Occidentaux de faire s'élever la *kundalini* en dehors de son contexte. Les Occidentaux font certains exercices tantriques avant d'avoir unifié les centres ; c'est ainsi qu'ils ravagent le centre sexuel en lui ôtant toutes ses possibilités. Ils bloquent la boîte de changement de vitesses.

L'émotion authentique caractérise le centre émotionnel supérieur. Et l'émotion authentique n'a rien à voir avec la référence à soi. Bon ! Tout le monde est capable d'éprouver de la sympathie. Mais, entre la sympathie que l'on peut éprouver et l'émotion authentique, le fossé est immense. L'émotion authentique est reconnaissable au fait que vous ressentez la souffrance de l'autre. L'émotion qui résulte de la sympathie se produit lorsque vous ressentez *pour* l'autre. Par exemple, si on prend le cas d'une personne qui vit une tragédie, vous ressentez ce qui lui arrive comme si ça vous arrivait à vous, donc vous faites référence à vous. « Whâô, ça doit être horrible ! », parce que *si* ça vous arrivait, vous seriez alors dans un état lamentable. Vous vous identifiez. Mais, dans l'émotion authentique *c'est* à vous que cela arrive.

La personne qui n'aurait pas développé le sens de la discrimination, alors que son centre émotionnel supérieur serait épanoui, ne pourrait pas sortir de chez elle ou prendre un journal, sans être dévastée sur le plan émotionnel. Donc, une autre raison qui doit vous motiver à faire fonctionner le centre intellectuel supérieur, c'est qu'il vous permet d'exercer la discrimination. Il vous permet de ressentir, tout en vous empêchant d'être complètement emporté et fragilisé par votre ressenti.

Le centre sexuel est parfois appelé le centre du pouvoir. Dès lors que le centre du pouvoir est développé, sans que le soient le centre intellectuel supérieur et le centre émotionnel supérieur, on tombe dans le cas de l'obsédé sexuel. Observez les gens les plus violents dans la façon d'exprimer leur puissance et vous constaterez qu'ils sont tous frustrés sexuellement.

Demandez-vous ce qui se passe lorsque les gens prennent absolument toutes leurs émotions pour des sentiments supérieurs. Par exemple, dans beaucoup de groupes de travail spirituel, on trouve des hommes qui présument — parce que la nature les a dotés de certaines dispositions pour les émotions et qu'ils n'arrêtent pas d'exprimer ce qu'ils ressentent — que leur centre émotionnel supérieur est épanoui, alors qu'il ne l'est pas du tout. Attendu que l'épanouissement du centre physique supérieur, associé à la sexualité, succède de façon évidente à l'épanouissement du centre émotionnel supérieur, ces hommes se trimbalent dans la vie en se prenant, auprès de nombreuses femmes, pour des « maîtres tantriques ».

Toutes les émotions farfelues découlent d'une façon de penser erronée. Donc, le centre intellectuel supérieur est la clef — non seulement parce qu'il sert de fondation pour les centres supérieurs, mais aussi parce qu'il nous permet de comprendre, objectivement, la bataille illusoire des « je » dont nous sommes constitués.

Ce qui équivaut au centre intellectuel supérieur est la possibilité de discriminer le réel de l'irréel, or c'est en utilisant la discrimination que vous aurez une vue d'ensemble, ou une perspective du Travail. Une fois que vous avez activé le centre intellectuel supérieur, vous ne pouvez plus oublier de faire appel à vos possibilités d'investigation. En fait, elles se manifestent spontanément en vous, lorsque la situation le nécessite plus particulièrement. Le processus d'investigation est celui qui est le plus évident pour vous aider à «cadrer» les trois centres inférieurs dans la perspective où ils se situent.

Notre premier Travail est de faire en sorte que les trois centres, physique, intellectuel et émotionnel, soient établis majoritairement, puis d'activer le centre intellectuel supérieur. Ensuite, vous partez de cet acquis pour avancer et en cours de route, les trois centres inférieurs s'établissent d'eux-mêmes dans le mode d'interrelation qui est le leur. Lorsque ces trois derniers centres sont à même de remplir leurs fonctions essentielles, sans que les autres centres interfèrent, c'est le «vote majoritaire». Si le vote se gagne à cinquante-et-un pour cent des voix, même si vous avez quarante-neuf pour cent d'interférence, ces cinquante-et-un pour cent empêchent efficacement les autres centres d'interférer.

Plus une personne passera de temps à travailler dans une Ecole[66], plus elle expérimentera de phénomènes qui relèvent des centres supérieurs. (Bien que tous ces phénomènes puissent apparaître chez des gens qui n'ont jamais entendu parler de travail spirituel, il serait vain de croire que l'on puisse, ne serait-ce qu'entreprendre un vrai Travail, à moins d'être dans le cadre d'une Ecole et relié à un maître authentique.) Les centres commencent à être touchés d'une certaine manière. Un étudiant sentira tout à fait par hasard que son centre émotionnel supérieur est activé, ce qui ne veut pas dire que l'intégration aura eu lieu. Ce qu'il y a de plus important à comprendre c'est que l'intégration résulte du degré de maturation du processus alchimique — et pas seulement de l'ouverture d'un centre, ou de ce qu'un centre peut permettre de ressentir.

Le centre physique supérieur est celui qui dirige un être situé dans l'innocence organique. Lorsque ce centre est activé, il ne faut pas vous dire que vous êtes devenu parfaitement sain, mais vous pouvez en déduire que lorsque le Travail a besoin de vous, vous êtes là pour répondre à l'appel — et votre réponse est purement instinctive. Habituellement, lorsque le Travail a besoin de vous, vous êtes absents car vous êtes impliqués dans d'autres considérations qui relèvent des centres inférieurs. « Qu'est-ce qu'il faut que je fasse avec ceci ? » « Comment vais-je me débrouiller avec cela ? » « Que va-t-il arriver à ma famille ? » « Suis-je en bonne santé ? » Vous avez trente-six mille choses dans la tête. « Et mon régime alimentaire ? » « Je parie que je manque de vitamines ! » C'est pour cela qu'il vous faut avoir *l'esprit qui ne tire pas de conclusions*. Si vous fonctionnez à partir de *l'esprit qui ne tire pas de conclusions*, ne croyez pas que vous n'aurez plus de gros chagrins ; mais vous ferez d'abord le saut et vous vous questionnerez ensuite. Il arrive parfois que les questions que vous vous posez vous rendent très malheureux. Elles peuvent transformer votre vie en enfer. Mais il vous faut comprendre qu'une vie horrible qui coïncide avec le Travail est tout simplement authentique, et qu'une vie en porte-à-faux par rapport au Travail, parce que vous êtes toujours en train de peser le pour et le contre d'une action à entreprendre, ne l'est pas.

De deux choses l'une : ou vous êtes mort ou vous êtes vivant. Si vous êtes vivant, c'est le Travail qui détermine votre vie et peu importent les souffrances qui s'ensuivent. Si vous êtes mort, vous soupesez la souffrance.

* * *

La méditation va de pair avec le centre émotionnel, l'étude va de pair avec le centre intellectuel, et l'exercice physique va de pair avec le centre physique. C'est bien sûr une définition assez floue des rapports existant entre les pratiques spirituelles proposées par cette Ecole [67] et les centres. Pour ce qui est de la respiration, il faut savoir qu'au départ il s'agit uniquement de respirer profondément, à la manière d'un bébé, sans provoquer de compression. Le souffle nous relie au centre émotionnel. Les personnes émotives s'entendent dire : « Respire à fond. » Et que se passe-t-il au moment où vous respirez profondément ? Les « sentiments », qui n'en étaient pas, vous quittent. Si vous respirez profondément, vous ne pouvez ressentir que ce qui est authentique. Impossible alors d'éprouver ce qui ne serait pas un sentiment authentique. Une fois le centre intellectuel supérieur activé, la respiration devient un moyen pour ouvrir le lieu du cœur, et la pratique des exercices devient une façon de diriger le courant énergétique jusqu'à un point où l'utilisation de l'énergie sexuelle peut avoir un effet de transformation — et être le dernier « mordant » [68] alchimique nécessaire pour intégrer les centres.

Donc, dans notre Ecole, toutes les pratiques spirituelles recommandées aux étudiants comprennent les bases, puis des exercices d'un niveau plus élevé. Par exemple, lorsque vous vous adonnez au Taï Chi, ou à n'importe quel art martial, un moment arrive où il vous devient possible de sentir que l'énergie « vous dirige » envers et contre le fait que « vous dirigez l'énergie ». De la même manière, le secret pour une transformation efficace de l'énergie sexuelle c'est de laisser l'énergie vous diriger, au lieu que ce soit vous qui la dirigiez.

Même après avoir unifié tous vos centres, vous devez accumuler l'énergie jusqu'à ce qu'elle atteigne un certain potentiel qui permette de mettre spécialement en œuvre une utilisation appropriée de la sexualité. De toutes façons, c'est ce que le contexte vous incite à faire, tout naturellement, une fois que vous fonctionnez à partir de l'état d'innocence organique. Mais, même lorsqu'il en est ainsi, n'allez pas croire que chaque relation sexuelle permette de vivre une expérience cosmique. Il vous faut encore user de certains processus mécaniques pour arriver au moment où l'union sexuelle en soi puisse « faire quelque chose ». Il faut échauffer les centres inférieurs. Vous ne pouvez pas tout bonnement sauter immédiatement dans le centre émotionnel supérieur. Ce n'est pas en entrant dans la pièce, en voyant votre partenaire que, subitement, vous allez être anéanti par une émotion sublime. Vous devez en passer par l'échauffement. C'est un comportement très ordinaire, terre-à-terre, quotidien, qui vous permet de vous échauffer. Il vous suffit de vous asseoir et de dire : « Bonsoir ma chérie, comment vas-tu ? As-tu passé une bonne journée ? Qu'y-a-t-il de bon à manger ? Ah, c'est génial ! J'adore ça ! » Il faut que vous arriviez à instaurer une certaine dynamique. Rien de mieux pour stopper cette dynamique que d'entrer, de regarder l'autre d'un sale œil et de laisser tomber : « Tiens, tu t'es fais couper les tifs aujourd'hui ? » A la seconde où vous dites ce genre de truc, la guerre acharnée des « je » est déclarée. La femme voudrait dire : « Oui, chéri » sans réagir, mais un autre « je » en elle lui souffle : « Franchement, quel connard ! Même pas capable de faire un compliment ! Ah, Seigneur, cela fait des années qu'il ne m'a pas fait un compliment. Quel trou-du-cul ! » Au même moment, le centre physique essaye de se faire entendre : « Tu ne l'as pas vu de la journée. Va donc le cajoler et l'embrasser. Dis-lui bonsoir et demande-lui de s'asseoir à côté de toi. » Vous voilà en plein conflit. Et c'est alors que le centre intellectuel se ramène avec la grosse artillerie psychologique : « Il se révèle tel qu'il est, complètement infantile... » La guerre des centres est déclarée.

C'est en ne provoquant pas la guerre des centres que vous échauffez les « rouleaux »[69]. Vous les échauffez en maintenant l'harmonie entre les centres inférieurs — en vous comportant tout simplement en être humain ordinaire et capable d'être en relation.

Secret 49

LE TANTRA EST UN CHEMIN DANGEREUX

La pratique du Tantra traditionnel est un chemin menant à la réalisation ; il nous demande principalement de rencontrer les éléments qui constituent notre monde souterrain [70], d'en passer par eux et de les convertir au lieu d'essayer de leur échapper, ou de les ignorer. La peur, le désir, la maladie, l'envie, la soif de pouvoir, et toutes les qualités négatives que chacun d'entre nous porte en lui en quantités variables, nous sont *nécessaires*. Ce n'est qu'en travaillant avec ces qualités négatives que nous les transformerons. Même si nous n'en voyons pas l'utilité, elles font partie intégrante de notre personnalité et, en tant que telles, nous devons les reconnaître. En fait, nous en avons *vraiment* besoin. Elles nous aident à construire ce que nous serons dans le monde supérieur. Sans elles nous ne serions pas humains, donc nous ne bénéficierions pas de la possibilité divine et de l'occasion divine qu'est l'existence humaine. C'est lorsque nous travaillons *avec* ces forces qu'elles sont transformées, et non pas malgré elles. En cela, se définit essentiellement le Tantra.

Selon les différentes écoles de Tantra, les apports utilisés dans les pratiques varient — sexualité, alcool, tabac ou autres choses. Mais elles ont le même but de transformation de ces substances — c'est l'*alchimie*, dans le sens véritable du mot.

Le mouvement ascendant seul — c'est-à-dire la dissolution de l'être dans la lumière pour éviter de traverser le monde souterrain — ne fait pas partie du chemin proposé par le Tantra. Dans le Travail demandé par le Tantra, il n'est pas question de se laisser aller. L'apprenti(e) au Tantra se doit de garder les yeux ouverts et de faire attention. Il lui faut être constamment sur le qui-vive, car multiples sont les dangers qui le guettent.

Le Travail principal dans les pratiques tantriques consiste à utiliser « l'énergie atomique » contenue dans la sexualité. Il ne s'agit pas d'un truc avec lequel vous pouvez bricoler. Vous voyez ce que je veux dire... une super nana croise votre chemin, vous vous rincez l'œil en la regardant et vous vous dites : « Whâô, elle doit savoir y faire ! » Alors, vous lui demandez : « Tu veux être mon initiatrice ? » Ne jouez pas avec ces choses-là, parce qu'elles ne sont pas seulement transformatrices, mais elles sont aussi extrêmement dangereuses. Elles peuvent vous immortaliser, ou vous détruire. Cependant, vous n'avez pas à craindre que le ciel lâche ses foudres sur votre tête, si vous pouvez faire confiance à votre maître ou à une autre source d'aide. Mais, malgré tout, je reste personnellement très précautionneux en la matière et conservateur au plus haut point.

Les élèves et étudiants sur la voie du Tantra ne manquent pas pour dire qu'il ne faut jamais s'engager dans les pratiques du Tantra, quelles qu'elles soient, sans un maître. Les raisons en sont que le maître en observant la pratique de l'élève, en y reconnaissant les marques de maturité et les signes trompeurs, agira comme un miroir qui renverra à l'élève sa propre image. Bien évidemment, il va de soi que le maître (homme ou femme) devra être capable d'une telle sagesse et l'avoir acquise par sa propre expérience et par la révélation. Il y a aussi un autre facteur que l'on passe sous silence : le maître peut fournir à l'élève le mordant [71] nécessaire pour que sa pratique le transforme, à condition qu'une relation honnête et empreinte de dévotion existe entre eux deux. Sans ce catalyseur, l'élève ne pourra pas réellement se transformer. Alors, les substances resteront les mêmes (inchangées) et se contenteront de se déplacer ici et là. A cause du danger que représente le chemin, on tait le rôle que joue le maître : il ne saurait être question que l'élève croie qu'il puisse se servir de l'influence du maître comme d'une bouée pour se reposer, et seulement flotter, ou que le maître va le porter sur son dos. L'élève doit garder les yeux grands ouverts et être vigilant.

On dit que s'engager sur la voie du Tantra est plus dangereux que de dompter et chevaucher un tigre — bien plus risqué qu'un tas de choses que nous ne ferions jamais, si nous faisions preuve d'un tant soit peu de bon sens. Il est primordial pour l'élève de ne pas oublier ce à quoi se rapporte le Travail, s'il ne veut pas le prendre pour un dû, ou tomber dans l'apathie. Même lorsqu'il est dans un état d'excitation intense, d'euphorie, d'inattention, ou au cœur de la fascination, l'élève doit faire attention ; il ne doit point se laisser séduire par le sommeil et l'inconscience. C'est pour cela que sont cruciales l'aide et l'influence d'un maître impeccable.

*
* *

Il vous faut bien comprendre que dans votre corps, en ce qui concerne le processus de transformation, le centre sexuel est le foyer. Ce qui veut dire que, si vous êtes entré dans le processus alchimique, vous avez tendance à avoir un centre sexuel très chaud. Donc, il vous faut savoir faire la différence entre ce qu'est un centre sexuel chaud et la luxure. Ce sont deux choses différentes.

Le corps de celui (celle) qui canalise son énergie sexuelle dans l'acte de communion, devient éclatant, lumineux, attirant. Son aura se met à être vivante et tentante. Sa voix prend des intonations douces et charismatiques. Dans ces conditions, il faut véritablement savoir *qui on est*, sinon... bonjour les emmerdes !

Secret 50

LA RELATION SEXUELLE ET SES POSSIBILITÉS DE TRANSCENDANCE

Le Tantra traditionnel offre bon nombre de techniques. Dans un livre que j'ai lu, l'auteur donne les recommandations suivantes :

Pendant un mois, les partenaires ne doivent pas se toucher. La première semaine, ils s'assoient tout habillés, chacun à un bout de la pièce, d'où ils se contentent de se regarder. (C'est le vieux truc romantique des yeux embués.) La deuxième semaine, ils sont toujours habillés, mais ils s'assoient carrément l'un en face de l'autre et, pendant une heure, se regardent dans le blanc des yeux. (Evidemment, il est probable qu'ils enfouissent leur désir charnel dans leur « regard contemplateur ».) La troisième semaine, ils se déshabillent, s'assoient et se regardent à nouveau. La quatrième semaine, ils sont nus, mais ils s'assoient en se touchant réciproquement les genoux et, pendant une heure, se regardent dans les yeux. (En faisant très attention de ne pas jeter un œil sur les nichons, la queue ou les poils). Le tout terminé, les partenaires sont supposés être prêts à aborder le Tantra authentique.

Comprenez-vous que ce genre de bouquin vous conseille véritablement de faire ça ?

Bon, passons ! Les quatre semaines révolues, ils se sautent dessus comme des dingues, et ce qui se produit alors relève du fantasme à quatre-vingt pour cent et de l'exercice physique à vingt pour cent. Bien sûr, ils prennent leur pied ! Qui ne le prendrait pas après avoir vécu un mois de passion réprimée et chauffée à blanc ? Evidemment, ce qu'ils expérimentent est excessivement fort. Mais c'est du fantasme. Ce n'est pas du Tantra.

Il y a encore une autre façon de voir la chose. Pour certains auteurs, le « Tantra » se résume à tout un tas de postures ahurissantes — la tête en bas, à l'envers, par devant, par derrière, avec les doigts, les orteils, le nez... A nouveau, le Tantra authentique n'a rien à voir avec la posture que vous prenez. Cela ne fait aucune différence.

*
* *

Généralement, lors de la relation sexuelle, le corps de l'homme est complètement noué. Il contracte l'abdomen, remonte les épaules, serre les dents et agrippe quelque chose — la femme, le lit, le vide. C'est une pile électrique. Pas question de goûter à la détente bienheureuse et à la joie qui émanent de la beauté de la communion sexuelle.

Voici plusieurs années, de nombreuses techniques ont été publiées dans un livre intitulé *Extended Sexual Orgasm* [72] ou quelque chose comme cela... Il existe des procédés techniques pour arriver à un certain état où la sensation agréable est si intense, que l'orgasme, en soi, devient tout juste reconnaissable. Néanmoins, entre ce vécu physique accessible grâce à un processus mécanique, et la détente au sein des possibilités d'intimité vraie et de communion, la différence est énorme.

A la sortie de ce livre, les gens disaient : « Ah, depuis que je l'ai lu, ma vie n'est plus du tout la même ! » Cependant, ceux qui faisaient preuve d'un peu de sensibilité ont compris relativement vite qu'ils souffraient tout autant qu'avant. Leur vie n'en était pas moins trouble, ou plus pleine, parce qu'ils atteignaient un orgasme qui durait vingt minutes. Il leur arrivait, par hasard, lors de l'union sexuelle, d'oublier leur souffrance, mais, à d'autres moments, ils étaient pareils à eux-mêmes. Rien n'avait changé. Aucun signe de transformation n'apparaissait chez eux, ou ne s'appliquait à eux. Ils étaient simplement devenus experts dans des techniques de manipulation du corps, permettant d'atteindre cet état physiologique.

Par contre, une tout autre possibilité de réalisation s'offre à la personne qui atteint cet état physiologique comme une forme de communion spontanée. En fait, pour elle, il est hautement improbable qu'elle soit *toujours* la même par la suite. Je ne dis pas que le lendemain matin sa souffrance aura complètement disparu, et qu'elle ne se souciera plus de quoi que ce soit qui lui était lourd à porter. Mais, un changement précis aura eu lieu à condition que ce soit sa *sadhana* intense, menée dans la relation avec l'autre, qui ait eu pour résultat spontané de lui faire intégrer cet espace vibrant de sensibilité nerveuse exacerbée.

Ce que je suis en train de vous décrire est une expérience spontanée de *l'essence* [73] : elle est aux antipodes de l'entraînement que l'on peut faire subir à la machine [74] en vue d'un certain résultat.

*
* *

Habituellement, lorsque l'orgasme génital relâche les tensions, le système nerveux part dans les oubliettes. Tout se débine avec l'orgasme, et pas seulement le sperme. (L'éjaculation donne lieu à des processus psychologiques d'associations d'idées qui sont énormes).

Tout s'en va — la vie, l'énergie, la *shakti*, l'attention. L'éjaculation ne se situe pas plus ici que là ; elle n'est pas le but, c'est *la vigilance* qui l'est. Mais, voilà, l'homme explose et tout est perdu. S'il s'agissait d'une éjaculation seulement et que le corps de l'homme soit imprégné d'un autre état d'esprit, des sensations autrement plus intenses seraient alors présentes.

Chez l'homme, la pratique physique du Tantra entraîne l'utilisation, mais pas nécessairement la stricte conservation de la semence éjaculatoire conjointement à une orientation adéquate de l'énergie sexuelle et de l'intention. La pratique subtile du Tantra demande une application juste de la vigilance. Evidemment, le même principe s'applique à la femme. La femme a un fluide sexuel, en plus du liquide lubrifiant sécrété lors du rapport sexuel. Elle a effectivement un liquide séminal dépourvu de sperme, mais qui contient d'autres substances chimiques équivalentes à celles présentes dans le sperme de l'homme. Donc, cette considération s'applique à tout le monde — hommes, femmes... ou vaches sacrées. (Puisque Ramana Maharshi a dit que les animaux pouvaient aussi atteindre l'illumination, nous devons faire appliquer la pratique du Tantra authentique par les vaches — bien que ce ne soit pas demain la veille que les taureaux contrôleront leur éjaculation ! Mais, peut être bien que les vaches peuvent tirer profit de notre causerie.)

Lorsque l'activité sexuelle est quelque peu régulière, l'homme produit beaucoup de semence éjaculatoire, et la femme une grande quantité de fluide sexuel. Si, au lieu de l'expulser ou de l'évacuer, l'être humain favorise la réabsorption de ce liquide dans le corps, le liquide subit une transformation chimique qui provoque certaines sécrétions hormonales, stimulées dans des zones bien précises du cerveau — comme, par exemple, les sécrétions de la glande pinéale, depuis toujours associée au « troisième œil ». Nous ne connaissons pas le rôle exact de ces glandes, par contre bon nombre de circonstances témoignent de visions mystiques, de révélations, de forts potentiels de créativité artistique, et autres, qui résulteraient de leur stimulation. Donc, la relation sexuelle peut être une façon de stimuler les glandes supérieures.

Depuis les temps anciens, il est bien connu que l'acte sexuel est, littéralement parlant, un générateur et un catalyseur. Nombre de maîtres spirituels et d'adeptes ont utilisé l'union sexuelle en tant que méthode pour inciter à communier avec des états de conscience à des niveaux plus élevés. Ce qui ne veut pas dire qu'ils se servaient de la femme comme d'un objet, ou que les maîtres spirituels femmes prenaient l'homme pour un objet. Les maîtres spirituels hommes utilisaient la communication établie dans l'union sexuelle avec la femme comme moyen d'adoration. Il ne s'agissait pas simplement, pour eux, de rendre Bobonne heureuse. Ils entendaient utiliser l'incroyable énergie fournie lors de l'union sexuelle, pour générer une expérience consciente, à un niveau supérieur. D'une certaine façon, on pourrait dire qu'ils essayaient de faire évoluer la race humaine par le biais de la relation sexuelle. On a trouvé dans la culture de la Chine ancienne, de même que dans les traditions hindoue et bouddhiste, de nombreuses gravures qui représentent des dieux avec leurs parèdres. L'Orient a vu fleurir de magnifiques œuvres d'art destinées à célébrer l'union sexuelle dans sa dimension transcendante. Pour les populations concernées, il s'agissait de sujets artistiques ordinaires, qui ne les gênaient pas. Les gens avaient appris à accepter, et à reconnaître, la valeur du travail spirituel effectué à des niveaux supérieurs.

Dans le Tantra authentique, il ne saurait être question de se regarder dans le blanc des yeux et de faire monter le désir jusqu'à en devenir fous. Si vous avez compris ce qu'est le Tantra authentique, vous pouvez sauter l'un sur l'autre et baiser comme des fous sans que cela change quoi que ce soit. Dans le Tantra authentique la communication s'établit sur la compréhension de l'énergie féminine et de l'énergie masculine. Elle ne se fait pas à partir de comportements du style : « Petite-colombe-chérie, caressons-nous-et-roucoulons, que-nos-âmes-s'unissent-et-que-nous-ne-fassions-plus-qu'un. » La communication dans le Tantra, n'a rien à voir avec cela. Lorsque les gens fantasment qu'ils ne font plus qu'un, c'est à cause de ce genre de pratique tantrique qui n'est pas le Tantra authentique. Le Tantra authentique est fondé sur la compréhension, déjà en vous, que vous n'êtes pas une entité séparée. Le Tantra ne leur demande pas d'essayer de créer télépathiquement un ressenti d'unité, cela arrive certainement, et alors ? Qu'est-ce que cela veut dire ? Le restant de la journée, lorsque vous ne pratiquez plus le Tantra, vous n'en êtes pas moins paumés. Le Tantra authentique relève d'une compréhension de l'homme, de la femme et du processus alchimique, aussi claire que de l'eau de roche.

On peut avancer que la femme est fondamentalement réceptive et l'homme essentiellement agressif. Maintenant, faites très attention à ce que je vais dire, il s'agit d'un mystère ésotérique des plus secrets. Puisque, d'une part, la femme symbolise Shakti, la déesse, la forme, l'activité, le mouvement, l'énergie et que, d'autre part, l'homme symbolise Shiva, l'Absolu dénué de forme, le pur état de conscience, l'union de Shiva-Shakti demande donc à la femme d'*aller vers le haut* et à l'homme d'*aller vers le bas*. Ce que l'on appelle l'union parfaite se produit lorsque, au même moment, Shiva devient Shakti et Shakti devient Shiva. Lorsque Shiva et Shakti ne font plus qu'un, les sexes disparaissent et il ne se produit que ce qui peut se révéler dans le domaine du réel. Ce processus est représenté dans l'archétype de l'union du corps de l'homme et du corps de la femme, et dans sa symbolique. La femme *va vers le haut*, Shakti va vers Shiva ; l'homme *va vers le bas*, Shiva va vers Shakti. L'homme devient la forme, et la femme devient le sans-forme. Le Tantra sexuel entraîne un mouvement cyclique où l'homme va vers le bas et la femme vers le haut. L'orgasme peut se produire, mais il s'agit alors pour l'homme d'un orgasme sans localisation et sans éjaculation, qui, en lui permettant de garder son énergie branchée à celle de la femme, ne l'arrache pas à sa partenaire.

Lorsque des personnes, à l'esprit tout à fait ordinaire, entreprennent correctement le Tantra, il leur sert de catalyseur et leur permet de faire preuve d'une grande créativité. Ce qui ne veut pas dire que ceux d'entre nous qui ne sont pas devenus des génies, ne le soient pas intrinsèquement. Cela signifie simplement que les phénomènes chimiques qui se produisent dans notre corps ne nous ont pas permis d'ouvrir certains canaux qui permettent à l'énergie créatrice de circuler. Par contre, la pratique du Tantra rend ce processus possible, car elle stimule des glandes supérieures qui normalement ne sont pas stimulées.

Récemment, j'ai lu le recueil des lettres d'amour écrites par Chopin. C'était un compositeur de génie qui, très probablement, et à condition qu'il l'ait voulu, aurait pu devenir un saint. Ses lettres brûlent de la passion qu'il exprime à sa maîtresse. Il lui explique combien il a envie d'aller la retrouver uniquement pour la faire jouir à mort. Mais, ajoute-t-il : « Lorsque je suis avec toi, et que nous n'arrêtons pas de baiser, je ne peux pas composer, je n'arrive même pas à écrire une seule note. Et depuis que je suis ici, loin de toi (il était en vacances), j'écris comme un damné. » (Je mets son langage au goût du jour). Puis, il termine sa lettre ainsi : « Ah, au Diable la musique. J'arrive ! Tant pis si je ne peux pas composer. De toute façon, qu'est-ce-qu'une étude quand je la compare à... » Chopin appelait le vagin de sa maîtresse mon Ré bémol, parce que sur le piano, cette note est une touche noire, entourée de deux touches blanches. Bon, je vais vous dire, entre eux c'était devenu leur petit code ! Lorsqu'ils allaient rendre visite au père de Chopin, notre compositeur lançait à sa maîtresse : « Et comment va votre Ré bémol ? » Là-dessus, elle se mettait à fredonner une note et ils échangeaient un coup d'œil complice. Les membres de la famille ne comprenaient rien à ce qui se passait.

*
* *

L'union sexuelle transcendantale ne se vit pas de la même façon pour tous les hommes et pour toutes les femmes. Pour quelques femmes, l'union sexuelle sans orgasme n'est absolument transcendantale que si les circonstances sont appropriées, et que l'Amour est présent. Pour d'autres femmes, l'union transcendantale est quelque chose qui se produit après une succession d'orgasmes par paliers, toujours plus élevés. La rétention de l'orgasme est le contexte, mais le contenu (les nombreuses formes possibles) peut être infini, par sa variété comme par sa texture.

La sexualité peut vous amener au bord de la manifestation, au bord de la création. Habituellement, la seule fois où un homme peut vaguement s'approcher de ce seuil, c'est lors de la conception, pendant l'union sexuelle et qu'il le sait. Cela peut amener l'homme à la réalisation de l'union sexuelle en tant qu'expérience transcendantale. Normalement, cela n'arrive pas, sauf si cela se produit assez rapidement. Cela peut se faire si l'homme n'arrête pas la prise de conscience qui accompagne la conception avant qu'elle ne soit récupérée par l'ego, et qui, sinon, se résumerait ainsi : « Moi et ma petite femme venons de créer la vie. En fait, c'est loin de cela ! » La sexualité peut conduire à une réalisation impersonnelle, transcendantale, de l'acte de création en soi, et non pas de la création d'un bébé, ce qui ordinairement est la façon dont cela se termine. Lorsque l'homme atteint le degré de réalisation dont nous venons de parler, il est tellement en communion avec ce qui est, qu'il « disparaît ». Mais il ne laisse pas continuer le processus, il ne fait pas exprès bien sûr. C'est quelque chose de plutôt dramatique pour l'ego que de sentir qu'il vient de se dupliquer lui-même. Cependant, la création n'a rien à voir avec l'ego. La création sert à nourrir le Divin. L'homme qui réalise cela a trouvé quelque chose. Dès lors, il n'arrêtera plus d'incarner ce principe.

*
* *

Une relation authentique est une expérience alchimique. Une relation profonde devient, tôt ou tard, une expérience très intense : si les partenaires sont vraiment reliés l'un à l'autre, ils se font réciproquement passer par des processus alchimiques. L'être qui passe par un processus alchimique se transforme aux niveaux biologique et organique (ce qui recouvre à la fois les domaines grossier et subtil). Mais en fait, il s'agit là de la première étape. Les stades plus avancés concernent la transmutation des substances. Dans la relation, les personnes se transmuent entre elles. Ce qui veut littéralement dire qu'elles modifient l'autre dans la structuration de son être.

Il est évident que dans un couple les partenaires qui se transforment ne passent pas ensemble la « ligne de démarcation ». C'est plus que certain. La transformation de chaque individu se fait à une vitesse qui lui est propre et selon des formes qui lui sont adaptées. Une fois la « ligne de démarcation » passée, la personne réalisée ne signifie jamais plus la même chose qu'auparavant lorsqu'elle dit « Je t'aime »... Plus jamais. Il est impossible qu'il en soit autrement. L'individu qui a passé la « ligne de démarcation » a une vision nouvelle de la réalité — bien plus vaste. Donc, des deux partenaires, celui (celle) dont la transformation n'est pas achevée doit se préparer à s'entendre dire « Je t'aime », sans en reconnaître la teneur qui, pour le moment, le dépasse de loin ; mais il doit en ressentir la vérité, la beauté, et se situer dans cette nouvelle dimension. Lorsque le romantisme ne sort pas du cadre qui lui est approprié, il est extraordinaire, valable et merveilleux. Mais le domaine du « Je t'aime », au sens ultime de ce que l'amour veut dire, n'est pas celui du romantisme.

*
* *

Gurdjieff a dit qu'il fallait se créer une âme. Il a expliqué que tant que l'élève ne s'est pas créé une âme, le Travail ne lui sert à rien ; ou, du moins, ne lui est pas plus utile qu'un pansement provisoire — quelque chose qui est éliminé quand le corps se désintègre.

Pour chacun d'entre nous, vivre une relation sexuelle équivaut à avoir l'occasion de se créer une âme, de façon directe et viable. C'est la raison pour laquelle vous ne devriez pas baiser avec n'importe qui. Lorsque vous baisez, et qui que soit l'autre avec qui vous le faites, vous présentez au Seigneur une pétition dans laquelle vous Lui demandez de commencer à vous créer une âme, par le biais de cette personne, qui apporte les ingrédients chimiques nécessaires pour continuer le processus de création.

Réfléchissez un peu aux ravages que vous laissez derrière vous, lorsque vous entretenez de nombreuses relations, rapides et flashantes, et que des petits bouts de votre «âme» traînent un peu partout — vous créez des liens karmiques qui rempliront un asile d'aliénés de leurs cris de revendications ordonnées (ou, ce qui est plus impressionnant encore, « désordonnées »).

Là, vous vous mettez le Seigneur à dos ! Chaque fois que Dieu capte le message qui lui demande de créer une âme, il (Je me réfère à Dieu comme s'il s'agissait d'un homme puisque dans tous les cas on dit « il » en parlant de lui ; c'est donc une simple convention) se met en quelque sorte à bander ; on pourrait dire qu'il a une érection divine. Et vous savez tous combien une passion inassouvie peut être insupportable. Vous savez bien qu'il n'y a rien de plus frustrant et de plus affolant que de se retrouver avec une allumeuse ou un allumeur. (Bien sûr, les allumeurs sont rares — les hommes sont trop faibles, trop mous et se laissent facilement aller à leur penchant. Ordinairement, lorsqu'un homme *flirte*, on sait où il veut en venir. Il veut « tremper le biscuit » pendant trente secondes et jouir.)

Quoi qu'il en soit, vous n'avez pas très envie d'offrir le morceau de choix, et de repasser le plat, à qui fait joujou avec vos marques d'affection. Il en va de même avec Dieu. Vivre une union authentique revient à créer quelque chose. Si vous réussissez à créer cela, vous le créez « de toute éternité ». Chaque fois que vous fourrez *votre truc dans sa chose*, ou que vous le laissez mettre *son bidule dans votre machin*, vous faites un appel du pied au Seigneur. C'est de *vous* dont je parle, et non de n'importe qui. Il est des êtres humains qui ne sont que des animaux, et ce que je dis ne s'adresse pas aux animaux. La plupart d'entre vous sont assez conscients pour savoir que lorsqu'ils « trempent le biscuit », ou qu'ils acceptent qu'on le leur trempe, ils entreprennent quelque chose d'important. Ils émettent un signal dans l'univers. S'ils manquent d'honnêteté en la matière, Dieu n'est pas content du tout et, au bout d'un certain temps, le Seigneur ne leur répond plus. Ils se retrouvent dans le cas du petit garçon qui criait sans arrêt « au loup » pour s'amuser. Dieu entend leur appel, il regarde tout autour de lui et se dit : « Ah ! encore lui (elle) ! » Alors, même si vous voulez être sérieux, Dieu ne vous prend plus au sérieux — ce qui explique pourquoi il est difficile, pour certaines personnes qui entreprennent le travail spirituel, d'établir une relation sérieuse. Dieu ne les écoute plus. Ils ont beau s'y essayer, et s'y essayer, rien ne se produit. Ils pensent : « La vache ! Pourquoi alors que je suis avec un maître spirituel, ma vie relationnelle n'est-elle pas épanouie ? » Elle ne l'est pas à cause de leur passé. Pas d'âme, pas de paix, pas de satisfaction.

*
* *

Quelles que soient les pratiques ésotériques supérieures, il ne faut les appliquer qu'après en avoir assimilé les bases. La voie du Tantra sexuel ne devrait jamais être suivie par une personne excessivement négative, dépressive ou pessimiste. *Le Tantra sexuel n'est pas un produit cicatrisant.* Il n'a pas pour but de nettoyer la fosse septique. La personne dont les relations les plus fondamentales sont heureuses et dédiées à Dieu, la personne qui en compagnie d'autres dévots célèbre le Seigneur, peut alors entreprendre l'étude et partir à la découverte des pratiques tantriques. Par contre, il serait absurde pour l'individu qui passe son temps à se protéger dans les relations, à délimiter son territoire, à être envieux, peureux, agressif, de vouloir ne serait-ce qu'envisager les pratiques du Tantra sexuel. Elles ne feraient qu'irriter ses tendances, quelles qu'elles soient. Elles les grossiraient cent fois — alors, l'individu deviendrait très créatif dans le domaine du négatif, de la destruction et du masochisme. Mais de même, si vos relations sont épanouies, si elles sont une offrande au Seigneur, si vous « aimez Dieu », la pratique du Tantra sexuel amplifiera ces dispositions et, d'une certaine façon, on peut dire qu'elle les « irritera ». Elle libérera vos énergies, votre potentiel de lucidité, de vision intérieure et vos aptitudes à avoir des révélations ; autant de richesses qui, autrement, ne seraient pas libérées.

L'irritation est l'irritation — elle peut être positive ou négative. C'est le processus d'irritation qui créé la perle dans l'huître perlière ou apporte la destruction. L'une ou l'autre de ces deux éventualités se produira.

Secret 51

Tout est pareil

Il y a un enseignement ésotérique (en ce qui concerne la sexualité et la spiritualité) qui est l'essence même de ce Travail, et puis il y a un enseignement exotérique. Ecoutez-moi bien — l'enseignement ésotérique est le suivant : que vous ayez une « queue-banane » ou une « queue-cure-dent », peu importe à quoi peut ressembler votre queue, lorsque vous la brancherez dans la prise et que vous ferez « s'emballer » l'énergie, elle arrivera aux mêmes résultats

Ce qui se passe c'est que le corps est la véritable queue et l'appendice n'est qu'une fiche située au bout du circuit. Le système nerveux est la queue ultime, or le système nerveux est le même pour chaque être humain — homme ou femme. L'apparence extérieure de la queue n'a aucune espèce d'importance. J'ai reçu un grand choc quand j'étais soigneur pour l'équipe de football de mon lycée. (On aimait nous appeler les « directeurs sportifs » ! Ce que nous faisions consistait à courir à fond la caisse sur le terrain pendant les temps morts, pour donner aux types qui jouaient une éponge mouillée à sucer, et faire tomber la boue des crampons de leurs godasses afin qu'ils puissent mieux courir.) Donc, j'ai reçu un grand choc : après le match, j'allais aux douches voir ce qui se passait pendant le rituel des ablutions et là, j'ai réalisé que les arbitres de touche, qui pesaient cent kilos et faisaient un mètre quatre-vingt-quinze, avaient une queue qui n'était pas plus grosse que la mienne. C'était une révélation. Je veux dire qu'en voyant cela, je me suis presque éveillé !

Un proverbe dit : « L'habit ne fait pas le moine. » Ce à quoi ressemble une queue n'a aucune importance, attendu que lorsque vous la branchez sur le circuit approprié, elle produit exactement les mêmes résultats. Tout homme branché sur le bon circuit ressent exactement la même chose que n'importe quel autre homme branché sur le même circuit. Toute femme branchée sur le bon circuit ressent exactement la même chose que n'importe quelle autre femme branchée sur le même circuit.

Il est certain qu'il y a de nombreuses particularités dans les relations que chacun d'entre nous entretient individuellement avec d'autres personnes. Mais s'il vous est donné d'expérimenter ce dont je parle, vous comprendrez, une fois branché sur le bon circuit, qu'il arrive un moment où tout devient pareil — où toutes les particularités disparaissent, où la femme devient la *Femme*, ou l'homme devient l'*Homme*. Lorsque l'on regarde les apparences, il n'est pas une femme qui ressemble à une autre. Pourtant, elles sont toutes semblables au niveau du principe féminin. C'est là le plus grand secret de la vie spirituelle. Y avez-vous vraiment fait attention ? C'est tout ce qu'il vous faut savoir. Tout est pareil, et j'espère qu'arrivés au point où nous en sommes, il vous apparaît évident que je ne parle pas du circuit énergétique d'une « chatte » ou d'une « queue ».

En ce qui concerne le travail spirituel, l'enseignement exotérique dit qu'il y a différents niveaux de pratique, de maturité, qu'il faut acquérir une certaine discipline, faire plusieurs exercices bien déterminés, respecter toutes les règles, gravir les échelons, et que personne ne fait partie du « cénacle » sans avoir auparavant travaillé pendant neuf ou dix ans, et plein d'autres trucs du même genre. Mais en fait, tout ce dont vous avez besoin est d'un schéma du circuit des énergies et vous êtes paré. Il n'y a rien d'autre à ajouter. C'est la même chose pour les hommes et les femmes, car pour qui se situe au niveau du contexte et de la réalisation il n'y a plus que Dieu. Et Dieu seulement.

Comment le changement de contexte, qui se produit lorsque l'individu réalise dans sa chair qu'il y a seulement Dieu, peut-il devenir permanent, au lieu de correspondre à un petit moment de liberté avant de revenir en arrière ?

Pour ce faire, il faut que l'homme arrête d'être ce cochon sexiste, ce misogyne, que la femme ne se conduise plus en féministe qui hait les hommes, en femme-libérée, et qu'elle arrête de se prendre pour un « vrai mec », ou d'autres trucs du même genre. Toutes ces caractéristiques sont autant d'obstacles puissants qui empêchent un changement définitif de contexte. Avant de vous prendre pour un homme ou une femme, il vous faut devenir un être humain. Vous devez être un Amant(e) avant d'être un objet de désir. Il vous faut connaître la joie avant la passion (ou le désir charnel), la générosité avant l'envie, la douceur et la compassion avant la superstition et les préjugés. Il faut que vous ouvriez le regard subjectif que vous portez sur la réalité, et que vous arriviez à vous situer et à vous détendre dans l'attitude de *l'esprit qui ne tire pas de conclusions*. Permettez que soit semée la vérité révélatrice, donnez-lui une chance de s'enraciner et de germer. Alors, ensuite, vous pourrez nourrir la vision avec l'action.

Il ne suffit pas de tenir de beaux propos en public pour ensuite, rentrer chez soi battre sa femme et ses enfants. Vous ne devez pas seulement formuler le Verbe ; vous devez le vivre, essentiellement.

Rien à redire, hein ?

*
* *

Quand cela fait mouche

Quand le Tantra authentique fait mouche, il fait mouche. Avant qu'il ne fasse mouche, il ne fait pas mouche. Comme j'aime étudier, j'ai compilé pas mal d'informations. L'étude me permet d'avoir une compréhension claire et évidente de quelque chose que je n'ai pas expérimenté. Mais, si ce quelque chose fait mouche au niveau expérimental, je réalise simplement que dorénavant *le corps sait* ce que la tête avait appris. Tous les soi-disant rituels tantriques qu'il y a sur cette terre ne veulent rien dire, tant que la révélation n'a pas fait mouche. Lorsque cela fait mouche, cela fait mouche ; et jusqu'à ce que cela fasse mouche, cela ne fait pas mouche. C'est la même chose que d'attendre votre tour à la loterie. La vie est un énorme champ de tir merdique où chacun finit, tôt ou tard, par toucher sa cible.

Dans ce domaine, vous ne pouvez rien faire pour augmenter vos chances. Vous ne pouvez pas améliorer vos chances, par contre vous pouvez pratiquer. Ce n'est pas la fréquence de vos rapports sexuels, avec qui vous les avez, et comment vous vous y prenez, qui augmentera vos chances. Lorsque le Tantra fait mouche, il fait mouche. La vie est ainsi faite. Tout ce que vous apprenez vous permet d'optimiser vos capacités à utiliser la révélation, lorsqu'elle fera mouche ; mais, quoi que vous fassiez avant, vous ne la ferez pas venir plus vite — tout simplement parce que vous ne pouvez pas le faire.

Secret 52

La difficulté des vœux tantriques

Si l'on veut réduire à leur plus simple expression les idées que les gens se font sur les vœux tantriques, on peut se préparer à entendre : « Mangez lorsque vous en avez envie, baisez lorsque vous avez le feu au cul, et dormez lorsque vous êtes fatigué. » Il me semble que c'est là une façon géniale de vivre — très spontanée, très enrichissante, extrêmement excitante, innocente et naturelle.

Néanmoins, dans la pratique, les vœux tantriques font partie des vœux les plus difficiles à tenir, parce qu'ils demandent de celui (celle) qui les fait beaucoup de retenue — non pas une retenue visible, mais une retenue intérieure. « Mangez lorsque vous en avez envie, baisez lorsque vous avez le feu au cul, et dormez lorsque vous êtes fatigué » est ce qu'il y a de plus difficile à appliquer, parce que ces vœux nous demandent de faire ces choses en étant libres de toutes formes d'attachements, ou de toutes complications dues à l'ego. Les vœux que prononcent les religieuses et les moines sont les plus faciles à garder, parce qu'ils sont précis, jusque dans les détails les plus infimes, et que l'ego n'a rien à voir dedans. Les vœux monastiques n'impliquent pas l'ego dans un travail de discrimination. Ce qui, certainement, n'empêche pas l'ego des moines et des nonnes de résister, de se débattre, de se rebiffer. Mais les observances et les interdits qui leurs sont donnés sont clairs et précis. Les moines et les nonnes ont uniquement besoin d'être disciplinés et volontaires.

Par contre, la personne qui veut tenir ses vœux tantriques a besoin d'être bien plus que disciplinée. Un(e) pratiquant(e) du Tantra peut avoir toute la discipline du monde, s'il(elle) n'a pas de discrimination, il (elle) ne fera rien de bon. Et la forme de discrimination requise dans le Tantra demande d'effrayantes aptitudes à la clarté et la profondeur. Elle n'a rien à voir avec un sens réduit de la discrimination, qui ne va pas au-delà des apparences. La personne doit être capable de ressentir les subtilités les plus fines et de pressentir toutes les conséquences qu'impliquera le moindre de ses mouvements. A la différence de l'alchimie, on ne peut pas dans la pratique tantrique, transformer le plomb en or. A la place, on cherche la célèbre aiguille dans le tas de foin. En fait, il serait plus approprié de dire qu'on cherche la graine de sénevé dans un énorme tas de merde. Evidemment, même si ce processus relève de l'alchimie au plus haut degré, il ne faut surtout pas le confondre avec les expériences réalisées par les élèves du secondaire, pendant leurs cours de chimie.

La discrimination porte sur la différence entre les mécanismes instinctifs — mécanismes essentiels — et les mécanismes de l'ego. La discrimination se rapporte à la spontanéité de la personne qui s'abandonne à l'influence divine ou à la volonté de Dieu. Spontanéité qui se manifeste en réponse aux besoins immédiats et objectifs du moment, ou en réponse à l'absolue réalité des circonstances. La spontanéité à laquelle nous nous référons ne s'appuie pas sur les modes d'expression habituels de l'homme ou de la femme (modes spécialement forts en ce qui concerne la nourriture, la sexualité et le sommeil). Ces modes d'expression ne sont pas du tout spontanés. Ils permettent d'accomplir, de manière automatique et chronique, les désirs habituels de l'ego qui font partie de sa stratégie de survie. Stratégie que l'ego a mise en place dès la petite enfance ou l'enfance, afin d'assurer la survie de l'être, selon la conception que s'en fait l'ego, ou pour empêcher sa disparition, selon la façon dont l'ego conçoit la disparition.

Il n'en reste pas moins que lors de l'union sexuelle, le plus important est de ne pas se crisper dans l'acte et de ne pas être sous pression. Laissez-vous aller sans faire d'efforts, soyez attentif et attentionné pour que la relation soit heureuse. « Nourrissez-vous » réciproquement et n'oubliez pas ce que je viens de dire.

Secret 54

LE TANTRA
ET LA CONNAISSANCE OBJECTIVE

Dans le corps humain, le mécanisme de contrôle et de manipulation qui l'emporte sur tous les autres, y compris le cœur, est le mental : il est le seul à faire preuve d'une dynamique et d'une intelligence exceptionnelles. Si on lui donne assez de raisons pour se justifier, le mental peut très facilement faire taire le cœur. La connaissance objective — la connaissance qui est exactement la même pour chacun, homme ou femme, et qui ne tient pas compte de la culture, de l'âge, de la race ou de la religion — ne peut être reconnue que par une parcelle de nous-mêmes, qui n'est pas un produit du mental, qui n'est pas sous son influence ou sous son contrôle. Il va donc de soi que si le but d'un individu donné, quel qu'il soit, est la réalisation de la connaissance objective — qui équivaut à la phase ultime du développement personnel ou, pourrions-nous dire, de la réalisation — il lui faudra, tôt ou tard, en arriver à une manière de pratiquer qui transcendera le mental ou passera par lui. Cette manière de pratiquer permettra à l'individu de prendre le mental exactement pour ce qu'il *est*, sans subir ses effets, sans être manipulé par lui, ou être sous son contrôle. La personne devra développer un mécanisme permettant d'avoir un flair tout particulier, d'être informée, et qui lui servira de banque de données. Mais un tel mécanisme ne doit pas trouver son origine ou sa motivation dans le mental.

La forme ou la matrice que nous animons, parce que nous sommes des êtres vivants, des êtres humains, ne se limite pas à ce que voient nos yeux et qui correspond à la définition du corps humain. En fait, notre corps organique habite des dimensions nombreuses et variées. En conséquence, la connaissance objective nous est transmise à travers des niveaux organiques de communication, mais non à travers des niveaux de communication que nous sommes habitués à percevoir de manière tangible, ou auxquels on nous a habitués conventionnellement à nous relier. La connaissance objective nous est communiquée à travers un canal organique qui relie intégralement les gens, mais qui est subtil au lieu d'être grossier. Nous pourrions dire qu'une telle connaissance, la connaissance objective, nous est communiquée à travers un «champ», plutôt qu'à travers un canal, ou un «fil». Par exemple, lorsque tous les gens dans une même pièce font l'expérience d'un certain type de communication, sans qu'il y ait besoin de dire un mot, et que chacun comprend exactement ce qui est en train de se produire, on peut dire que cette connaissance commune, perçue par chacun simultanément, est une des formes d'une telle communication qui se fait à un niveau organique. Il existe une entente spontanée que l'on appelle «communion». Ce genre de processus qui permet de comprendre tacitement ce qu'éprouve l'autre ne dépend pas du mental. Il est littéralement impossible au mental d'être en communion, sauf d'une manière extrêmement superficielle, comme, par exemple, dans les expériences de sympathie ou d'empathie qui se produisent au niveau psychique. Pour que la communion soit possible, il faut qu'il y ait une *intégration littérale des éléments* qui constituent les domaines organiques et subtils de toutes les personnes prises dans les liens ou dans la matrice de la communion. S'il n'y a que deux personnes, il faut que l'*intégration littérale des éléments* se produise ; s'il y en a douze, il faut que l'*intégration litté-*

rale des éléments ait lieu. Il ne s'agit pas que d'un mélange d'auras. C'est tout à fait différent ; l'*intégration littérale des éléments* relève d'un processus de fonte tellement intelligent et unificateur. C'est comme si chacun des individus en présence perdait le sens de la séparation, qui lui fait croire qu'il est un « autre », tout en gardant (évidemment) celui de la séparation physique grossière.

Avant toute chose je pense que le moment est venu de vous avertir, au même titre qu'il y a un avertissement sur l'étiquette de certains produits mis sur le marché. Par exemple, sur les paquets de cigarettes vendus en Amérique on peut lire : « La consommation du tabac nuit à la santé ». Dans le yoga tantrique, cette sorte d'information équivaudrait à l'initiation reçue après des années de *sadhana* intense. Donc, je décline toutes formes de responsabilité en cas de problèmes que l'un quelconque d'entre vous pourrait avoir, si dans sa vie il essaye de mettre en œuvre cette information sans l'aide d'un maître qui sait ce qu'il (elle) fait — en l'occurrence, il n'y a pas lieu que ce maître soit moi. (En réalité, j'espère bien que ça ne le sera pas.) Cette information est très dangereuse. En fait, pour être radicalement honnête, la raison pour laquelle je donne l'information à tous, c'est qu'elle peut être utile à certain d'entre vous. Quant aux autres, ils ne sont comme on dit, que l'huile qui sert à graisser les engrenages. (En la matière, j'ai jugé bon d'être d'une honnêteté cinglante, ce qui change de mes façons de faire habituellement si mesurées.)

Ordinairement, la satisfaction retirée de n'importe quelle expérience sexuelle est de courte durée, elle ne dure pas pendant des semaines ou des mois. Cependant, compte tenu des données que j'ai abordées, vous devriez pouvoir comprendre qu'un seul rapport sexuel peut vous contenter pendant des semaines, voire indéfiniment. Un rapport sexuel pourrait rassasier l'appétit de sensations du corps physique pendant longtemps. Je ne dis pas que les partenaires doivent rester unis au niveau des parties génitales pendant des semaines. Vraiment, une « union » très courte pourrait être satisfaisante pendant pas mal de temps ; mais généralement, elle ne l'est pas parce qu'il n'y a pas de communication organique, pas de processus de fonte, pas d'échanges réciproques au niveau des corps subtils. Le fait que deux morceaux de viande soient plutôt intimement reliés n'implique pas la communication organique. Si l'union sexuelle permet la communion, alors l'intensité, la plénitude et le plaisir éprouvés lors d'un seul rapport, peuvent se prolonger pendant des semaines et même des mois.

Les questions évidentes qui viennent à l'esprit sont : « Peut-il y avoir intégration organique s'il n'y a qu'un des deux partenaires en communion avec l'être essentiel de l'autre, et même si l'autre n'est pas du tout "dans le coup" ? » Oui, c'est possible. « A supposer qu'une relation sexuelle ait donné entière satisfaction, peut-on continuer à éprouver du désir et avoir envie de recommencer tout de suite après qu'elle soit terminée ? » Oui, bien sûr. Pourquoi pas ? Il nous est possible d'être en communion avec un morceau de musique de Bach, une peinture, ou une sculpture de Rodin, donc ce genre de questionnement ne s'applique pas qu'aux êtres humains. (Mais je n'ai jamais vu qui que ce soit être en communion avec un chien — même si ceux parmi vous qui ont des chiens prénommés Georges, Myrtille, Béatrice, Paul ou Alexandre le Grand, croient y être parvenus.)

Afin que l'alchimie objective puisse opérer, il faut que se produise une intégration organique de tous les niveaux qui sont en jeu chez les personnes, qu'elles soient deux ou plusieurs présentes dans la *Chambre*[75] de communion. Il faut que les « substances se fondent ». Elles doivent véritablement se fondre, ce qui n'a rien à voir avec le mélange des fluides sexuels, du sang, de la sueur et des larmes.

Il existe différentes manières de développer vos capacités à vous décontracter, de telle sorte que votre être organique puisse se fondre dans l'être organique d'un autre être humain. Il s'agit d'un processus qui ne vous demande pas de faire preuve d'agressivité, de force musculaire ou de volonté d'intrusion. Pas plus qu'il ne requiert de vous de devenir autre chose que ce que vous êtes déjà. C'est un processus qui vous demande de faire tomber les obstacles qui, habituellement, l'empêchent de se produire. Or, le mental est le premier à mettre les bâtons dans les roues pour empêcher, de façon efficace, que la communion ait lieu.

Par convention, nous appellerons la « conscience objective » tout ce qui n'est pas contrôlé par le mental, tout ce qui n'est pas manipulé par lui ; nous appellerons la « conscience subjective » tout ce qui relève du mental et qui est le mental. Quelle est la différence entre la conscience objective et la conscience subjective ? La conscience objective n'a qu'une réponse appropriée, quel que soit le stimuli, et le moment donné. Quelles que soient les circonstances, la conscience objective n'a jamais à choisir sa réponse, elle ne doute pas, elle n'est nullement dans l'embarras. Elle n'a pas d'options, pas d'alternatives. La conscience subjective a recours, à chaque instant, à plusieurs alternatives. Le choix est toujours possible pour la conscience subjective, les choix qui s'offrent à elle sont nombreux. Ils s'appuient sur des considérations d'ordre critique ou analytique, faites à partir de données observables et arbitraires, telles que l'état émotionnel trouble dans lequel on se trouve et/ou ce que l'on a mangé le jour même à midi.

Il y a cependant une petite restriction à faire : la nature fondamentale des individus est différente. La solution pour laquelle le mental opte dépend des caractéristiques psychologiques qui nous amènent à être avec l'autre. Le mental ne considère pas avec qui nous sommes en vérité. Certaines personnes à l'instinct grégaire aiment s'extérioriser. D'autres sont très calmes et réservées. Il est des gens extrêmement émotifs. Il en est d'autres qui sont distants et imperturbables. Autant de données qui n'ont pas nécessairement quelque chose à voir avec le mental ; certes, c'est possible, mais cela n'est pas nécessaire. A supposer que tous ceux qui lisent ceci puissent réaliser ce qui est *avant* le mental, ou qu'ils puissent réaliser dans leur chair la conscience objective, ils n'en resteraient pas moins très différents dans leurs comportements, leurs états d'esprit et leurs goûts. Certains d'entre eux seraient très expansifs et d'autres ne le seraient pas. Le mental crée des attitudes physiques particulières et des gestes particuliers ; mais, néanmoins, il existe des différences fondamentales entre les gens. Il y a des types humains caractéristiques. Que le mental domine quelqu'un, ou que la conscience objective de la personne utilise le mental comme instrument, il n'en reste pas moins que le type humain auquel elle appartient existe et demeure. Si vous vous plongez dans la vie de Jésus, du Bouddha, de Krishna et de Mohammed, vous comprendrez clairement qu'ils étaient très différents les uns des autres en dépit de quelques traits de caractère essentiels qu'ils partageaient. D'une certaine manière, on peut dire que chacun d'entre eux est un archétype.

Ce qui est organique est mortel et ce qui ne l'est pas survit perpétuellement en habitant des formes mortelles — qui sont autant de morts, de naissances, de changements de formes. Ce qui n'est pas organique n'est pas mortel. Le canal qu'emprunte la connaissance objective, pour se communiquer au royaume humain, meurt à la mort du corps, cependant le champ de communication, lui, ne meurt pas. Ce qui veut dire que la connaissance objective est stockée ailleurs, ou utilisée dans un espace qui n'est plus le canal qui lui avait servi pour se manifester. Cette considération est de la plus haute importance. Il faut que la connaissance objective soit transmise, reçue, retirée du canal par lequel elle est véhiculée, puis utilisée, ou appliquée, quelque part ailleurs. Si la connaissance objective demeure dans le canal de la communication, de l'observation, ou de la perception, elle peut évidemment être utilisée de manière très ponctuelle, mais elle ne servira à rien, plus tard. Elle sera inutile, parce qu'à la mort du corps, elle mourra.

Par contre, si la connaissance objective a été transmise, reçue et utilisée correctement, ses effets continueront à se faire sentir, et à être utiles, après la mort du corps. Elle entrera dans le « courant de continuité », dans le champ qui englobe toute la création. Elle sera productive et créatrice, voire même, éternelle.

La raison qui préside à la communion organique, qu'elle soit sexuelle ou autre, est d'établir la connaissance objective ailleurs que dans l'être organique. L'être organique sert de véhicule pour aller au-delà de l'être organique. La communion organique ne tient pas uniquement dans les expériences cosmiques ou dans le plaisir éprouvé au niveau transcendantal. La communion organique sert aussi *à mettre l'information ailleurs que dans le royaume mortel.*

Secret 53

Quelques conceptions erronées sur le tantra sexuel

La peur de l'échec est ce qui porte le plus préjudice à la sexualité tantrique. « Que se passera-t-il si je respire par la mauvaise narine ? Et qu'arrivera-t-il si je ne fais pas le bon *mudra* [76], si j'imagine un *yantra* [77] qui ne convient pas et si je me trompe de *mantra* [78] ? » L'obstacle le plus infranchissable de la sexualité tantrique consiste à croire que vous devez faire comme il faut, ou que vous devez pratiquer chaque fois d'une façon particulière. Détendez-vous ! Voilà vingt-cinq ans que vous baisez n'importe comment ; il ne s'est rien passé de dramatique, non ? Et maintenant, parce que vous avez appris quelques petits trucs qui relèvent des techniques respiratoires, vous vous mettez à paniquer ! Ecoutez, il ne se passera rien de mal si vous avez un orgasme au moment où vous n'êtes pas supposé en avoir un, ou si vous n'en avez pas au moment où il faudrait en avoir un, ou si vous respirez par la mauvaise narine.

Certes, il nous faudrait faire un peu plus attention si nous disposions d'un héritage génétique correspondant à des milliards d'années d'affinage culturel, et si notre système arrivait facilement à s'équilibrer avec notre tendance génétique. Mais nous sommes mal dégrossis, nous sommes frustrés. Il est dit dans certains manuels de yoga que si vous ne respirez pas au bon moment par la bonne narine, vous ficherez votre système nerveux à plat. Mais comme nous sommes presque tous des individus extrêmement rudimentaires, nous n'avons pas à nous faire de souci pour ce genre de choses.

Et, en même temps, beaucoup d'entre vous peuvent être carrément envoyés au tapis et rester sans voix à cause du raffinement qui accompagne la cérémonie japonaise du thé. Heureusement que nous sommes vraiment attirés par l'élégance, même si nous sommes restés quasiment à l'état brut ! Peut-être que vous commencez à ressentir les effets d'un certain nombre d'années passées dans une Ecole authentique où la *sadhana*, en équilibrant et nettoyant votre système nerveux, vous a sensibilisés aux choses un peu plus subtiles.

En ce qui concerne le Tantra sexuel, n'essayez pas de vouloir progresser. L'éclairage, l'encens, la musique peuvent vous absorber à tel point que vous vous crispez complètement et redevenez semblable au gamin de douze ans qui proposait à une fille de danser avec lui ! Considérez les idées énoncées et travaillez dessus, mais ne vous crispez pas sur elles.

*
* *

La vanité est une autre grosse difficulté qui apparaît lors de l'union sexuelle tantrique.

Lorsque vous êtes prêt à expérimenter un état de communion authentique (le Tantra authentique), vous risquez aussi de faire sauter quelques plombs, ce qui aura pour résultat que vous ne serez plus la même personne après. Néanmoins, essayez d'imaginer la scène suivante — vous êtes là, sur le point de passer de l'autre côté, et que se passe-t-il dans votre tête ? La vanité s'y installe et vous pensez : « Je dois transpirer comme un cochon ! Heureusement qu'on m'voit pas ! Je dois être mal peigné ! Est-ce-que je le fais bien ? » La vanité ! Lorsque l'union sexuelle passe à un stade où l'ego va lâcher prise et sera remplacé par l'être, alors le mental s'insinue et essaye de saboter le projet. Pourquoi ? Parce que le mental ne veut pas que l'être puisse se transformer.

*
* *

Il existe beaucoup de femmes dont la pulsion sexuelle est motivée par le besoin de procréer. Cependant, des femmes totalement inconscientes et déstabilisées se sont emparées de cette pulsion instinctive pour la rendre contagieuse, au même titre qu'une épidémie. La série *Madison Avenue* nous a tous convaincus — hommes et femmes — que nous devrions rêver d'avoir des relations sexuelles ininterrompues, que le besoin de s'accoupler, sans même prendre le temps de faire une pause, est naturel. Dans le domaine des émotions fausses, ce besoin peut donner l'illusion d'être authentique, mais il n'est que de l'instinct perverti en besoin sexuel conditionné.

La communion sexuelle réduit à rien le besoin de procréer. Il serait plus exact de dire que ce n'est pas son problème, attendu que lors de la communion sexuelle la personne est complètement libérée du désir d'avoir un orgasme — bien qu'il puisse se produire spontanément. Inversement, la communion sexuelle ne va pas à l'encontre de la procréation. Tout simplement, la communion sexuelle ne permet pas aux individus de se compliquer les choses avec la morale et les désirs de réalisation de l'ego. Le désir d'avoir un orgasme ne peut pas se manifester, s'il y a communion sexuelle, mais, dans l'absolu, le désir de ne pas avoir d'orgasme ne se manifeste pas non plus.

*
* *

Fear of Flying, roman écrit par Erica Jong, raconte l'histoire d'une femme dont le mari d'origine orientale est psychiatre. Franchement, que pourriez-vous espérer de mieux pour vivre votre sexualité ? La partie orientale de sa nature en fait quelqu'un de très discipliné qui peut la baiser chaque fois jusqu'à ce qu'elle demande grâce, et sa formation de psychiatre lui donne le savoir-faire nécessaire pour se conduire en partenaire parfait. Pourtant, après un certain temps, leurs relations sexuelles deviennent d'un ennui mortel. Après plusieurs mois, elle souhaite qu'il ait des éjaculations précoces — tout, pourvu que cela la change ! La relation sexuelle parfaite tout le temps, n'est pas la relation sexuelle parfaite. C'est rasoir. La même chose, quelle qu'elle soit, y compris la communion sexuelle, qui se reproduit indéfiniment, même l'extase, c'est casse-pieds.

Lorsque vous vivez une relation à deux, dont la matrice est la communion sexuelle, vous baisez malgré tout de temps en temps. Vous voyez ce que je veux dire... Vous êtes assis avec votre partenaire dans l'avion qui va à Philadelphie, vous vous regardez, il n'y a personne dans les toilettes, vous y allez et vous vous mettez à baiser là-dedans comme des dingues, à tel point que les parois risquent de s'écrouler. Vous n'êtes pas en communion sexuelle. Vous copulez simplement comme des bêtes et c'est super, spontané, pur. C'est tout ce qu'il vous faut pour quelque temps, et c'est merveilleux, et cela vous rend extatique.

Et une prochaine fois, ensemble, vous vivrez la communion sexuelle.

*
* *

L'intérêt que vous portez au Tantra ne consiste pas à apprendre à respirer correctement pour que, une fois de retour à la maison, vous puissiez vous mettre à pratiquer le souffle et, la semaine suivante, en toucher deux ou trois mots à Rajneesh ou Sondra Ray. Le Tantra est la compréhension profonde, sans fin, et la manifestation d'un principe. Si vous le pratiquez avec application et sensibilité, ce que je recommanderais, il se peut que vous ne récoltiez le fruit de votre travail que des mois, des années, voire dix ans plus tard. Mais, éventuellement, l'occasion vous sera donnée de comprendre ce qu'est la communion sexuelle.

En soi, la communion sexuelle ne résulte pas de la pratique. Ce que je veux vous faire piger c'est que lorsque vous verrez les perspectives de la communion sexuelle, ce qu'elle signifie vraiment, toutes les idées que vous avez sur la sexualité ne tiendront plus la route. Même après avoir entrevu ces perspectives, il peut s'écouler des années avant que vous ne puissiez commencer à faire passer la pratique avant votre corps, ce qui vous permettra de vivre la communion, éternellement, chaque fois que vous serez, physiquement ou non, avec l'autre.

Une union sexuelle où l'on « plane » n'a rien à voir avec la communion. La communion sexuelle est tout autre. Il est une « union sexuelle cosmique » qui vous emmène si haut, que vous restez là, étendu sur le dos, à moitié tombé du lit, sans même avoir la force de soulever les paupières et votre chambre donne l'impression d'être une fumerie d'opium. Mais c'est différent de la communion.

Donc, une fois que vous avez entrevu la perspective de communion sexuelle, des années pourront s'écouler avant que vous ne puissiez aligner votre corps avec une pratique qui vous permettra d'être constamment en communion. Pourquoi ? Parce qu'elle réduira à néant toutes vos idées préconçues, toutes vos attentes, tous vos schémas répétitifs et toutes vos habitudes dans le domaine de la sexualité.

Secret 55

Les cycles de la communion sexuelle

La sexualité est la pulsion énergétique la plus puissante de la condition humaine et la communion sexuelle est la circonstance la plus délicate qui soit.

La communion sexuelle repose sur la magie et il est très facile de tuer la magie. Par exemple, si vous vous montrez intransigeant pour que l'union sexuelle soit comme vous croyez qu'il *faut* qu'elle soit, vous supprimez la marge dans laquelle la communion sexuelle peut se transformer en communion.

La communion sexuelle ne consiste pas à sauter à pieds joints sur votre partenaire, à rebondir sur son corps pendant deux heures, à avoir trente orgasmes à la suite et à être complètement épuisé. (Cela, c'est seulement une bonne relation sexuelle.) Vous pouvez manipuler les énergies, afin d'avoir une relation sexuelle satisfaisante, voire même cosmique. Par contre, vous ne pouvez pas manipuler la communion sexuelle, parce qu'elle repose sur la magie et non sur le principe des « corps-presse-boutons », du style : « Branchez Popaul dans Minette... Plaf ! » Il est impossible qu'il en soit ainsi pour qui se met à travailler avec les centres supérieurs.

Si dans la relation il n'y a pas de place pour la magie, il ne peut y avoir de communion sexuelle. L'individu change jour après jour, et dans un couple les partenaires n'évoluent pas obligatoirement à la même vitesse, ni de la même façon. Il est très difficile de préserver la magie dans une relation ; cela relève d'un processus particulièrement délicat et ardu. Mais c'est faisable, spécialement pour la personne qui veut bien y consacrer du temps.

Lorsque les gens me posent des questions sur le Tantra et la communion sexuelle, je leur demande : « Est-ce que vous vivez une relation de couple depuis au moins deux ans ? Alors, commencez par faire preuve d'un peu de discipline ! » La communion sexuelle évolue par cycles. Les trois cycles dont j'ai parlé ailleurs [79] pour décrire les différentes étapes du travail spirituel, peuvent s'appliquer à tous les aspects de la relation. (En ce qui concerne ces étapes, vous pouvez vous reporter à *Living God Blues* de Lee Lozowick, Hohm Press, Prescott, Arizona, 1984.)

Lorsque la personne fait une percée, elle passe du niveau de conscience auquel elle se situe à un niveau de conscience supérieur, et elle ne fait pas fi (en réalité, elle ne le peut pas) de la loi des cycles. Le processus de transformation, ou d'évolution, qui va de l'avant, est semblable à une spirale qui s'élargit toujours plus. En ce qui concerne l'énergie et le contexte, chaque cycle s'aligne sur celui qui le précède. Cependant, la forme spécifique prise par les cycles ne change pas au cours de l'avancée du processus d'évolution, ou de maturation, de la personne.

Par exemple, le premier cycle, celui qui sert de base à tous les autres, est le cycle *Engouement-Indifférence-Doute*. Au tout début de la rencontre et de la vie commune, les membres du couple sont complètement aveugles (ou dans une routine de refus) et ne voient pas les tendances de l'autre. Or, elles laissent présager des conflits de personnalité, de futurs désaccords ou des crises. (A ce moment-là, la majorité des individus ne peuvent pas être lucides : les sécrétions hormonales sont trop puissantes.) Néanmoins, après un certain temps, l'enthousiasme de la découverte tiédit car, à l'instar de toutes relations qui s'approfondissent, un travail difficile est demandé de la part de chaque partenaire (mais qui réserve de nombreuses joies à ceux qui font preuve de maturité). A ce stade de la progression, le refus chronique de tout un chacun face à la vie, cède le pas à l'indifférence. Ensuite, comme un tel état d'indifférence ne suscite pas chez les partenaires le désir de trouver une autre source d'enrichissement commun, et de partager des petits bonheurs, le doute va s'installer dans le couple.

La personne qui considère le doute comme une occasion de travailler sur soi, de devenir consciente, de pratiquer la *sadhana*, en retire le bénéfice d'une *vision pénétrante*. La vision pénétrante est la première caractéristique du deuxième cycle (*Vision pénétrante-Frustration-Remord*) de la spirale en cours de développement. La *vision pénétrante* cède le pas à la *frustration*, qui résulte de l'impatience et de la nécessité « d'aller de l'avant », impatience qui entre en conflit avec la durée des événements telle qu'elle est prévue dans le programme de l'univers. Ce conflit n'est qu'un des nombreux aspects de la frustration. Vous savez que vous êtes en plein dans la frustration du deuxième cycle, lorsque vous n'avez plus d'alternative devant vous, lorsque vous n'envisageriez même pas d'entreprendre une relation avec qui que ce soit d'autre. (Vous savez que vous êtes au stade de l'*indifférence* du premier cycle, lorsque vous regardez autour de vous et découvrez qu'il n'y a pas que votre relation qui s'offre à vous, mais que d'autres possibilités sont également envisageables.) La *frustration* ne consiste pas à ressentir que vous trouverez quelqu'un d'autre, si cela ne marche pas avec votre partenaire. Arrivés au stade de la frustration, vous avez compris qu'il n'y a *personne d'autre*. Que pouvez-vous faire si vous vous retrouvez être le seul homme et la seule femme sur cette planète ? Vous n'avez pas le choix, vous êtes frustrés ! (Bien sûr, si vous êtes un homme vous pouvez toujours envisager de trouver dans un arbre le trou où niche un écureuil, en tapisser l'intérieur de mousse encore humide, attendre que le soleil se mette à la sécher et qu'elle fume un tout petit peu... Et puis...)

Vous êtes frustrés ! Votre vie sexuelle commune est loupée, vos deux personnalités ne s'accordent pas, elle veut un truc, vous en voulez un autre. Vous avez l'impression que vous ne pourrez jamais recoller les morceaux. Il n'y a pas d'alternative. Vous ne cherchez plus autour de vous : alors, vous pouvez être sûrs que vous êtes en plein dans le deuxième cycle ! Il faut que vous arriviez à vous débrouiller avec la *frustration*, mais pas en allant chercher ailleurs. Le niveau que vous avez atteint dans votre relation est vraiment celui où la maturité est possible ! Et comme la frustration crée un climat inévitable de tension, l'étape suivante est celle du *remord*. Et ainsi de suite.

Donc, la personne commence par le cycle *Engouement-Indifférence-Doute*, qui ouvre sur le cycle *Vision pénétrante-Frustration-Remord*, qui la conduit au cycle *Moment libre-Disposition à la Non-Illumination-Compassion*. Et il faut du temps pour que cette progression puisse se faire ! Vous aurez beau « creuser votre putain de cervelle » vous n'arriverez pas au troisième cycle en un an. (C'est pas la peine d'essayer de savoir par quoi vous reconnaîtrez que vous êtes au stade de la *Disposition à la Non-Illumination*, parce qu'une fois arrivé au troisième cycle, vous aurez déjà acquis la connaissance !) Si vous vous impliquez dans votre relation pour la faire grandir, il vous faudra environ deux ans avant d'arriver à redresser ce qui est « tordu ». Chacun des trois schémas proposés peut se reproduire plusieurs fois à l'intérieur du même cycle. Le nombre de fois est fonction de votre degré de maturité et de votre implication dans la pratique tantrique. (La personne n'évolue pas nécessairement en une fois dans le premier cycle, *Engouement-Indifférence-Doute*, pour ensuite, faire immédiatement preuve de *Vision pénétrante*.)

Mais la *Vision pénétrante* du deuxième cycle favorisera un tout autre genre de magie à l'intérieur de votre relation. Il en ira de même lorsque vous arriverez au stade de la *Compassion*.

Secret 56

Jésus était un maître tantrique

> Jésus leur dit : « Lorsque vous ferez les deux (être) un, et que vous ferez le dedans comme le dehors et le dehors comme le dedans, et le haut comme le bas ! Et quand vous ferez le mâle et la femelle en un seul, afin que le mâle ne soit plus mâle et que la femelle ne soit plus femelle, et lorsqu'à la place d'un œil vous ferez des yeux, et une main à la place d'une main, et un pied à la place d'un pied, et une image à la place d'une image, alors vous entrerez dans le Royaume ! » [80] (Evangile de Thomas)

En plein dans le mille ! Il est quand même incroyable que Jésus ait dit cela et que l'on n'y fasse pas allusion dans le Nouveau Testament. En disant : « Lorsque vous ferez les deux (être) un... », Jésus veut que nous comprenions : « Lorsque vous verrez au-delà de la dualité, lorsque votre vision sera non-dualiste. » Jésus était un pur védantin. Lorsque vous arrêterez de comparer et de tirer des conclusions, lorsque vous n'opposerez plus ce qui relève du domaine du particulier à ce qui appartient au domaine de la généralisation, alors vous entrerez dans le Royaume.

Jésus était aussi un maître tantrique. « Et si vous faites le mâle et la femelle en un seul, afin que le mâle ne soit plus mâle et que la femelle ne soit plus femelle... » A partir de là, on pourrait extrapoler (et insulter tous les chrétiens au passage) en disant que Jésus s'est rendu en Inde et au Tibet, où il a étudié le Tantra. Et même s'il ne l'a pas fait, il a découvert dans sa pratique, à un moment donné, l'essence du Tantra.

Le Tantra est bien plus qu'un simple bricolage sexuel calibré aux normes d'un rituel. Ramakrishna est devenu un maître tantrique, mais pas de ceux qui passent leur temps à enseigner le Tantra à toutes leurs disciples femmes. Jésus dit qu'il faut que l'homme devienne femme et que la femme devienne homme. Dans la pratique du Tantra sexuel, c'est exactement ce qui se produit. L'illusion d'être une entité séparée qui survit, quelle que soit la forme (mortelle) dans laquelle elle se manifeste, cesse d'accaparer notre attention.

La femme a tendance à se dissoudre beaucoup plus facilement que l'homme. La raideur et l'insécurité propres à l'homme lui rappellent que c'est lui qui « enfile » ou qui « est enfilé ». L'homme garde presque toujours une partie de lui-même en retrait, afin de pouvoir observer le déroulement des opérations. Dans la pratique tantrique avancée, l'individu ne sait même pas (si vous me permettez d'utiliser un langage un peu cru) si c'est lui qui est en train de baiser ou si on le baise. C'est parce que l'illusion de la dualité ou de la séparation s'est dissoute dans le tourbillon provoqué par la fusion des énergies. Il arrive parfois que la personne ne se rende même pas compte qu'elle est en train de baiser. Elle peut aller jusqu'à oublier si elle est homme ou femme.

Alors que nous sommes encore bébé, le personnage que nous devons jouer, selon le genre de notre sexe, nous est attribué à la minute où l'on nous fait porter des petits chaussons tricotés avec de la laine bleue ou rose. Notre rôle est défini par le contexte culturel ou social. Et puis, voilà qu'arrive ce fameux moment où nous ne savons absolument plus si nous sommes un homme ou une femme ! Avouez qu'il y a de quoi être un peu déboussolé, vous ne croyez pas ?

Jésus nous annonce : « Mesdames et Messieurs, vous pouvez emprunter différents chemins. » Il nous dit que nous pouvons faire le voyage du Védanta, c'est-à-dire choisir le chemin de la non-dualité. Nous pouvons aussi nous engager sur la route du « Neti, neti — Pas ceci, pas ceci. » Quand il nous dit : « Lorsque vous ferez le dehors comme le dedans », il nous enseigne que lorsque nous opposons ce qui relève du domaine du particulier à ce qui appartient au domaine de la généralisation, nous ne sommes pas dans le domaine du Divin. Puis, il dit : « Si vous faites le mâle et la femelle en un seul, afin que le mâle ne soit plus mâle et que la femelle ne soit plus femelle, (...) alors vous entrerez dans le Royaume. » Ceci est la voie du Tantra. Ensuite Il déclare : « D'ac ! Si ces trois chemins ne sont pas sur votre route, que diriez-vous d'un quatrième ? "Lorsqu'à la place d'un œil vous ferez des yeux, et une main à la place d'une main, et un pied à la place d'un pied, et une image à la place d'une image..." » Il nous dit alors : « D'ac, on va faire uniquement avec ce que vous avez ! Vous ne savez pas que vous avez un œil. Lorsque vous remplacerez ce que vous prenez pour votre œil par un œil authentique, cela sera pas mal du tout. Il se peut que vous pensiez avoir des mains, mais vous ne savez pas que vous avez des mains. C'est tout de l'ego. Lorsque vous saurez vraiment que ceci est une main, lorsque vous ferez une main à la place d'une main, vous serez dans la bonne voie. Elle vous conduira au Royaume. » C'est du Zen à cent pour cent ! Il a donné à ses disciples le choix entre quatre chemins spirituels, quatre possibilités de s'engager. Et chacune vous emmènera à bon port, à condition que vous fassiez vraiment votre *sadhana*. Choisissez la voie qui vous convient.

Secret 57

DANS LA CONSCIENCE ÉVEILLÉE IL N'Y A PLACE QUE POUR LE UN

Lorsque deux personnes se regardent en étant tout simplement heureuses d'être ensemble, ce n'est pas la communion sexuelle. La communion sexuelle a lieu lorsque la *Chambre* [81] créée par les partenaires est un espace de *conscience parfaitement éveillée* — lorsque les deux personnes impliquées n'ont plus aucune importance. Même « qui elles sont » est hors de propos, parce que la conscience est parfaitement éveillée. C'est à cela que devrait aboutir le type d'union sexuelle qui est faire l'amour.

Deux personnes peuvent obtenir ce résultat, si elles l'ont en tête au moment où elles entreprennent de faire l'amour.

Maintenant, il est possible qu'une des deux personnes y arrive sans l'autre, et c'est à ce phénomène que se rapporte l'initiation tantrique. Ce n'est pas tout ce dont elle traite, mais lors de l'initiation tantrique, l'initiateur, ou l'initiatrice, peut produire cet effet chez l'initié. Le rôle que tient la prêtresse dans le Travail tantrique consiste à *être* déjà cette conscience. Elle est semblable au maître spirituel. Elle peut faire naître chez le novice l'état d'esprit de la conscience éveillée et libre.

Si vous fonctionnez à partir de la conscience éveillée, votre attention se posera sur ce qui a besoin de l'influence divine à ce moment précis. Vous n'avez pas une attention qui scrute. Votre attention est tout ouverte, constante et inébranlable, elle est attirée par ce que demande d'elle la conscience éveillée. L'attention est alors contenue dans cette demande.

La communion est ce qui doit se produire. Certaines *Chambres* sont accessibles seulement s'il y a le « Un » — un espace d'unité.

Parfois, la personne peut entrer par hasard et arbitrairement dans cette non-dualité, dans cet « état unifié ». (Elle ne sait pas comment cela s'est produit, mais une fois qu'elle y est, c'est fabuleux.) Il arrive qu'en vue d'atteindre ce résultat, il faut que ce qui constitue « deux » soit épuisé. Et quelquefois, la façon de s'y prendre pour épuiser ce « deux » consiste à avoir une relation sexuelle prolongée. Mais, une telle façon de faire l'amour peut, au bout d'un certain temps, devenir assez ennuyeuse. Donc, comment allez-vous procéder ? Vous voilà en train d'avoir une relation sexuelle en plein cœur de l'ennui — alors que votre but est d'être au cœur de la communion. Si le processus alchimique est toujours en cours, vous verrez que la *machine*[82] utilisée n'a pas du tout lieu d'être et alors, il ne restera plus que le « Un » dans la *Chambre*.

La communion est le résultat final à atteindre, celui qui fait qu'il n'y a plus que le « Un » dans la *Chambre*. Pourquoi ? Ce n'est pas notre affaire. Aussi bizarre que cela puisse paraître, cela ne nous regarde pas. Cela concerne qui se nourrit de ce qui est produit lorsqu'il n'y a que le « Un » dans la *Chambre*. Quoi que ce soit que cela nourrisse, c'est cela qui fait la loi. On ne sait pas pourquoi. Je pourrais avancer des tas d'explications métaphysiques compliquées, mais aucune ne donnerait la raison. Le « pourquoi » n'est pas notre affaire. Par contre, *créer* l'état de communion est notre affaire. Pourquoi cette création nous concerne-t-elle ? Parce qu'elle nous a été donnée et que les bienfaits qui en découlent parlent d'eux-mêmes.

*
* *

Lorsque l'on considère la sexualité dans le cadre d'un chemin spirituel, la question qui vient à l'esprit est de savoir si la révélation tantrique — qui se rapporte à l'unité ou au fait de devenir «Un» — se produit à l'intérieur de soi ou à l'extérieur de soi. Est-ce que la révélation tantrique liée à la sexualité se fait chez la personne en sa qualité de partenaire, ou est-ce qu'elle se fait uniquement dans son monde intérieur le plus profond ?

Selon moi, à moins que l'union ne soit réalisée en soi, toute possibilité d'union en dehors de soi est quasiment nulle. D'autre part, une fois que cette unité s'est produite à l'intérieur de soi, tous les arguments qui pourraient servir à nier la nature authentique ou la manifestation de la *dualité éveillée* [83] (qui inclut la sexualité) n'ont plus aucune raison d'être.

La dynamique qui se perpétue dans la relation entre un homme et une femme, en présumant qu'aucun des deux n'a découvert cette union des polarités essentielles masculines et féminines à l'intérieur d'eux-mêmes, offre l'arène appropriée où les deux partenaires peuvent découvrir cela, individuellement et en tant que couple.

La façon de gérer cette découverte dépend de la volonté des deux partenaires de faire passer la totalité de la compréhension qu'ils ont retirée de la science des polarités, avant leurs propres intérêts liés au pouvoir et au plaisir.

Secret 58

EN CE QUI CONCERNE LA RÉTENTION DE L'ORGASME

On peut entretenir deux types de relation avec la pratique sexuelle tantrique. Dans le premier, l'homme s'empêche d'éjaculer et la femme a autant d'orgasmes que son corps le lui demande pendant l'union sexuelle, mais elle se garde de provoquer l'orgasme chez son partenaire (à moins qu'il ne s'agisse d'un orgasme subtil vécu par la totalité du corps). Dans le deuxième, l'homme et la femme, tous les deux, se retiennent d'avoir un orgasme et travaillent avec la charge énergétique qui s'accumule lorsque le corps et le psychisme réclament l'orgasme.

Dans le deuxième cas, où les partenaires se retiennent d'avoir un orgasme, ils vont jusqu'au « bord » de l'orgasme et utilisent la tension ainsi provoquée. Ils se servent de l'énergie générée pour se stabiliser à un palier, puis ils se mettent à travailler pour s'élever au niveau suivant. Ils continuent à travailler dans une montée vers l'orgasme, se stabilisant à un niveau de tension qui précède l'orgasme, et puis ils continuent à travailler avec l'intensité pour atteindre le niveau supérieur.

La dynamique énergétique de la pratique tantrique étant essentiellement alchimique, on peut utiliser cette pratique pour aider et encourager le processus de transformation. Par contre, envisager ne *jamais* avoir d'orgasme est une idée utopique, absolue et inapplicable. En conséquence, l'homme et la femme, tous les deux, peuvent commencer leur pratique par la rétention de l'orgasme, sans toutefois l'éliminer complètement.

Lors des relations sexuelles, essayez-vous à ne pas avoir d'orgasme au cours de l'union, sans nécessairement vouloir qu'il en soit ainsi chaque fois. Expérimentez un peu, mais ne vous enfermez pas dans une approche spécifique. Pour l'homme, il est des circonstances où l'orgasme éjaculatoire peut servir un but très précis dans la *Chambre* où le couple voyage alors. Si à ce moment-là l'orgasme n'avait pas lieu, tout un éventail de possibilités s'en trouverait réduit d'autant.

Il est parfaitement compréhensible que les partenaires du couple qui abordent cet aspect de la pratique soient un peu effrayés et peu sûrs d'eux. Pas mal d'hommes trouvent l'idée de conserver l'orgasme assez bizarre. Il se peut que les premières fois où les hommes n'ont pas d'orgasme, ceci se produise accidentellement. Ils ont beau lire des livres qui traitent de l'énergie tantrique et s'y essayer, l'inspiration risque vraiment de leur faire défaut au début.

Au cours de ce processus expérimental, il est très important de respecter réciproquement les réponses de l'autre. Parfois, il suffit d'une fraction de seconde pour influer sur le cours des choses ! Une bonne évaluation de la durée permet de rester assez longtemps au sommet de l'intensité avant l'orgasme, pour donner au corps la possibilité de se calmer, et de recommencer avec plus de force ensuite.

Cependant, être à l'écoute de ce qui se passe chez l'autre ne veut pas dire être tendu. La femme ne devrait pas passer son temps à avoir peur de faire éjaculer l'homme au cas où elle bougerait. D'autre part, si elle est complètement déchaînée, elle est aux antipodes de l'attention qu'elle doit porter à son partenaire.

Il n'est pas nécessaire que des jours avant d'avoir une relation sexuelle vous teniez à vous deux une conférence pour vous en parler. Il suffit généralement qu'avant l'union sexuelle vous soyez tacitement d'accord pour expérimenter l'énergie sexuelle transformatrice. Alors, vos radars sont « branchés » et vous pouvez y aller.

Je recommande aussi à l'homme et à la femme, mais surtout à la femme, d'envisager que l'énergie propre à l'orgasme puisse passer dans, et à travers, tout son corps — à travers le système nerveux — au lieu qu'elle se contente de la laisser échapper. Considérez que l'énergie peut littéralement être inversée, ce qui revient presque à la recycler.

(Je ne conseille pas d'appuyer sur certains points pour empêcher l'orgasme chez l'homme. Il est un point au niveau du périnée qui, s'il est activé, peut retarder l'orgasme masculin ou recycler la semence dans la vessie. Dans nombre de livres sur le Tantra cette méthode est très prisée, néanmoins, je ne la recommande pas, même si techniquement elle est juste. Ce que je recommande, c'est qu'il y ait un processus énergétique entre les partenaires.)

L'homme qui envisage que l'orgasme puisse se produire de façon interne, sans qu'il y ait éjaculation, est beaucoup plus patient et en communion avec sa partenaire, que s'il était harcelé par le besoin psychologique d'éjaculer. Même si l'orgasme interne, chez l'homme comme chez la femme, peut démarrer au niveau des parties génitales, il n'est pas localisé pour autant. Et dès que l'on a expérimenté l'orgasme interne, c'est celui que l'on recherchera le plus. En fait, la personne qui a goûté une ou deux fois à l'orgasme interne, n'aura pratiquement plus de demande psychologique pour l'orgasme génital. A l'occasion, cette demande continuera à se faire sentir (car elle est sacrément tenace), mais de façon moins régulière, dès lors que vous aurez compris comment inverser le circuit de l'énergie pour la faire passer à l'intérieur du corps, ou que vous saurez comment évoluer avec votre partenaire dans le cycle de ses énergies, et réciproquement.

Lorsque l'orgasme est intériorisé, il n'y a pas de détente après l'implosion. Tout le corps est bien plus «branché», d'une manière agréable. Lorsque l'orgasme implose, le corps ne s'arrête plus dans sa progression vers le sommet. (Ce qui, parfois, peut être déplaisant au lieu de procurer du plaisir.) Si vous voulez «voyager», il faut que vous soyez résolus à transformer l'énergie en combustible. Cependant, après un orgasme qui explose, puisque vous vous détendez, vous n'«allez» nulle part.

Le but à atteindre est la communion. Peu importe qu'elle se produise alors que vous êtes engagés dans le processus de rétention de l'orgasme ou parce que vous n'avez pas d'orgasme, ou après une activité sexuelle de quinze minutes ou de trois heures. Ce qui compte c'est d'être en communion avec l'autre.

Chacun des deux partenaires peut travailler indépendamment, avec son propre cycle énergétique interne, ou ils peuvent travailler ensemble avec le cycle qui leur est commun en tant qu'homme et femme. Si l'homme et la femme travaillent indépendamment l'un de l'autre, l'activité sexuelle devient semblable à un générateur sur lequel ils se seraient branchés. S'ils travaillent conjointement avec le cycle qui leur est commun en tant qu'homme et femme, alors les deux points de branchement au niveau du corps sont les parties génitales et le visage. Le branchement des énergies peut se faire dans le sens bouche – parties génitales ou dans le sens parties génitales – parties génitales. (Cela n'a pas d'importance.) Au niveau du visage, le branchement peut se faire en se regardant longuement dans les yeux ou en accordant sa respiration à celle de l'autre. Il peut donc se faire en s'embrassant sur la bouche, en respirant, en se regardant. (Je suppose que le branchement pourrait aussi s'effectuer au niveau du troisième œil, bien que je préfère qu'il se produise d'une manière qui vous soit plus habituelle. Si vous faites partie des mystiques adeptes du troisième œil, si chaque fois que vous méditez, votre troisième œil se met à vibrer et à vous parler, alors je croirais volontiers que le branchement au niveau du troisième œil vous soit particulièrement conseillé.) Pour la vaste majorité d'entre vous, qui ne sont pas constamment absorbés par le yoga et les phénomènes liés au troisième œil, les points de branchement restent les yeux, la respiration, la bouche et les parties génitales.

Les partenaires habitués au contact bouche – parties génitales doivent continuer à pratiquer ainsi, afin que le cycle mâle-femelle soit branché de la façon la plus optimale. Le branchement effectué dans le sens parties génitales – parties génitales permet, sans que le courant énergétique soit interrompu, à l'un des partenaires d'embrasser l'autre dans le cou, et celui qui est embrassé peut continuer à respirer rythmiquement. Vous pouvez être littéralement face à face, mais cela n'est pas indispensable. (En fait, être face à face peut tourner à la rigolade ; si on ne veut pas changer l'atmosphère entre partenaires, il est préférable de ne pas éclater de rire. Par ailleurs, si vous prenez le truc trop au sérieux, vous serez physiquement tendus, ce qui gênera votre façon de vous abandonner l'un à l'autre.) Il faut vraiment que vous soyez aussi détendus que possible (ce qui parfois est difficile, tellement vous misez sur la chose).

Il est possible que la femme veuille retenir son orgasme uniquement pour voir ce que son corps va en faire, pour sentir par où va passer l'énergie et la suivre dans la direction qu'elle lui indiquera.

Quelle que soit l'activité sexuelle en cours, il faut vous fier à votre instinct et obéir aux signaux qu'il émet. Il est parfois possible que l'instinct vous fasse sentir qu'il ne faut pas que vous ayez un orgasme à ce moment-là ; d'autres fois, les signaux n'apparaîtront pas clairement. Cependant, lorsque les signes sont clairs, obéissez-leur autant que faire se peut. A d'autres moments, les partenaires planent vraiment et l'union sexuelle est tout bonnement fabuleuse, mais il est évident que quelque chose est en train de leur dire : « Ralentissez, ne bougez plus, reposez-vous l'un dans l'autre, reliez-vous l'un à l'autre, laissez-vous aller dans les bras l'un de l'autre. » Cependant, il arrive souvent que le couple refuse d'obéir. Pensez donc, cela fait un moment que tous deux attendent un nuit pareille et ils ne veulent pas la laisser filer... Pourtant, je vous conseille *d'entendre le message, lorsqu'il est clair*. La clarté du message dépend de la réussite de la transformation chimique opérée cette nuit-là.

Dans le Travail sexuel que vous faites ensemble, vous arriverez à des moments cruciaux, qui vous permettront d'atteindre un certain niveau ou un plateau. Vous pourrez y rester, ce qui en soi peut être magnifique, sans que cela vous empêche par la suite de continuer à vivre une relation sexuelle très réussie. Néanmoins, rester à ce niveau revient à stagner et, tôt ou tard, un processus de dégradation s'installera. Donc, soit vous grandissez, soit vous stagnez, soit vous vous détériorez. Si vous pouvez continuer à grandir, vous verrez que d'un point de vue absolu, même la dégradation se recycle en progression. La mort elle-même devient « une autre forme de voyage », au lieu d'être le refus : « Oh non, je vais mourir ! » La mort est synonyme de dégradation pour les personnes qui ne sont pas disposées à vouloir grandir en permanence, alors, elles lui opposent tout un arsenal de défenses.

Donc, dans le Travail sexuel, vous arrivez à des moments cruciaux. Ce qui ne veut pas dire que l'union sexuelle devienne meilleure ou plus jouissive. Mais cela peut vouloir dire qu'en profondeur la communion se teinte d'une nuance que vous ne lui aviez encore jamais vue. Son goût est différent.

Tant que vous ne l'aurez pas vécu, vous ne pourrez pas savoir de quoi il s'agit !

*
* *

Beaucoup de femmes ont été élevées dans l'idée que leur travail consiste à satisfaire l'homme. La publicité des quarante ou cinquante dernières années s'efforçait de faire croire aux femmes que leur seul boulot, leur unique raison d'être, était de faire plaisir à leur homme (sans oublier qu'elles devaient avoir des enfants et nettoyer la maison). En conséquence, si la femme ne fait pas éjaculer l'homme, elle le croit insatisfait et se dit qu'elle a manqué à tous ses devoirs. Dans la tête de la femme, il y a un programme avec des données profondes, primaires, psychiques qui lui soufflent : « S'il n'éjacule pas, il ne sera pas heureux et, moi, j'aurai échoué dans mon rôle de femme. »

Lorsqu'on aborde la question de la rétention de l'orgasme, on peut se heurter, surtout au début (mais habituellement cela ne dure pas longtemps) à beaucoup d'hésitations, parce que la femme ne veut pas que l'homme n'éjacule pas. Si, en tant que femme, vous prenez la peine d'étudier cette hésitation en profondeur, vous verrez, comme je l'ai dit, qu'elle prend racine dans la notion d'imperfection et d'échec. La femme risque de se ressentir imparfaite et incapable, même si l'homme lui explique : « Tu sais, je me sens bien mieux quand je n'éjacule pas. Après avoir éjaculé, je suis à plat. Si je n'éjacule pas, je m'occupe bien plus de toi. » Dans ce domaine, on trouve une insécurité fondamentale.

Il est physiologiquement relativement facile de ne pas avoir d'orgasme, cependant, le fait de retenir l'orgasme a des répercussions de la plus haute importance, aux niveaux émotionnel et psychologique, avec lesquelles vous devez travailler. Ceci est valable plus pour l'homme que pour la femme ; il est beaucoup plus facile à la femme de re-sensibiliser son corps qu'à l'homme. L'homme, lui, a « besoin » de l'éjaculation génitale pour se sentir vraiment homme ! Les ajustements psychologiques qu'il faut nécessairement effectuer avant d'entreprendre les pratiques tantriques, représentent l'occasion rêvée pour travailler sur soi. Toute la « merde » que vous avez enfouie pendant des années remonte à la surface. Je ne parle pas des trucs qui consistent, par exemple, à vous demander chaque soir si vous allez pouvoir bander. Tout ce genre de questionnements à la gomme est très superficiel, il ne concerne que l'image que vous avez de vous-même et votre ressenti, plus ou moins fort, de macho. Le principal et profond blocage sexuel concerne le rapport à l'orgasme éjaculatoire.

L'homme qui a dominé les aspects psychologiques liés à la rétention de l'éjaculation, et qui la pratique, s'aperçoit que son corps éprouve périodiquement, et de façon cyclique, un puissant besoin d'éjaculer (et de le faire aussi vite que possible afin de pouvoir passer à autre chose). Si l'homme dépasse ce stade, après en avoir été néanmoins prisonnier pendant peut-être trois quarts d'heure, son corps se calme (à moins que notre homme ne soit en train de « baiser » comme un dingue). Mais s'il module son activité sexuelle, s'il arrive à dépasser la deuxième pulsion qui le pousse à vouloir un orgasme, alors, à nouveau, son corps s'apaise complètement. Mais, au lieu de pouvoir rester tranquillement allongé pour ne pas éjaculer, l'homme ressent toute la puissance de l'énergie sexuelle accumulée auparavant qui, encore une fois, le pousse à bouger. A nouveau, il lui faut dépasser ce stade... Ainsi, il se constitue un cycle.

Je ne sais pas si ce que je vais expliquer s'applique à la femme, mais plus l'homme avance dans son cycle, et plus les étapes lui sont difficiles à franchir. Une fois les nœuds psychologiques défaits, l'homme passe facilement le premier cap, parce que la demande d'orgasme est encore très faible. Mais plus il vit la communion sexuelle, plus il ressent dans l'orgasme la promesse que son corps va exploser et être envoyé en morceaux

aux quatre coins de la pièce, et plus, chez lui, le besoin d'éjaculer se fait violemment ressentir. A chaque palier qu'il atteint, le terrible besoin d'avoir un orgasme éjaculatoire se calme littéralement pendant longtemps, et puis, brutalement, non seulement il apparaît à nouveau, mais il est encore plus violent que précédemment. Pour l'homme, plus l'activité sexuelle se prolonge, plus il y a de temps entre ses besoins d'orgasme éjaculatoire — la durée entre les cycles s'allonge d'elle-même.

*
* *

Il y a différents types d'orgasme éjaculatoire. Si un homme «lance son moteur» à toute blinde, puis se retient et reste sous pression, jusqu'à ce que l'orgasme parte de lui-même, alors l'éjaculation a tendance à être très puissante, totale, et après l'homme est épuisé. Mais si l'homme peut entrer détendu dans l'éjaculation, l'orgasme est tout autre, il ne le fatigue pas. Le système nerveux n'explose pas. Il y a tout simplement transfert d'énergie.

Lors de circonstances particulières, les propriétés chimiques des fluides sexuels de l'homme et de la femme sont des ingrédients alchimiques nécessaires dans «l'expérimentation» en cours (je me réfère à un phénomène qui se situe au-delà de l'interaction des énergies subtiles qui proviennent de la relation amoureuse entre un homme et une femme) et, dans ce cas, l'explosion de l'orgasme peut produire une réaction chimique, mais ne permettra pas à l'expérience d'aboutir. Elle l'arrête. Dans l'autre cas de figure, l'homme détendu dans l'éjaculation continue à produire la chimie nécessaire, mais sans les effets explosifs et fatigants. Lorsque les partenaires laissent l'éjaculation se faire et reposent réciproquement dans *l'être* de l'autre, il se produit un phénomène de sympathie physique. En étant ainsi ensemble, ils permettent aux réactions chimiques de leurs corps de démarrer un processus chimique encore plus subtil. Ils peuvent laisser le processus alchimique se diffuser en eux, et les emporter, au lieu de faire quoi que ce soit pour le provoquer.

*
* *

Dans la Chine des XIIème et XIIIème siècles, les hommes qui appartenaient à la classe supérieure étaient polygames. Nombreux étaient ceux qui avaient vingt à trente femmes, des concubines et des servantes. Il existait alors une science très exacte qui permettait au maître des lieux de rendre ses « hommages » à toutes les femmes de la maison. Sans éjaculer, il pompait les énergies *yin* de toutes ses femmes. A un moment donné dans le mois, alors qu'il avait absorbé toutes les forces *yin* de toutes ses femmes, le maître de maison se devait d'avoir une relation sexuelle avec sa première femme. Lors de cette union sexuelle, l'éjaculation se produisait et la première femme était entraînée à récupérer toutes les énergies *yin* de toutes les autres femmes, énergies qui avaient été accumulées dans l'homme pendant tout un mois. Donc, d'un certain point de vue, une somme d'énergie est accumulée, puis il y a une décharge qui permet de la faire circuler.

Néanmoins, ma façon de voir la chose diffère légèrement.

La description exotérique de la sexualité avec, chez l'homme, rétention de l'orgasme éjaculatoire, consiste à dire que l'homme entreprend une activité sexuelle avec la femme, au cours de laquelle il unit son énergie à la sienne. A partir de là, il y a deux versions possibles. La première : l'homme amène la femme jusqu'à un certain degré d'intensité, puis il éjacule. Le liquide séminal de la femme se mélange au sien et, ensuite, l'homme pompe littéralement le fluide de la femme, le fait monter en lui, par le biais de mécanismes physiques et musculaires. La deuxième : l'homme entreprend une activité sexuelle avec une femme et leur union génère une certaine charge d'énergie, que l'homme aspire et fait monter en lui par le biais d'un processus *psychique ou subtil*. Dans cette version, où il n'y a pas éjaculation — la semence absorbée s'élève le long de la colonne vertébrale jusqu'au cerveau. Une fois parvenue au cerveau, elle modifie chimiquement certaines sécrétions hormonales puis elle est filtrée et redescend dans le corps.

Il est fort désagréable de ne pas savoir si ce processus est physique ou subtil, mais j'aurais tendance à opter pour la théorie du processus subtil ; l'homme et la femme atteignent l'union et ils échangent leurs énergies. Dans l'échange d'énergies il se produit, à un moment donné, une transmutation alchimique au cours de laquelle les énergies cessent d'être essentiellement masculines ou féminines. Alors, dans ce cas, l'homme et la femme, tous les deux, peuvent bénéficier de cette énergie ; tandis que dans l'autre cas, l'homme aspire toute l'énergie *yin* de la femme, qui remplit seulement, pour ainsi dire, un rôle de générateur ou de réservoir.

Les fluides corporels de l'homme et de la femme jouent vraiment un rôle dans le processus d'échange d'énergies. En fait, pour ce processus, ils sont même vitaux. Mais une fois l'échange d'énergies terminé, ces fluides deviennent complètement secondaires. Par exemple, dès lors que la semence a rempli ses fonctions, elle devient une substance morte qui peut être rejetée. (Il ne s'agit là que d'une théorie, mais elle correspond à ma façon de comprendre le phénomène.)

Maintenant, la partie importante, bien évidemment, est de pouvoir s'assurer qu'il y a bien eu échange d'énergies. Les substances elles-mêmes ne peuvent pas être divinisées. Elles ne sont divinisées qu'en cas de transmutation de l'énergie, parce qu'alors se produit un changement de niveau, du plan physique au plan subtil. Le secret est donc de pouvoir être certain que la transmutation a eu lieu, car, à l'instar de tous les rituels alchimiques, si la substance est rejetée ou évacuée, avant que ne se produise la transmutation, l'expérience n'a plus aucune valeur et tout est à recommencer à zéro, ce qui revient au même que lorsque des guérisseurs passent des semaines, voire parfois des mois, à mettre au point un médicament ou des potions. Si, arrivés à ce stade de leurs recherches, ils commettent une seule erreur, tout le temps qu'ils ont investi dans leur travail est fichu en l'air et la formule qu'ils utilisaient devient inutile. De la même manière, si l'éjaculation se produit avant que le processus de transmutation ne soit terminé, tout ce qui aura été entrepris auparavant l'aura été en vain. Cela n'aura eu aucun sens. Votre travail ne sera effectif que si vous bouclez le cycle. A supposer que vous ne le fassiez pas, rien de mal ne se produira, mais vous ne retirerez aucun bénéfice de vos efforts et simplement, vous stagnerez.

*
* *

Au moment de la mort, à cause de la peur archaïque, une certaine « essence » est libérée. Selon la terminologie utilisée dans la Quatrième Voie, Gurdjieff donne à cette « essence » l'appellation de « nourriture pour la lune »[84]. Par exemple, la « lune » aime la guerre qui lui offre un festin unique de cadavres. La « lune » aime les luttes et les cris de ceux qui sont prisonniers de l'angoisse ; elle festoie avec la mort. Ce qu'il y a de plus précieux pour la lune, c'est la « nourriture » que libèrent les hommes pris dans les conflits émotionnels et qui se débattent pour survivre. Dès lors que vous ne fonctionnez plus dans le mode de survie, vous cessez d'intéresser la « lune ».

Il est des gens qui se réfèrent à l'orgasme en termes de « petite mort ». Si vous êtes un homme, et si vous êtes astucieux, vous « mourez » chaque fois que vous avez une relation sexuelle avec une femme, qu'il y ait orgasme éjaculatoire ou non. Et si vous êtes une femme, et que vous soyez rusée, vous « mourez » chaque fois que vous avez une relation sexuelle. Une telle « mort » engendre automatiquement une vie bien meilleure. En conséquence, lorsque vous serez vieux, et que votre corps s'apprêtera vraiment à mourir, vous ne « nourrirez pas la lune », parce que vous aurez déjà modifié votre capacité de travailler pour le Divin. La mort se réduira à un processus que vous aurez appris à utiliser. Elle n'aura plus le pouvoir de vous offenser dans votre chair ou dans votre aspect extérieur.

Effectivement, dans l'analogie entre la lune et la femme, si l'homme « meurt » en pénétrant la femme physiquement et spirituellement, elle ne trouvera plus aucun intérêt à le diriger, le dominer ou le materner. Mais s'il se refuse à « mourir », s'il la pénètre en conquérant, en personnage dominateur, en scientifique, elle fera de son mieux pour le « tuer ».

Là, précisément, entre en jeu le Travail que vous devez effectuer avec le pôle masculin et le pôle féminin. L'homme qui ressent qu'il ne peut pas faire confiance à la femme, éprouve ce ressenti parce qu'il n'a aucune envie de mourir dans les bras de la femme — à comprendre métaphoriquement, bien sûr. Il est tout bonnement terrifié en imaginant à quoi il ressemblerait une fois « mort ».

Donc, l'homme a un plus gros travail à fournir que la femme. Tout ce qu'il incombe à la femme de faire est de s'ouvrir à ce qu'elle est déjà. Mais l'homme, d'un point de vue relatif, doit devenir quelque chose de complètement différent de ce qu'il est. Le Travail avec les pôles Shiva/Shakti, s'il est compris dans cette perspective, est celui que nous devons effectuer «jusqu'à la venue du Messie».

Secret 59

FEMMES, QUE VOTRE ORGASME SOIT DANS VOS YEUX

Il est des femmes qui pensent que pour satisfaire l'homme dans la relation sexuelle, elles doivent gigoter dans tous les sens, geindre, être aussi actives que possible. Bien sûr, il en est d'autres qui sont terrifiées à l'idée qu'elle pourraient émettre le moindre son. (Et si la femme a peur de faire un petit bip, l'homme est paralysé.) En vérité, il est possible d'avoir un orgasme, de « s'éclater aux quatre coins de la planète », sans pour autant bouger. On peut atteindre les sommets de l'extase sans perdre d'énergie. (En fait, tout ce vacarme et toute cette gymnastique réduisent à quatre-vingt-dix pour cent la possibilité de vivre l'expérience sexuelle ; cela gêne le corps et détourne l'attention des centres supérieurs.) Si on leur donne le temps, toutes les montagnes finissent par devenir des vallées. L'expérience sexuelle la plus sublime se fait dans la vallée et non au sommet.

La femme sait que l'homme n'apprécie pas d'avoir un bout de bois mort dans le lit. Et, croyez-moi, c'est vrai ! La plupart des hommes n'aiment pas les bouts de bois, sauf s'ils sont verts. Néanmoins, c'est dans la vallée que l'on a le plus de chances de vivre pleinement la sexualité et l'échange. La communication avec l'autre peut passer tout autant par les yeux, la poitrine, les mains ou les cuisses, que par les cris et les gesticulations. Geindre au bon moment vaut mille hurlements.

Ce qui ne veut pas dire que vous devriez toujours réfréner votre corps. Par contre, si au lieu de rester naturelle, vous tombez dans un comportement sexuel névrotique, vous augmentez le nombre de schémas négatifs proposés par l'existence.

Le premier embrasement du corps peut être assez fabuleux. Cependant, si vous permettez à la tension de s'accumuler en vous, le sommet atteint lors du premier orgasme vous paraîtra semblable à une vallée, comparé au sommet atteint en maintenant la tension.

Cela n'a rien à voir avec le fait de ne jamais crier, ou bouger, ou de rester inerte. Remarquez, rester allongée immobile ne favorise pas spécialement la communion. Mais, imaginez ce qui pourrait bien se produire, si vous mettiez dans votre regard tout ce que votre corps a soif de vivre. Les femmes n'arrêtent pas de demander : « Comment puis-je servir mon compagnon, mon partenaire ? » Nous avons parlé du principe qui énonce que l'homme doit devenir *Femme*. Bon, alors, c'est dans la relation sexuelle que vous, femme, trouverez le moyen le plus facile d'aider votre compagnon à devenir *Femme* ; pour ce faire, il faut que vous mettiez votre orgasme dans vos yeux. Lorsque votre compagnon le verra là, la communication entre vous sera telle, qu'il deviendra votre esclave. Quinze années de tête-à-tête avec lui, ne vous feront jamais atteindre le niveau de communication que vous établirez en mettant cela dans vos yeux. Un homme qui voit cela dans les yeux d'une femme, une seule fois, est dédommagé pour quinze années de : « Il faut vachement que nous fassions quelque chose pour notre couple... », « T'as qu'à t'ouvrir... », « Je sais combien c'est dur pour vous les hommes... »

Secret 60

ÉLEVEZ-VOUS AU RANG D'INITIATEUR POUR L'AUTRE DANS LE COUPLE

On confère souvent au mot *courtisane* (86) un sens qui est loin d'être technique. On utilise habituellement ce terme pour parler d'une femme qui entretient une relation avec un homme marié. Cette façon d'employer le mot signifie : « l'autre femme » «... l'irrégulière ». En fait, il s'agit là d'une utilisation très irrespectueuse du terme.

Pour être précis, il faut comprendre que dans le cadre de la vie sexuelle, une *courtisane* est une femme dont le *centre de gravité* (85) est stabilisé au niveau du quatrième chakra (celui qui correspond au cœur) ou au-dessus. Si on prend le mot dans son sens technique, une femme ne pourrait être une *courtisane*, à moins que son centre de gravité ne soit à cette hauteur, sinon, elle n'aurait pas les qualités d'attention et de concentration qui lui sont demandées. Elle serait trop facilement distraite. Le mot, utilisé dans son sens technique, implique que l'une des fonctions de la *courtisane* est d'élever le centre de gravité de l'homme. Pour un homme, une *initiatrice* peut être sa femme ou, au cours d'un rituel, la partenaire initiée à l'art de créer en l'homme un courant d'énergie favorisant l'élévation de son centre de gravité. Donc, une *initiatrice* est précieuse pour l'homme dont le centre de gravité est situé plus bas que le sien, ou au même niveau mais non stabilisé. (A supposer que le centre de gravité de l'homme soit situé plus haut que celui de la femme, alors ce serait lui qui servirait d'*initiateur* à la femme.) Dans le mariage, à divers moments et dans des états d'esprit différents, chacun des conjoints peut servir d'*initiateur* ou d'*initiatrice* à l'autre.

Ce n'est pas la *courtisane* elle-même qui est capable d'élever et de stabiliser le centre de gravité de l'homme. C'est plutôt ce qui se produit à partir de son être, à partir de qui elle est dans sa relation au Divin.

La formation des *Geishas* leur permettait de pouvoir, volontairement, élever ou abaisser leur centre de gravité. Pour ce qui était de leurs possibilités, elles étaient très semblables aux *yoginis*. Elles pouvaient choisir sur quoi « centrer » leur attention, ce qui avait pour résultat que leur centre de gravité ne chutait jamais brutalement ou sans qu'elles s'y attendent.

L'homme dont le centre de gravité est principalement stabilisé au niveau du quatrième chakra ou au-dessus, n'a pas besoin d'*initiatrice*. On peut cependant considérer que, d'une certaine façon, un maître spirituel est un *initiateur* ; il en va de même pour le Bien-aimé. L'être humain cherche et aspire à être éternellement, de façon ininterrompue, en communion avec cet *initiateur* très particulier. Il s'en languit. C'est un état que les soufis qualifient de *ruine* ; les Bâuls, eux, en parlent en termes d'union à concrétiser avec *Maner Manush*, l'Homme du Cœur.

Ce qui permet à une femme d'élever son centre de gravité, c'est de se soumettre au corps de savoir dont elle est l'apprentie, c'est-à-dire de s'en remettre à son *initiateur*, d'être en communion avec lui, avec son bien-aimé.

Chaque femme devrait être une *initiatrice* pour son homme. Conséquemment, ce que je dis s'applique à toutes les femmes.

Pour pouvoir accomplir ce qui est demandé à la *courtisane*, il est d'une importance cruciale que la femme devienne invisible. L'absence d'invisibilité chamboule le processus. L'invisibilité est le moyen qui sert à transmettre ce à quoi servent vos fonctions sans qu'il y ait de flou, de malaises cachés, de pièges tendus. Le rôle de la *courtisane* n'a rien à voir avec le vécu dans la relation à deux, avec la vie sexuelle, avec l'union sexuelle où l'on s'éclate, ou avec l'union sexuelle cosmique. Il ne concerne pas plus l'amour ou la soumission à son compagnon. Les fonctions de la *courtisane* sont en rapport avec l'énergie. Elles concernent l'aboutissement du travail effectué sur le pôle masculin et le pôle féminin, elles ont à voir avec l'équilibrage des énergies et l'interaction des dynamismes énergétiques instaurés par ces pôles. L'*initiatrice* se doit d'être invisible attendu que les dynamismes énergétiques sont parfaitement impersonnels. Le point le plus bas du spectre correspond à l'instinct dans ce qu'il a de plus pur, à la procréation des espèces ; le point supérieur correspond à la création, au sens littéral du mot, de la femme à partir de l'homme, le jeu ultime de Shakti-Shiva où Shiva devient réellement Shakti. L'énergie féminine sort de la matrice de l'homme. Il s'agit là d'un thème commun à la mythologie de toutes les traditions, à condition que l'on remonte assez loin dans le temps. Le Travail de l'*initiateur* (de l'*initiatrice*) consiste à isoler et à définir certains aspects des polarités masculine-féminine, avant de les incarner.

Lorsqu'une femme joue à la fois le rôle de *courtisane* et de compagne, il faut que soient précisés les moments où elle entre dans la peau de la *courtisane*. Il est hors de question qu'une femme veuille être invisible *tout le temps*, sinon elle serait complètement impersonnelle avec son homme et il n'y aurait pas de relation possible entre eux. Dans l'absolu, la femme devrait être comme un caméléon, invisible lorsqu'il faut qu'elle le soit et visible lorsque c'est nécessaire. Ce n'est pas à elle de décider de son changement de couleur ; c'est son instinct qui lui dicte tout simplement de changer de couleur, selon les demandes de l'environnement. De toute évidence, pour ce faire, il faut qu'elle ait atteint un très haut niveau de conscience.

Un *initiateur* (une *initiatrice*) peut travailler selon trois dynamiques énergétiques. Dans le premier schéma, il(elle) travaille avec le centre du pouvoir (centre sexuel). Il(elle) définit, clarifie et détermine la dynamique énergétique de ce centre. Par exemple, si une nuit le centre du pouvoir a besoin de fonctionner, l'invisibilité va permettre à l'homme et à la femme de s'orienter vers la communion sexuelle dans le seul but de se mettre au service du développement et de l'évolution du centre du pouvoir. Il ne saurait alors être question qu'ils se regardent dans les yeux, s'admirent ou pensent au confort de l'autre, à son inconfort, à son odeur, à son aspect. La totalité de leur attention doit être dirigée sur le centre du pouvoir.

Dans le deuxième schéma, l'*initiateur* (l'*initiatrice*) travaille à élever le centre de gravité ; ce qui veut dire qu'il fait monter l'énergie ou la *kundalini* du chakra de base jusqu'au chakra coronal. Et ce processus peut également s'accomplir lors de l'échange sexuel.

Dans le troisième schéma, l'*initiateur* (l'*initiatrice*) travaille avec le principe qui repose sur être un Homme ou une Femme. (Pour effectuer ce genre de travail, il n'est pas nécessaire d'avoir une *courtisane* ; néanmoins, le rôle joué par une *courtisane* peut s'avérer utile.) Au lieu de se fondre en un homme lors d'une union cosmique Shiva-Shakti, l'*initiateur* (l'*initiatrice*) peut déterminer très clairement en lui la partie masculine de la partie féminine.

Ne soyez cependant jamais trop rigoureux en ce qui concerne ce genre de choses. Un compagnon qui joue aussi le rôle d'*initiateur* doit savoir faire la différence entre le moment où il a tout bonnement besoin de « baiser », et celui où il doit entrer dans le personnage de l'*initiateur*. Pour la femme qui vit une relation de couple avec un homme, il est des moments où la relation sexuelle n'est rien d'autre qu'une relation sexuelle, et il en est d'autres où la relation sexuelle n'est pas que la relation sexuelle. Là, cela devient très compliqué.

Secret 61

L'HOMME SERT DE CANAL À LA FEMME

La Déesse *est* l'univers. Donc, dans l'absolu, la femme n'a pas besoin de l'homme pour se brancher sur l'univers. Elle est l'univers.

Mais si la femme n'arrive pas vraiment à accéder à ce qu'elle est en tant que *Femme*, par exemple, si elle ne peut pas, lors de l'union sexuelle, aller à la source de sa propre féminité, il est alors possible à l'homme de lui servir de prise de courant pour qu'elle puisse recevoir l'énergie de l'univers. L'homme peut remettre la femme sur sa propre orbite.

Pour pouvoir utiliser cette solution, il faut que la femme en ait l'intention. Vous gardez en tête que l'homme peut, au cours de l'union sexuelle, vous servir de canal pour faire passer l'énergie, la vie, la révélation, la communion et la transcendance. Vous vous intégrez dans cette possibilité, ce qui ne veut pas dire qu'il vous faille regarder votre homme avec des yeux tout ronds parce que, au lieu de le voir lui, vous voyez un immense tube creux conduisant quelque part au fin fond de l'univers. Faites très attention à l'utilisation que vous faites des images nées de l'imagination ou de la méditation créatrice, elles sont bourrées de pièges.

Formulez-vous simplement en vous-même, que votre partenaire est un canal pour toutes ces choses et, ensuite, ayez fermement l'intention de vous servir de cette possibilité.

Secret 62

ÉTAT D'ESPRIT QUI CARACTÉRISE LA FEMME ET ADORATION

C'est l'adoration que lui porte l'homme qui permet à la femme de tirer profit de sa vie et c'est *sa* vie qui, à son tour, donne la vie *à* l'homme. En termes crus (en utilisant le plus bas dénominateur commun), une femme qui n'est pas adorée, c'est-à-dire qui n'est rien d'autre qu'un être humain de sexe féminin, est un morceau de viande morte, car c'est l'acte d'adoration qui lui transmet la vie. Il en est ainsi, mais dans ce domaine il faut que vous ayez *l'esprit qui ne tire pas de conclusions*, attendu que les choses ne sont pas ce que l'on pourrait croire. Faire preuve d'adoration ne veut pas dire qu'il faille que l'homme, avant d'entreprendre la relation sexuelle, brûle un bâton d'encens et fasse des génuflexions vides de sens, devant la femme. Faire preuve d'adoration n'est pas l'expression d'une sainteté fausse et vulgaire. Il ne s'agit pas d'une relation sujet-objet. On pourrait le croire vu de l'extérieur, mais cela n'a rien à voir avec quelqu'un du sexe masculin qui adorerait quelqu'un du sexe féminin. L'adoration consiste à se fondre en Dieu. (On peut dire tout autant que l'état d'adoration est la reconnaissance que tout sert continuellement le Travail, que l'on n'est jamais hors du champ de vision du Seigneur, que l'on est toujours sous le regard de Dieu.)

La Divinité est ce qui est *réel* et le travail de transformation de soi réside dans ce que nous faisons en pensant que cela va nous permettre de passer du réel au Réel. Donc, selon notre façon de parler, la Femme *est* le Travail. La relation que nous entretenons avec le Travail devrait être empreinte de gratitude et de crainte respectueuse. La gratitude et le respect prendront de la maturité ; la forme ultime sera l'adoration.

La personne qui veut avoir une compréhension juste de ce qu'est l'adoration doit commencer par la compréhension de la vigilance. (Avant qu'elle ne touche à sa fin, cette discussion portera sur la non-dualité, mais entre temps...) Lorsqu'un homme et une femme décident d'être ensemble, ils doivent se mettre au service de l'autre avec attention. L'acte de faire l'amour demande une attention inébranlable. Mais la façon dont l'homme s'accouple habituellement n'a rien à voir avec faire l'amour, car l'homme, tel qu'il a été conditionné dans son subconscient, localise l'union sexuelle dans les parties génitales. Le psychisme de l'homme fait une fixation névrotique en pensant que l'union sexuelle, les parties génitales, les rapports sexuels, l'orgasme, la domination, la manipulation et, au cœur de cet amalgame, la séparation, sont identiques. C'est pour cela que l'union sexuelle n'est pas faire l'amour. Faire l'amour commence là où s'arrête ce type de relation sexuelle.

*
 * *

Celui que je considère être *le* vrai baladin des temps modernes, Harry Chapin, était un artiste objectif. Sa musique touche tous les centres de l'être. Malheureusement, il y a quelques années, il succomba dans un accident de voiture. Une des chansons de Chapin, *Corey's Coming*, parle de la façon de centrer l'attention dans la tradition chamanique.

Si l'attention d'un homme est par habitude sans conscience, attirée par une femme ou quoi que ce soit de féminin, par la pornographie, par la réalisation immédiate de l'orgasme, ou par n'importe quel objet de ce type, il ne peut jamais centrer son attention avec intention. Pour pouvoir devenir vigilant de façon optimale, il faut être capable de voir comment son attention est attirée automatiquement (par distraction, fascination ou névrose) et apprendre à gérer cela. Même si votre motivation se situe au niveau organique — par exemple, si vous avez un trop plein d'énergie sexuelle et que vous êtes sans partenaire depuis des années — vous devez essayer de centrer votre attention en qualité d'individu éveillé, au lieu de le faire en étant endormi. Si vous n'y réussissez pas, vous serez emporté par ce que les bouddhistes nomment le « désir », or, d'après la deuxième loi énoncée par le Bouddha, le désir est la cause de toutes les souffrances.

Afin de pouvoir gérer votre attention, il faut que vous ayez l'intention de vivre seul(e). Ce qui ne signifie pas nécessairement que vous finirez par le faire, mais si vous ne *voulez* pas le faire, il vous sera impossible de contrôler votre attention, de lui permettre d'intégrer sa demeure — vous serez incapable de la placer là où elle doit résider. N'essayez pas de concevoir ce qui se produira une fois que vous serez arrivé à gérer votre attention, ne lui fixez pas de cadre, n'ayez pas d'attentes, pas d'idées préconçues ou toutes faites. Sinon, vous n'arrêterez pas de vous laisser fasciner et séduire, vous n'aurez aucun moyen de résister à l'attrait qu'exercent sur vous toutes les choses qui vous promettent l'accomplissement de vos désirs (ce qui pour l'ego signifie le paradis) ou le non-accomplissement de vos peurs et de vos résistances. Tout chaman a la volonté de vivre seul. Il est beaucoup plus rare qu'il le fasse, mais il en a la volonté.

Quelle que soit la puissance d'énergie sexuelle de l'homme, il n'a pas obligatoirement *besoin* d'une femme pour compagne. Ce qui ne veut pas dire que lorsqu'on s'associe à la personne qui nous convient, ce ne soit pas là un événement parfaitement normal, merveilleux, qui pour nous peut transformer la face du monde. Mais l'homme n'a pas *besoin* de la femme, l'homme a besoin de la *Femme*, ce qui est une tout autre histoire.

L'homme qui exerce un charme irrésistible est celui dont l'intérêt pour la femme ne se perçoit pas ; c'est un homme qui est lui-même, qui est situé dans son être. Lorsqu'une femme ne peut pas détecter si un homme s'intéresse à elle, il suffit généralement, à de rares exceptions près, qu'il lui dise un mot pour qu'elle se jette à ses pieds. La femme sait que ce type d'homme est capable de centrer son attention et qu'il peut donc l'adorer vraiment. Il peut l'adorer avec cette qualité d'adoration dont le Féminin, de façon objective, se languit en elle — il peut lui montrer de l'adoration, de l'adoration authentique, non pas un attachement névrotique à une personnalité individuelle, à une entité psychologique.

Un homme qui ne sait pas travailler avec son attention peut, par hasard, émouvoir une femme. Mais, grosso modo, ce qui se passe alors c'est qu'il la baise, jouit, roule sur le côté et s'endort, ou il allume une cigarette, saute sur ses pieds et s'écrie : « Je crève la dalle, pas toi ? » Autre scénario possible, il peut se comporter en tous points comme un gamin de cinq ans qui cherche sa maman. Vous voyez à quel genre d'homme je me réfère — le boute-en-train — celui qui, trois secondes après la fin de l'orgasme (le sien, bien entendu), bondit ou s'élance hors du lit et brame avec un enthousiasme répugnant, mais souvent d'une naïveté attendrissante : « Qu'est-ce que t'en dis, je cuisine une petite omelette... Ta préférée à la tomate et au gruyère... Ouais ?! »

C'est ainsi que font la moitié des hommes, et ceux qui appartiennent à l'autre moitié s'endorment tout de suite après. Donc, à vous de choisir.

*
* *

Etre attentif ne veut pas dire dévisager l'autre. Si vous le fixez sans arrêt, votre mental se met à fantasmer, à tourner dans tous les sens et vous êtes incapable de faire preuve d'une attention inébranlable. Pour fixer votre attention, il faut que vous fassiez appel à autre chose qu'à vos sens. Les sens interfèrent spontanément, c'est un fait ; néanmoins, ce ne sont pas eux qui vous permettront d'atteindre le but. Ce n'est pas en fixant votre regard sur l'autre, en dirigeant votre pensée dans une seule direction, en vous concentrant sur votre assise pendant la méditation, parfaitement avec chaque respiration, que vous arriverez à centrer, stabiliser, votre attention. Cela ne marche pas ainsi.

Pour adorer la *Femme*, il faut pouvoir suivre la « trace » de la *Femme* dans votre partenaire. Il s'agit là d'un fil conducteur qui ne vous sera pas donné consciemment. Seule, une femme extraordinaire saura vous montrer la bonne direction, et le fera consciemment. Une femme pointe dans la direction appropriée lorsqu'elle « s'abandonne dedans ». Le corps de la femme, *le* corps, montre toujours la direction ; il le fait souvent d'une manière parfaitement contraire à la personnalité de l'individu, à sa psychologie, à sa gestuelle et même à ce qui, chez elle, passe pour du discernement. C'est la *Femme* qui indique la direction et non le mental d'« une » femme.

Pour obtenir d'une femme qu'elle vous montre la direction, il vous faut trouver la *Femme*. Cette dernière ne correspond pas nécessairement à celle qui vous dit de rabattre le siège des toilettes, de visser le bouchon du tube de dentifrice et de mettre votre linge sale dans la panière à linge au lieu qu'il jonche le plancher de la chambre. Cette femme-là ne serait même pas capable de vous donner la direction si, assis à un bout de la table, vous lui demandiez le chemin pour aller à l'autre extrémité du meuble. Donc, il est de la plus haute importance que vous puissiez reconnaître *ce qui* indique la direction.

Une autre façon d'offrir à la *Femme* l'occasion de vous montrer la direction consiste à relâcher votre propre dynamique et à lui permettre de vous appeler. Lors de l'union sexuelle, si l'homme ne pense qu'à ses prouesses personnelles, il est certain qu'il ne donne pas à la *Femme* la possibilité de lui désigner quoi que ce soit. Ce genre de comportement ne laisse pas de place pour autre chose que le nombrilisme. Pour que la *Femme* puisse indiquer la direction à l'homme, celui-ci doit s'ouvrir à ce qu'elle n'a de cesse d'exprimer en sa qualité de *Femme* — il ne s'agit pas de la voix d'une femme en train de lui parler, ni de son expérience à elle, ni de ses émotions de femme. C'est ce qu'elle dit en tant que *Femme* dans son *essence*. Dès lors que l'homme sait ceci, il peut suivre la direction montrée par la *Femme*, qui la lui donne toujours.

Ce n'est pas au moment où la femme se fait monter comme une mayonnaise pour jouir, qu'elle vous communique les meilleures indications pour sortir du labyrinthe [87]. La femme qui est en train de geindre ne donne aucun indice. C'est entre les moments où elle geint qu'elle donne les réelles indications. L'homme se dit : « Ah, maintenant j'approche du but. Elle est sur les rotules... Ouais, les portes vont s'ouvrir. La femme hurle : « Ahh, Ahh, Ahh ! Ah, Seigneur ! Oh, Doux Jésus ! Ahhhh... » Ce ne sont pas les portes auxquelles vous pensez ! Elles sont d'un autre ordre. Les indices sont sous vos yeux lorsque la femme est complètement détendue. Elle parle par sa respiration, par sa gestuelle, par ses yeux.

Qui elle est indique toujours la direction. *Qui elle croit être* essaie généralement de transmettre ce qu'elle croit être la direction. C'est donc cela qui empêche à la direction que la *Femme* donne, de prévaloir et de se manifester clairement. « Dans le silence, et dans le silence seulement, saurez-vous qui Je suis. » Silence ne veut pas uniquement dire absence de parole. Les indices de la femme résident au cœur du silence et les rapports sexuels sont la plus pauvre et la plus grossière métaphore qui existe, pour décrire ce dont nous parlons. (Bien qu'étant une métaphore, la relation sexuelle vous offre cependant la possibilité de vous réaliser : « sur la terre comme au ciel ». Vous pouvez réaliser ce qu'il y a de plus élevé à travers ce qu'il y a de plus bas.)

Etre adorée permet à la femme de voir *qui elle est* : une fois qu'elle a vu *qui elle est*, elle s'est trouvée.

Certaines femmes ne réussissent pas à se laisser aller. Pour une femme qui est trop déstabilisée, il ne saurait être question de faire silence. Il est des femmes dont le corps fait obstacle, parce qu'il est tendu et sous pression, et qu'à moins d'être auparavant un peu nourri, caressé et satisfait, il ne peut coopérer. Sur un plan pratique, souvent, les personnes participant à tous ces ateliers tantriques et tape-à-l'œil, s'y entendent dire qu'elles doivent toujours rester au bord de l'orgasme et ne jamais tomber dedans. Cela marche bien pour quelques hommes ou quelques femmes. Néanmoins, pour la majorité des gens, il est impossible de parvenir à quoi que ce soit en suivant ce conseil parce qu'ils ne peuvent soutenir, prolonger le silence et que leurs corps ont trop de dissonances. Ils ont besoin d'un orgasme ou deux pour faire partir un peu de cette merde, et ensuite il est trop tard ; elles n'en ont plus rien à faire.

Le mental de la femme doit cesser de s'activer, afin que son corps lui serve de porte ouvrant sur ce qu'elle ne se sait même pas chercher. Le corps n'ouvrira jamais complètement la porte, si la femme n'arrête pas de tirer des réflexions et des conclusions alors qu'elle est en pleine activité sexuelle avec son compagnon. Je suppose que le mental de la femme est au point mort, pendant quelques secondes, lors de l'orgasme. Ceci mis à part, le mental de la femme peut aussi s'arrêter un bon moment, à condition qu'elle soit dans l'acte d'amour, qu'elle fasse l'amour et s'abandonne alors à la communion. C'est ainsi que le corps de la femme montre à l'homme tout ce qu'il a besoin de savoir et le guide vers son destin. Mais aussi longtemps que le mental de la femme est « branché », et peu importe qu'il soit tourné vers le bien-être de l'homme et le désir de le servir, il empêche le Divin d'intervenir positivement. Si le mental de la femme est « branché », son corps se met sur la longueur d'onde du mental et le corps ne peut pas répondre à son propre état d'innocence organique. Par contre, lorsque le corps répond à son propre état d'innocence organique, il enseigne tout à l'homme. (Il arrive parfois que l'homme ait un *aperçu* pendant l'orgasme de la femme, mais le flash qu'il a est si fulgurant qu'il ne lui permet pas de suivre la trace de ce qu'il a *aperçu*. Cela n'est pourtant pas impossible. Dans l'absolu, il suffit à l'homme d'une seconde ou deux pour bondir dans cet espace que libère l'orgasme de la femme, mais en général, il est trop fier d'avoir provoqué un tel orgasme pour être capable de trouver la porte, ou de voir la porte quand elle s'ouvre.)

Au cas où elle serait frustrée parce que son partenaire n'est pas un « homme authentique », la femme ferait erreur. C'est à la femme qu'il incombe de *faire* de l'homme un « homme authentique » en l'aidant à insuffler la vie en elle. Et lorsqu'elle naît à la vie en tant que femme, ce n'est que la première étape du processus. Une fois qu'une personne a été mise au monde de la sorte, elle peut s'atteler à quelque chose qui a vraiment du sens.

Cet état d'esprit qui accompagne l'acte de faire l'amour, de faire l'amour véritablement, s'infiltre dans tous les domaines de la vie ; il imprègne la vie tout entière. Quand il commence à se faire sentir alors que vous êtes assis en face d'elle qui est à l'autre bout de la table, quand il commence à se faire sentir alors que vous allez tous les deux en voiture au cinéma, quand il commence à se faire sentir alors que vous êtes ensemble à une réunion mondaine, cela devient tellement antagoniste avec la matrice de l'ego, qui a pour habitude de tout diriger, que cet ego va essayer de tuer l'état d'esprit de la Femme, dès qu'il se montre. Même s'il sait ce que c'est et d'où cela vient, il essaiera de le tuer. C'est pour cette raison que la personne se doit de développer une habileté à mettre de l'intention, de la discipline et de la vigilance à chaque moment de sa pratique. Ceci est valable pour l'homme, comme pour la femme. Lorsque cet état d'esprit commence à percer dans la vie d'une femme, il est tout aussi menaçant pour elle que pour l'homme. C'est l'ego en général, pas spécifiquement celui de l'homme ou de la femme, qui est en danger.

L'état d'esprit de la *Femme* se rapporte aux sentiments et non aux pensées. L'état d'esprit de la *Femme* pense, cependant il s'agit d'un courant de conscience pensant et qui ne demande pas. Les sentiments ont des *demandes,* mais l'état d'esprit de la femme n'est que plénitude. A supposer qu'une femme qui se situe dans cet état d'esprit, sente le désir monter en elle et ait envie d'avoir une relation sexuelle, elle l'appréciera lorsqu'elle l'aura ; néanmoins, qu'elle puisse l'avoir ou non la laisse totalement indifférente, parce que cette femme est *déjà* satisfaite. Il n'y a plus rien ni personne pour *être* satisfait. Il n'y a que la satisfaction. La *Femme* est déjà satisfaite. La personne qui éprouve ce genre de satisfaction ne peut plus obéir à son estomac, ses parties génitales, ses yeux ou ses oreilles. C'est le Travail qui la dirige, non les éléments qui constituent sa personnalité ou ses schémas psychologiques. Mais il faut du temps pour pouvoir faire confiance à ce type d'extase.

L'individu qui ne mange que des pommes et des poires pendant plusieurs mois peut développer une forme proche de cet état d'esprit comme certains « fruitivores » que j'ai rencontrés autrefois. La femme donnait l'impression de flotter dans la béatitude mais, en réalité, elle était plutôt malade. Ce qu'elle vivait s'apparentait dans la forme à l'état d'esprit de la Femme, tel que je le décris, mais ce dont je parle ne saurait être une simple carcasse ; c'est infiniment plus.

La description des qualités inhérentes à l'état d'esprit de la Femme pourrait s'appliquer à l'attitude qui caractérise l'éveil. La Femme est le Travail. L'éveil est le Travail. Donc, l'éveil est la Femme. (Bon ! Je n'ai jamais été doué pour la trigonométrie, mais j'avais malgré tout d'assez bonnes notes !)

*
* *

Si l'homme ne se relie pas à la femme telle qu'elle se croit être, même si sa façon de se voir est impropre, alors il n'y a pas de possibilités de découvrir la *Femme*. Je ne dis pas qu'il faille faire les quatre volontés d'une névrosée, néanmoins il faut reconnaître la personne qu'elle pense être, pour en tenir compte dans la relation. Vous devez commencer là où vous vous situez dans l'instant et non à partir d'éventuelles possibilités. Vous avez tous atteint un niveau relatif d'évolution et de maturité et vous avez besoin de servir et d'œuvrer, tant pour le travail immédiat de l'autre, que pour « l'ensemble du tableau ».

*
* *

Vous ne pouvez pas adorer consciemment, même avec les meilleures intentions du monde, mais vous pouvez vous orienter dans cette direction. Vous pouvez préparer de votre mieux le terrain sur lequel l'adoration grandira — et c'est ce que nous abordons d'un point de vue pratique.

Il n'y a pas besoin de s'engager dans une relation homme-femme dans le but de découvrir cela. Pas plus que de ne pas le faire.

La relation entre un homme et une femme est en tous points semblable à celle qui existe entre « *l'être* » (88) et la « *machine* » (89). Nul besoin de vivre une relation pour observer les comportements des hommes et des femmes. Certes, dans la relation vous pouvez pratiquer l'observation de façon plus pointue mais par ailleurs, vous rencontrez plus d'obstacles pour le faire. Ne vous contentez pas d'observer les hommes et les femmes en couple, observez le genre humain partout et n'importe où. Lorsque vous allez au supermarché, n'importe lequel, vous y voyez des types avec un bide aussi gros qu'une barrique, qui portent une ceinture dont la boucle fait la moitié de leur tête et qui sont certains que chaque femme qu'ils rencontrent en bout d'allée, les prend pour un don du ciel, un cadeau que le Seigneur aurait fait gracieusement à la gent féminine. Le marché aux puces est un autre endroit génial pour observer les hommes et les femmes. Allez-y et regardez tous les marchands. Attardez-vous sur leur façon de procéder avec chaque femme qui, certaine d'avoir entre les mains un « authentique bijou indien » et de faire une affaire, leur achète un collier en turquoises à dix francs quatre-vingt-quinze. Si vous observez de tels échanges entre hommes et femmes, vous pouvez être sûrs que vous avez sous les yeux l'espèce humaine en action. Et pas la peine de dire : « Ah, ouais, mais ceux-là sont tous des malades. » Soyez attentifs aux réactions des hommes qui regardent les catcheuses en train de patauger dans la boue, ou, si vous êtes un homme et que vous vouliez prendre votre vie en mains, allez à un spectacle de *strip-tease* masculin, bien qu'en général on n'y laisse pas entrer les hommes, et regardez les expressions se peindre sur le visage des femmes. Asseyez-vous dans la salle avec *l'esprit qui ne tire pas de conclusions*. C'est dans ces endroits que vous trouverez les réponses quant à savoir ce qui distingue « l'être » de la « machine ». Mais il faut que vous y alliez en étant ouvert au domaine des possibilités et non en vous situant dans celui des perceptions rationnelles. Moins vous tirerez de conclusions, plus vous aurez de chances d'être spontanément bousculé par ce que vous verrez.

Néanmoins, la machine est votre planche de salut. (Selon notre façon de parler, et dans la lignée de la pratique Bâul, nous pourrions dire : « Le corps sait. »)Vous n'arriverez pas au ciel en transcendant votre corps, mais en passant par lui. Votre boulot consiste à arrêter de voir votre corps de la façon dont il a toujours été perçu par les illusions de l'ego et à lui permettre de répondre instinctivement à son innocence organique. Dans cette tâche, il ne s'agit pas d'essayer, d'une manière ou d'une autre, de créer en vous une sorte de conscience subtile qui survivrait à la mort de votre « vieux sac poubelle ». Ce n'est pas le but. Le corps est le chemin. Le corps sait. Le mental ne sait rien du tout.

Ne faites pas l'erreur de penser que l'adoration est celle de *l'être* d'un homme envers une femme, car ce n'est pas cela. Opposez plutôt « l'être » à la « machine », au lieu d'imaginer la relation entre « un être » et « une machine ». L'information que vous retirerez de cette nouvelle façon de voir vous sera beaucoup plus utile. Il ne saurait être question de ramener cette discussion à un niveau personnel. Nous désirons qu'elle reste au niveau de l'être et de la machine, non de « moi et ma compagne » ou « moi et mon ami ». Ce principe (de l'être et de la machine) est celui qui marche. Par contre, si vous le reprenez à votre compte pour le ramener au niveau de l'homme et de la femme, il ne donnera rien de bon. Et pourtant, vous êtes en même temps des hommes et des femmes et vous ne devez pas oublier que c'est la réalité avec laquelle il vous faut travailler. Alors que le principe, lui, est travaillé à travers vous.

* * *

Nous sommes *Femme* et c'est l'homme en nous qui a besoin d'adorer ce que nous sommes, afin d'amener ce que nous sommes à la vie. La conscience est « masculin ». Shiva est pure conscience, il est masculin. Shakti est le corps. Il ne peut y avoir Shakti sans Shiva. Shiva fait naître Parvati à la vie. Parvati s'assoit sur les genoux de Shiva et dit : « Maître vénéré, je suis morte. Comment puis-je être amenée à la vie ? » Shiva le lui explique et c'est cette explication qui est vraisemblablement contenue dans la *Guru Gita*. Les bases de la mythologie hindoue reposent sur l'adoration de la femme par l'homme et montrent comment il lui donne la vie. Mais Shiva n'adore pas Parvati à la façon dont vous vous imaginez l'adoration. Shiva est un ascète au plus haut degré. Il est dans une méditation tellement profonde, qu'il ne réalise même pas qu'elle est assise sur ses genoux. Ce n'est pas en jouant des paupières et en battant de ses longs cils noirs soyeux, ni en se montrant sentimental et romantique, qu'il l'adore.
Shiva domine Shakti, mais du point de vue de Shiva et de Shakti cela n'est pas de la domination. Seuls, les êtres qui ne sont pas éveillés y voient de la domination. Cela correspond au principe du judo qui est de « savoir perdre pour mieux gagner ». La personne qui pratique le judo ne lâche pas prise pour se faire envoyer au tapis. Elle lâche prise pour que son adversaire, obligé de lâcher prise, vienne la chercher et, en fin de compte, c'est elle qui a le dessus. Le meilleur judoka est celui

qui s'abandonne le plus facilement. Celui qui peut le mieux lâcher prise dominera, à la fin.

Il en va de même dans l'acte de faire l'amour : l'homme se jette aux pieds de la femme. Cependant, pour que la femme puisse accueillir l'homme qui s'est jeté à ses pieds, son mental n'a que deux possibilités de fonctionnement : soit il s'ouvre pour contenir l'homme, soit il s'arrête. Le mental est la cotte de maille, le voile, le mur.

Donc, en résumé : il y a en premier l'adoration, puis la *Femme* s'ouvre, puis l'homme est guidé. D'abord, la femme suit l'homme qui la guide. La femme ne s'ouvrira pas, à moins d'être adorée. L'homme adore, la femme s'ouvre. L'homme suit ce que lui montre l'ouverture — mais pour pouvoir suivre, il faut qu'il soit capable de diriger.

Secret 63

LA FEMME A ÉTÉ TRAHIE

La femme qui baigne dans la lumière de l'adoration ne s'éveille pas instantanément à son être authentique. Pourquoi ? Parce qu'elle a grandi dans une société dominée par les hommes, qui estropie les femmes. Elle ne peut pas facilement se décharger du poids de milliers d'années qui lui ont prouvé qu'elle se fait brutaliser et démolir dès lors qu'elle devient authentique, pleine d'énergie et vulnérable. Et elle est pour elle-même sa pire ennemie. La femme a aidé l'homme à la dominer : elle s'est appliquée à correspondre à l'image qu'il s'est faite d'elle (ou à ce qu'il veut pour elle). Jetez un coup d'œil sur les magazines « féminins » actuels et vous verrez ! Donc, pour ce genre de chose, la femme ne peut pas, du jour au lendemain, reconnaître qu'elle a été complice.

De surcroît, dans le cadre de la relation, en qui la femme pourrait-elle bien mettre sa confiance pour s'éveiller à elle-même ? Personne ! Toute sa vie, la femme a été trahie par les hommes, par d'autres femmes, par la publicité, par des émissions de télé du style : « Papa sait tout », par tous ces trucs. Elle ne peut, sur le champ, oublier et pardonner tout cela. Elle ne le peut pas.

Alors, l'homme demande : « Comment faut-il que je sois afin de pouvoir éveiller la *Femme* en ma compagne ? » A cela, je réponds : « Occupez-vous de ses fesses ! Pendant longtemps, vous n'avez rien d'autre à faire. Ce qui veut dire que vous devez lui faire sentir que vous l'approuvez, la reconnaissez ; il vous faut lui donner le temps de cicatriser et de se ressentir, dans son essence, en tant que *Femme*. »

« Mais, ajoute l'homme, vous n'avez aucune idée de ce que vous êtes en train de me demander ! Elle n'arrête pas de me donner des ordres. Elle est complètement névrosée et m'envoie toujours balader. »

Si l'homme veut que la femme avec laquelle il entretient une relation intime, s'éveille, il doit la faire baigner dans l'adoration aussi longtemps que nécessaire. Il faut qu'il lui serve de « sage-femme » jusqu'à ce qu'elle sorte de ses habitudes, très profondément ancrées, qui la poussent à se rendre invulnérable à ce qui, dans le passé, a toujours essayé de la détruire, de pomper son énergie, de profiter d'elle et de l'enchaîner.

Cette constatation s'applique également aux adolescentes en voie de devenir femmes. Il est de votre devoir de ne pas les trahir, contrairement à ce qui a été fait à leur mère et leurs grand-mères. Il s'agit d'une responsabilité que vous devez mettre en oeuvre dans les domaines pratiques de la vie courante. Pour ce faire, modérez votre autorité, tenez vos promesses et, si vous leur avez dit que vous les accompagneriez au cinéma, allez-y. Inutile de vouloir les calmer en leur faisant miroiter des choses que vous ne pourrez pas leur donner. Gardez-les aussi longtemps que possible dans l'état d'innocence. Sans faire preuve d'un sentimentalisme dégoulinant et sirupeux, sans essayer de les manipuler, complimentez-les sur leur beauté et leur façon, à elles, d'être bien vivantes. N'essayez pas de leur faire gober les mensonges (les techniques de vente) du système patriarcal. Soyez en faveur de l'accouchement naturel, de l'allaitement au sein, d'une présentation physique simple.

Vous devez leur servir d'exemple pour leur montrer comment vivre consciemment et avec le sens de l'honneur. Si ces jeunes filles voient les couples se défaire chaque mois, ou si elles voient leur mère (leur père) changer quatre fois de partenaire par an, elles copieront exactement ces comportements et entreront dans la même dynamique. Et, à la seconde où elles joueront à cela, elles souffriront, elles seront blessées par un mode de vie négatif. Elles ne connaîtront pas la constance, l'adoration, la joie ou la satisfaction. Par contre, elles récolteront la souffrance, la frustration et la destruction.

La femme a un rôle à tenir pour être adorée et pour que s'éveille en elle la *Femme*. Il faut qu'elle soit à même de faire la différence entre un homme qui l'adore de manière authentique, et un homme qui l'adule, la flatte, la séduit. La femme qui se sent vraiment adorée et respectée pour ce qu'elle est, doit se concentrer sur cela ; elle ne doit pas faire porter à l'homme qui l'adore le poids des erreurs commises par toute la gent masculine depuis la nuit des temps.

La femme n'arrive pas facilement à s'empêcher de faire payer son homme pour tous les hommes. Parce qu'elle y a été obligée, la femme a développé des mécanismes d'auto défense. Elle a instauré une dynamique qui repose beaucoup plus sur l'instinct de conservation, que sur une haine fondamentale de l'homme et le désir de le repousser. A condition qu'elle s'établisse dans l'adoration, au lieu de se fixer sur le vécu social qui est de l'histoire ancienne, la femme peut faire assez facilement la différence dont nous venons de parler. Ne pas s'y appliquer revient au même que de continuer à blâmer tous les Blancs pour l'esclavage et les souffrances infligés aux Noirs, tous les Allemands pour les atrocités perpétrées par Hitler, tous les chrétiens pour les pogroms dont ont souffert les juifs.

La femme a la réaction psychologique qui consiste à demander à l'homme qu'il lui prouve que son adoration n'est pas passagère, et qu'aussitôt qu'il aura eu les friandises, c'est-à-dire la relation sexuelle, l'argent ou n'importe quoi qui relève du domaine de ce que l'homme demande à la femme, il n'arrêtera pas de l'adorer. Il est certain que l'homme qui adore vraiment la femme ne voudra pas « quelque chose » d'elle, à l'exception de voir son être éveillé, de la voir « vivante ». C'est cela qui doit être montré, tous les jours, pendant longtemps. En attendant, il faut qu'il lui donne des preuves dans le quotidien.

Secret 64

Transcender la sexualité

L'orgasme n'est pas ou ne devrait pas être le résultat final de la relation sexuelle. C'est à partir du besoin d'avoir un orgasme que vous voyagez. C'est cela, transcender la sexualité. Puis, vous transcendez l'amour, à condition de permettre au processus de continuer d'évoluer. Laissez-le suivre l'évolution naturelle de sa dynamique énergétique et il se déploiera de lui-même. Je suis désolé de vous dire que ce que vous découvrirez alors, et qui va être un choc terrible pour pas mal d'entre vous, c'est que vous aurez tendance à dépasser l'union sexuelle, telle que vous l'avez toujours connue. Ce qui ne veut pas dire que, dans certaines conditions et selon votre état d'âme du moment, vous vous en passerez ; mais vous aurez tout bonnement tendance à être bien au-dessus de ce qui vous motivait habituellement et vous ne ferez plus les gestes narcissiques de la sexualité non transmuée. Dans l'absolu, lorsque la béatitude trouvée dans la vie authentique rayonne de vous, vous entrez par hasard dans la relation sexuelle avec votre bien-aimé(e) et vous en retirez tout autant de plaisir que quoi que ce soit que vous fassiez qui baigne dans la béatitude. La relation sexuelle est devenue accidentelle et spécifique à ce qui se passe entre vous et votre amant(e). Elle fait partie de ce qui vous relie naturellement. Généralement, elle ne sert plus qu'à masser un nœud ou un blocage psychologique.

Pourquoi l'être humain a-t-il tellement besoin de l'union sexuelle ? A cause de ce qu'elle lui permet de ressentir ? En réalité, c'est parce que, *quelque part*, au cours de l'union sexuelle, il meurt. Lors de l'union sexuelle, il meurt, et c'est pour cela qu'il la recherche. Il veut désespérément mourir, il veut en finir avec la souffrance. Il veut éperdument renaître afin de ressentir. Il n'en peut plus d'être endormi. Il veut s'éveiller. C'est tout cela qui fait l'attrait de l'union sexuelle. Elle n'a véritablement rien de plus que tout ce qui se produit dans une vie spirituelle authentique. La vie spirituelle authentique se résume au vécu conscient et objectif de ce qui se passe dans l'instant. Ce qui se passe dans l'instant, c'est d'être assis dans une salle de cinéma ; l'union sexuelle n'est pas plus importante que le fait de regarder un film. Si vous êtes en train d'avoir une relation sexuelle, alors ce qui compte est la relation sexuelle.

Vous découvrirez que vous aurez tendance à aller au-delà de l'union sexuelle telle que vous l'avez toujours vue, comme un soulagement, un plaisir, un temps fort de la soirée ou de la journée, une douceur dans l'après-midi, un moyen de manipuler ou d'être manipulé. Comme toutes les autres choses dans votre vie, la relation sexuelle y trouvera sa place, en qualité de réponse naturelle et spontanée à l'instant. Elle aura sa place instinctivement dans l'attitude, l'état d'esprit, le lieu et le temps appropriés. Telle que vous la vivez, l'union sexuelle n'est pas exempte de tensions. Il serait intéressant qu'elle le soit. Il s'agit là d'un point important. Tout naturellement, l'union sexuelle tendra à devenir simple ; elle sera un aspect détendu de votre vie à deux dans la pratique tantrique, ce qui, pour la plupart, est un long chemin. Cela se produit après des années de pratique approfondie, plutôt qu'au début.

Lorsque vous verrez la communion sexuelle pour ce qu'elle est véritablement, c'est-à-dire la communion avec la Déesse ou la communion avec Dieu, c'est selon votre sexe, alors le plaisir que vous en retirerez s'enracinera dans la réalité. Comme vous aurez cessé d'avoir soif de relations sexuelles, d'avoir des « attaques » psychologiques, vous ne donnerez plus au plaisir des proportions démesurées. Et, à partir de là, vous pourrez entreprendre le voyage, car il y a plus à découvrir. Lorsque vous êtes en communion avec votre partenaire, il se passe tellement plus que la relation et l'orgasme. Même lorsque la relation et l'orgasme s'accompagnent de sentiments agréables, de joie, d'attention pour l'autre, il reste encore plus à connaître. Mais, pour pouvoir goûter ce plus, il faut que les réactions de votre corps et de vos cellules partent de la réalité. Tout d'abord, il faut que vous enraciniez vos terminaisons nerveuses dans la réalité, ensuite, vous passerez à l'étape suivante. Vous ne serez jamais implantés dans la réalité, tant que vos terminaisons nerveuses seront hystériques.

En ce qui concerne cet enracinement dans la réalité, il se produit un drôle de truc : vous ne pensez pas à vous enraciner dans la réalité et, lorsque vous prenez racine, vous ne vous en rendez pas compte. C'est quelque chose de tout à fait banal. C'est pareil pour la relation sexuelle. Fini de vous dire : « La vache, cette fois-ci c'était super ! » Vous vous laissez dissoudre dans la relation. Et il y a plus. Donc, en premier, il vous faut enraciner ce que vous vivez dans la réalité, avant d'obtenir plus.

L'union sexuelle doit devenir l'amour et l'amour doit être transcendé. Vous n'avez pas à mettre une fin à l'union sexuelle. Vous n'avez pas à la transcender. Par contre, vous devez transcender les mécanismes ou les raisons habituelles qui vous poussent à avoir une relation sexuelle. La sexualité doit être transformée en amour et l'amour doit être transcendé. Qu'est-ce qui transcende l'amour ? Dieu. La sexualité se change en amour, mais afin d'aimer, il faut que vous viviez la dualité de l'amant(e) et du bien-aimé(e). Et cela également doit être transcendé. Il faut que se dissolve celui qui aime. Il faut que disparaisse l'amant(e). Donc, la sexualité, une fois transmuée en amour, qui en soi est une bien belle chose, doit être transformée également. L'amant(e) doit mourir. Donc, vous, qui êtes l'amant(e), devez mourir. Vous devez transcender l'amour et devenir l'essence même de la création; ce que nous appelons Dieu. Vous devez tout simplement être ce qui se produit en qualité de grand processus de l'évolution divine. Si ce qui se produit se trouve être l'union sexuelle, c'est ce qui se produit. Si ce qui se produit se trouve être un échange verbal, c'est ce qui se produit. Mais le commun des mortels, lorsqu'il a un échange verbal, a dans la tête l'autre échange, qui a lieu au niveau des parties génitales. En conséquence, ce n'est pas la forme qui doit être transcendée. Ce qui doit être transcendé c'est la *quête*, la névrose sexuelle obsessionnelle et exclusive.

Lorsque vous baisez, baisez. Ne vous occupez pas de savoir ce que veut dire chaque son qui sort de la bouche de votre partenaire ou chacun de ses gestes. Que votre corps fasse ce qu'il a envie de faire. Quand deux personnes laissent leur corps s'exprimer, l'harmonie entre elles est parfaite, qu'elles soient sur le lit, sur le plancher ou accrochées au mur. Lorsque vous baisez, baisez. N'allez pas interpréter, fantasmer, perfectionner, critiquer, condamner, culpabiliser et je ne sais trop quoi encore qui fait partie de vos habitudes mentales lors de la relation sexuelle. Vous ne fonctionnez pas ainsi par exemple, lorsque vous regardez. Lorsque vous regardez, vous regardez. Vous ne passez pas votre temps à vous sentir coupable, parce que vous êtes doté du sens de la vue. Vous transcenderez la sexualité, lorsque vous arriverez uniquement à baiser en baisant. Vous la transcenderez littéralement, parce qu'il y a plus que cela. Il y a infiniment plus, mais pour le découvrir, il vous faut d'abord faire ce que vous êtes en train de faire dans l'instant.

SIXIÈME PARTIE

S'APPROCHER DE DIEU [90]

Dans cette partie, qui est une conclusion, nous est révélé le dernier « secret » : l'amour pour Dieu. Doctrine profonde, exposée par Mr Lee et qui est son enseignement ultime. Il y aura fait allusion tout au long de ces pages, mais nulle part encore, ne l'a-t-il formulée de façon aussi poignante et directe.

Secret 65

SI VOUS VOUS LANGUISSEZ DU BIEN-AIMÉ, VOUS SEREZ GUIDÉ JUSQU'À LUI

Sur le plan pratique, la femme représente le bien-aimé pour l'homme. La relation que l'homme entretient avec la femme est semblable à celle de Shiva et Shakti. Ainsi, l'homme cherche la Déesse et avec tout être inférieur à la Déesse, il se sent trahi. Précédemment, nous avons vu en détails que lorsque l'homme pense être simplement un homme parce qu'il ne sait pas qu'il est l'Homme, il veut instinctivement avoir la révélation de la Femme. C'est alors qu'il se sent trahi puisqu'il ne trouve qu'une femme névrosée, âpre au gain, envieuse, bavarde, jalouse, possessive et dominatrice.

Comment réagit l'homme qui se sent floué ? Par la colère. Comment exprime-t-il sa colère ? Par la violence. Il la traduit physiquement, verbalement, psychiquement et dans ses émotions. En fait, il se peut que la bataille entre les sexes qui sévit de nos jours, ne résulte ni de milliers d'années de domination masculine, ni du besoin de la femme, tout aussi vieux, de se trouver. Il se peut que cette guerre vienne simplement du fait que l'homme porte des œillères et qu'il est incapable de voir les choses en profondeur. L'homme vit dans l'obscurité. Il ne sait pas comment trouver la Femme dans la femme. Il se sent trompé, parce qu'il n'est pas capable de voir la Déesse dans le monde manifesté. Donc, il attaque. Comment ? En faisant la guerre, en violant, en ayant recours à la violence, à la diffamation et depuis deux mille ans, à toutes les formes possibles d'esclavagisme de la femme ; sans parler de la partialité avec laquelle l'homme avilit la femme et lui porte préjudice. Et j'en passe.

Pour pousser un peu plus loin l'analogie, il est entièrement possible que l'être humain puisse trouver le bien-aimé en se languissant de lui. L'homme reconnaît le bien-aimé par l'absence de sa présence dans sa vie. De même, dans sa relation de couple et de manière générale dans toutes ses relations avec le sexe opposé, l'homme trouve la Femme lorsqu'il se languit d'elle, lorsqu'il reconnaît sa présence à travers son absence. L'être humain est à l'état de *ruine* ; ce n'est pas en s'unissant au Bien-aimé qu'il le trouve, c'est en languissant cette union au Bien-aimé, alors absente de sa vie. Après tout, ce n'est peut-être pas en demandant à la femme d'incarner la Déesse dans la moindre de ses respirations, ce qui en soi est impossible, que l'homme arrivera à ce qu'elle le sorte du labyrinthe. Par contre, cette impossibilité le fait tellement se languir et souffrir, qu'il se peut qu'il puisse utiliser sa souffrance comme fil conducteur pour le guider hors du labyrinthe. Il est possible que l'homme trouve la Déesse dans les affres, parce qu'il se languit de ne pouvoir s'unir à elle.

Secret 66

LA DÉESSE ET LE MAÎTRE

Si vous voulez une vie de compassion et de transformation alchimique, voici une façon très pratique de déceler les réponses qui vous seront alors utiles. Trouvez un maître qui vit, respire, saigne, pète, rote et pisse, parfois à jet continu, à d'autres moments, occasionnellement, et qui dans son essence, soit en même temps Celui qui Est, celui qui ne cesse jamais de vous faire l'amour, qu'il s'agisse d'un homme ou d'une femme.

La personne qui peut dépasser les contradictions et les peurs qui sévissent dans ce domaine, n'a plus qu'à recevoir la bénédiction de la Déesse et à se laisser guider par elle. (Notre attitude vis-à-vis de la Déesse peut être identique quel que soit notre sexe. Elle peut être très exactement la même.) Pourtant, paradoxalement, le maître est aussi celui qui est tout simplement à la tête du groupe d'explorateurs. Il est celui qui a accumulé le plus d'expériences et qui a le plus développé son « sixième » sens : c'est avec l'expérience et le *flair* qu'il dirige, sans carte, le groupe d'explorateurs hors du labyrinthe. La seule raison pour laquelle on pourrait suivre le guide réside dans le fait qu'il est la personne la moins susceptible de se fourvoyer en chemin, d'errer, de s'affaiblir ou de se laisser séduire.

Cependant, l'expérience n'en reste pas moins une expérience. Mais voici un secret qui est la clef pour arriver à « faire l'amour ». On n'apprend pas à faire l'amour. On peut apprendre en théorie à faire l'amour, mais compte tenu de tout ce qui rentre dans la formule alchimique pour la transformation, on n'arrivera pas à faire l'amour de cette façon. *Ce que nous sommes* lorsque nous nous permettons que l'on *nous fasse* l'amour *est* ce qui à son tour fait l'amour. Voilà. C'est le grand secret. Mais il faut vraiment vouloir que le Divin nous fasse l'amour ; que la divinité nous le fasse.

Secret 67

La dévotion
et la transformation alchimique

En Inde, les Bâuls du Bengale ont appris à utiliser la dévotion pour générer un processus alchimique de transmutation. Dans ce domaine, ils sont allés encore plus loin que ce que permet la pratique du bouddhisme tantrique. Les sectes Bâuls qui dérivent du bouddhisme Sahajiya (qui était très puissant en Inde) ont également puisé une partie de leurs connaissances chez les hindous Vaisnava et les soufis. Ils ont fait leur le principe philosophique fondamental qui traite de la fusion de l'énergie féminine et de l'énergie masculine, ainsi que le processus alchimique utilisé lors des rites initiatiques. Ils sont allés plus loin que les autres traditions dans la pratique des techniques respiratoires associées au travail musculaire. Par rapport à d'autres voies traditionnelles, tout en œuvrant sur les mêmes échanges d'énergies, ils ont amené la dévotion à un niveau où il n'est plus nécessaire de s'appuyer sur tous les procédés techniques (cependant, ils ont continué à les utiliser comme archétypes ou symboles).

Généralement, je me suis référé à la pratique sexuelle entre un homme et une femme. Il n'en reste pas moins que l'individu qui a réalisé dans sa chair l'aspect dévotionnel de la transmutation, est passé au-delà de la pratique qui tient compte du genre des sexes.

Il faut que la personne qui s'applique à travailler uniquement avec le processus *chimique*, ait une activité sexuelle relativement importante. Pourquoi ? Le processus chimique est habituellement faible et en conséquence, il a besoin d'être renforcé pour pouvoir acquérir une force d'impulsion. Néanmoins, dans l'aspect dévotionnel de la transmutation, l'homme et la femme utilisent aussi, lors de l'union sexuelle, le processus chimique, même si cette union se produit rarement et fortuitement. Pourquoi ? Parce que le processus de dévotion peut continuer le processus chimique pendant longtemps. La force du processus de dévotion est supérieure à la force du processus chimique.

Bien qu'il ne soit pas évident de s'en rendre compte, notre école essaie de se développer en tenant compte de la relation chimique entre un homme et une femme, en favorisant la prédominance d'une matrice de dévotion dans laquelle la transmutation de l'énergie sexuelle peut produire les résultats recherchés par les adeptes du Tantra.

Secret 68

Cœur brisé et blessure d'amour

L'humanité est dans la souffrance et cela n'a rien à voir avec les erreurs que nous avons commises. Il se peut que dans certains domaines, nos fautes soient venues ajouter un peu au poids de la souffrance. Il se peut que dans d'autres domaines, ce que nous avons accompli de positif ait un peu diminué le poids de la souffrance. Mais vivre, c'est souffrir. Le « cœur brisé » traduit cet état. Le cœur brisé ne se rapporte jamais au passé, mais toujours à ce qui est en train de se produire dans l'instant.

Lorsque nous réalisons que la vie est souffrance, nous nous rendons également compte que tout est Dieu — nous comprenons la « blessure d'amour » ! Donc, la « blessure d'amour » et le « cœur brisé » par la souffrance sont deux états qui se succèdent et qui sont caractéristiques de l'être humain : nous ressentons et vivons de manière empathique la souffrance de l'humanité et en même temps, nous réalisons que, quelque part, tous les êtres humains baignent complètement dans l'influence divine.

La compréhension que dans la vie tout se tient, fait se détendre le ressort de l'amour. La personne qui ressent que dans la vie tout est relié — il ne s'agit pas que des liens entre humains mais de tous ceux qui unissent les humains, les animaux, les plantes et toutes les formes d'existence — ne peut pas ne pas éprouver de l'amour. Que pourrions-nous ressentir d'autre, si ce n'est l'amour, lorsque nous comprenons que tout est la vie ? En face de cela, que pourrions-nous faire d'autre, sinon nous y soumettre ? S'il nous était donné, au moment où nous réalisons que tout est Dieu, de pouvoir entrer, de manière empathique ou télépathique, dans l'inconscient collectif de la race humaine, nous n'aurions plus qu'à nous faire sauter la cervelle ! Nous serions ensevelis sous un déluge de psychoses et de névroses. Par contre, lorsque nous ne vibrons pas uniquement pour les êtres humains, mais pour l'existence dans sa *totalité* — pour la vie dans sa vérité — alors, nous ressentons l'amour. Il se peut que nous nous mettions à pleurer, il se peut que nous nous mettions à rire, peu importe, nous ressentons l'amour. Mais nous ne pouvons éprouver l'amour sans éprouver, tout autant, que la vie est souffrance. Si nous n'avions pas acquis la connaissance inébranlable que dans la vie « tout est souffrance », vérité énoncée par le Bouddha[91], tout ce qu'alors nous exprimerions ne serait que pleurnicheries et nombrilisme sentimental.

Il ne saurait être question d'éviter d'être blessé. Chez la plupart d'entre vous, il y a certainement des tas de trucs que toute votre vie, vous avez refusé de ressentir : vous croyez qu'on attend de vous que vous transcendiez, d'une manière ou d'une autre, la « blessure d'amour » au lieu de lui permettre de vous diriger d'une certaine façon. Le jeu consiste à agir à partir de la réalité qu'est la « blessure d'amour ». « Que puis-je faire, la vie est ainsi !? » Si quelqu'un *sait* ce qu'il faut faire, alors il doit le *faire*. Toutes les théories s'évaporent à la lumière de l'évidence que nous devons agir en accord avec *le grand processus d'évolution divine*.

Il n'est pas demandé à la femme de s'approcher de la « blessure d'amour ». Il lui suffit de se laisser aller pour la trouver, c'est un des éléments vivants de son essence. Chez l'homme, il s'agit d'un élément plutôt endormi. Il faut donc que l'homme ait été cassé pour que la « blessure d'amour » bouge dans la faille béante. Ensuite, il lui reste à apprendre comment y descendre. Il le saura lorsqu'il prendra en considération la part féminine de sa nature. Pour ce faire, il peut s'entraîner à observer chez toutes les personnes avec lesquelles il aimerait avoir une relation amoureuse, leur réceptivité aux autres et la façon dont elles les « nourrissent ». En fait, ce sont là des qualités que nous aimons trouver chez un maximum de personnes. Cependant, nous sommes enclins à aller les chercher essentiellement chez un partenaire, un enfant, un ami intime ou un maître spirituel. (Tiens, c'est peut-être pour cela que les grands-mères ont toujours sur elles des photos de leurs petits-enfants. Lorsque grand-père veut descendre dans la « blessure d'amour », il suffit à grand-mère de sortir de sa poche la photo de leur petit-fils et de dire : « Jette un œil là-dessus, Henri. Ça va tout de suite te remettre les idées en place ! »)

Si vous avez besoin de *stimuli* pour accéder au « cœur brisé », il en existe quelques-uns. A supposer que j'aie à en trouver, il me suffit d'aller au supermarché et d'y observer la façon dont les adultes traitent les enfants. Je suis alors torturé à tel point que je plonge directement dans un ressenti authentique. Vous vous rappelez les images bien connues du journal télévisé où une petite Vietnamienne s'échappe en courant de son village en flammes... Elles peuvent faire naître en vous le même ressenti. Ou sinon, zappez sur les Ethiopiens en train de crever de faim. Si vous pouvez puiser dans des expériences personnelles, cela vous facilitera la tâche. Néanmoins, plus vous passerez de temps à pratiquer le Travail, moins vous aurez besoin de vous reporter à une expérience personnelle. Il arrive un moment où l'expérience de *tout le monde* est une expérience personnelle.

Secret 69

LA QUESTION DE L'AMOUR POUR DIEU

Il faut que la question de l'amour pour Dieu soit pour vous une affaire essentielle — elle doit se traduire dans votre façon d'être. Elle ne doit pas s'arrêter au niveau de la compréhension (qui n'est qu'un aspect de la question), pas plus qu'à la lecture suivie de l'étude analytique du livre *The Only Grace is Loving God* (Lee Lozowick, Hohm Press, 1982). Si, *avant d'agir*, vous ne considérez pas l'amour que vous avez pour Dieu, alors vous ne vous y arrêterez jamais. Les relations que vous entretenez entre vous doivent être au centre de votre questionnement sur l'amour qu'il faut porter à Dieu.

Afin de pouvoir réfléchir à l'amour pour Dieu, il faut que vous vous interrogiez sur le verbe «aimer» et sur «Dieu». Comment vous interrogez-vous sur ce qu'«aimer» veut dire? Avec les autres êtres humains. De quelle manière songez-vous à Dieu? Avec crainte, respect, adoration et l'intuition qu'aucune connaissance acquise ou aucune expérience, pas la moindre, *n'est* la Chose (Dieu) en soi.

Certes, il est parfaitement juste de dire que l'amour pour Dieu est complètement différent de l'amour que les êtres humains se manifestent entre eux. Néanmoins, lorsque les être humains aiment (ou du moins lorsqu'un humain aime son partenaire ou son enfant — ce qui au niveau de l'humain est la plus haute forme d'amour), ils expriment de *l'adoration* pour quelqu'un.

Cette forme d'adoration, qui est ce qui rapproche le plus l'être humain de l'état de satisfaction, diffère de l'adoration classique pratiquée à l'église. La question de l'amour pour Dieu doit se vivre comme une véritable expérience d'amour humain — elle ne doit pas être posée d'une façon détachée de ce monde, mais en termes pratiques.

L'amour pour Dieu est l'incarnation de : « Tu aimeras le Seigneur ton Dieu de tout ton cœur, de toute ton âme, et tu aimeras ton prochain comme toi-même. » Afin de pouvoir « aimer votre prochain », il faut d'abord que vous vous aimiez vous-mêmes. Vous aimer vous-mêmes a quelque chose à voir avec l'humilité et l'objectivité.

La vie en communauté est un champ de manœuvre, un laboratoire. Il faut que vous vous questionniez sur ce que vous ressentez les uns pour les autres. S'il y avait l'amour entre vous, comment agiriez-vous les uns envers les autres ? Il vous est très facile, lorsque vous êtes au supermarché, de vous conduire en personne aimante avec la caissière qui n'arrête pas de sourire à tout le monde. Vous ne vivez pas avec elle. Ce n'est pas cela la relation. C'est par rapport à la personne avec qui vous vivez que vous devez vous questionner sur ce qu'est une relation ; ce n'est qu'après l'avoir fait que vous ouvrez votre question sur l'extérieur. Vous êtes tous de très gentilles personnes, dès lors que vous vous trouvez « au loin, là-bas » : vous n'y avez pas de terrain à défendre. La relation concerne les rapports que vous entretenez avec qui vous vivez.

Fondamentalement, les êtres humains sont tous capables d'amour, mais ils ne l'extériorisent pas car ils ont développé des mécanismes de défense pour s'empêcher de souffrir. En tant qu'enfants, nous avons tous été blessés. Le môme qui dit : « Eh, arrête ! » à un autre gosse qui se conduit cruellement avec un animal, reçoit une raclée de la part du petit tyran qui n'accepte pas la sensibilité. Donc, selon les normes, nous apprenons à nous blinder contre les souffrances qui nous tombent dessus lorsque nous aimons.

Ce n'est pas parce qu'ils en sont incapables que les êtres humains ne s'aiment pas entre eux ; c'est parce qu'ils ne se permettent pas d'aimer. Il n'est pas une personne qui, à un moment donné de sa vie, n'ait aimé profondément quelqu'un. L'être humain qui serait prêt à admettre dans son for intérieur qu'il n'a pas rêvé un tel moment, se demanderait : « Que faire pour qu'il en soit ainsi tout le temps ? »

L'amour que l'on a pour l'autre, porte en soi sa propre récompense. C'est l'extase, la liberté, la plénitude. Le corps est transporté. Il est en état d'apesanteur. Ce qui n'a rien à voir avec le ressenti lors de l'union sexuelle. Un individu qui regarde un bébé à trente mètres de lui peut se sentir transporté. Est-ce que vous pourriez ressentir cela entre vous ? Si vous pouviez aimer quelqu'un aussi librement, vos raisons pour le faire paraîtraient suspectes — on se méprendrait sur vous. Pour aimer de la sorte, il faut que vous soyez complètement ouverts et alors, parfois, on vous fera mal. Mais lorsque c'est pour être aimé en retour, cela en vaut la peine ! Et puis, il existe un milieu dans lequel les gens se manifestent de l'amour *authentique* ; je ne parle pas de ces endroits où les individus font semblant de s'aimer, comme bon nombre de communautés spirituelles créées de nos jours.

Lorsque l'amour règne entre personnes, leur environnement rayonne la joie, la douceur, l'extase, le ravissement. Puisqu'il vous faut bien commencer quelque part, débutez avec la façon dont vous traitez les gens. Si vous en êtes toujours à avoir à « lâcher la pression », sortez pour aller hurler, et ne le faites pas au visage de l'autre. Pour pouvoir vous préoccuper de l'amour que vous avez pour Dieu, il faut d'abord vous questionner activement et essentiellement sur votre façon de vivre avec vos semblables.

Plus vous êtes intime avec un individu, plus il est important que vous vous questionniez sur votre amour pour Dieu, en replaçant votre question dans le cadre de votre relation. La liberté *est* ce que vous aimez. Ceux d'entre vous à qui il est arrivé d'être mariés savent que la première chose que vous cherchez à faire dans le mariage consiste à restreindre la liberté de l'autre. Vous ne pouvez pas vous saisir de la liberté d'une autre personne ; si vous le faites, vous la cassez complètement.

Donc, il faut que vous vous traitiez entre vous comme vous traiteriez un individu dont vous seriez amoureux. Il faut que vous vous souveniez de ce principe, au même titre que d'une règle d'obéissance ; ainsi, lorsque quelqu'un commettra quelque chose qui généralement vous « fait hurler », vous continuerez à aimer la personne comme si de rien n'était.

Le seul moyen d'arriver à ce résultat consiste à vous observer vous-même, objectivement, tout le temps. Si vous avez la volonté de découvrir *qui vous êtes fondamentalement*, alors vous serez capable de traiter les autres avec amour et votre vie virera de cent quatre-vingts degrés. Elle sera pleine d'enthousiasme et d'attraits. Je préférerais vivre dans une communauté où les gens seraient ainsi. La question de l'amour pour Dieu rend la chose possible.

La question de l'amour pour Dieu représente la plus belle occasion que puisse avoir l'être humain. Elle rend possible un enthousiasme illimité pour le Travail spirituel. Elle permet à une communauté d'être authentique.

NOTES

1. Auteur de *Sacred Sexuality*, « Sexualité Sacrée ». (NdT)
2. Dans le texte américain, S.E.X signifie : « Sudden Ego Exit ». (NdT)
3. « Menteurs, dieux et mendiants ». (NdT)
4. Ascèse. (NdT)
5. « Le Chemin de l'Amant Mystique ». (NdT)
6. St Matthieu 19-20 — 20-6. (NdT)
7. Objet de culte dont l'utilisation est comparable à celle du chapelet. (NdT)
8. Les gopis étaient les vachères bénies de Vrindavan qui grâce à l'intensité de leur amour pour Krishna, obtinrent la plus précieuse des richesses : la dévotion suprême envers le Seigneur. (NdT)
9. Bhagawan ou Bhagavân signifie Seigneur, Bienheureux, Divin. (NdT)
10. Ramakrishna est un saint indien (hindou) du 18ème siècle connu pour sa dévotion à la Déesse Kali.
11. Shiva/Shakti : L'archétype, dans l'hindouisme, des aspects masculin et féminin du Divin en référence à la conscience (Shiva) et à la forme et la manifestation (Shakti).
12. Le premier nœud du soi considéré en tant que série de symptômes émotionnels, mentaux et physiques, analogues à des crampes musculaires.
13. L'équivalent français de ce journal serait *Point de Vue* ou *Gala*. (NdT)

14 Deux grands magasins réputés pour leurs articles de luxe. (NdT)

15 Grande avenue commerçante à New-York. (NdT)

16 Questionner ou le questionnement : D'un point de vue traditionnel, il s'agit d'une pratique spirituelle qui repose sur la question : « Qui suis-je ? » Question qui dans l'enseignement de Mr Lee Lozowick devient : « De qui suis-je en train de me payer la tête ? » Elle s'applique, au hasard, en réponse à n'importe quel ressenti, pensée ou dans le vif d'un vécu. Méthode utilisée pour tourner le regard vers l'intérieur d'une façon pénétrante afin de découvrir sa propre nature.

17 Climat : Le tissu émotionnel ou état d'âme qui sous-tend la forme véhiculée ou son contenu. Ecrit sans majuscule, le climat se rapporte à la qualité qui sous-tend une circonstance individuelle ou le ressenti qu'elle provoque. Ecrit avec une majuscule, le Climat se rapporte à l'état d'abandon à la volonté divine, à l'instar du maître spirituel.

18 Le Féminin : L'un des pôles universels, qui se rapporte à la forme et à la manifestation du divin et peut également se rapporter aux caractéristiques fondamentales et psychologiques de la nature humaine.

19 « Se déterminer » : Façon de s'exprimer vulgarisée par Werner Erhard. Elle signifie s'impliquer complètement pour approuver quelque chose ou quelqu'un, ou être désireux d'engager sa responsabilité pour quelque chose.

20 Le « vrai cœur de la tristesse » : Décrit par Chogyam Trungpa, maître bouddhiste tibétain, auteur de : « *Shambhala, The Sacred Path of the Warrior* » (Boston, Shambhala Publishing, 1984). Par la voie de la méditation, le « guerrier » fait l'expérience de la vulnérabilité mise à vif. Ainsi, son coeur est exposé et peut être profondément touché par la condition des autres.

21 Bodhisattva : Dans le bouddhisme, le Bodhisattva est un être ou une déité qui personnifie la compassion. Un Bodhisattva fait le vœu de libérer tous les êtres sensibles du monde de l'illusion, avant d'être lui-même sauvé.

22 Jardin secret. (NdT)

23 La volonté divine : L'expression naturelle du mouvement divin universel. Donc, la volonté de Dieu n'est pas un édit gravé sur la pierre auquel notre volonté doit se plier, mais elle est le sens intuitif de ce qui est « juste » et auquel nous pouvons choisir de répondre dans chaque circonstance unique en soi. Etre « aban-

donné » revient à ne pas avoir d'autre choix que celui de reconnaître notre réponse comme étant appropriée à chaque moment aux besoins précis du moment.

24 Gurdjieff : Mystique russe du XXème siècle, auteur et enseignant.

25 L'influence divine : Le pouvoir de transformation qui fait coïncider la volonté de l'être humain qui est ouvert à la volonté de Dieu. Processus rendu concrètement possible par le maître spirituel.

26 Travail, « Le Travail » : Dans nombre de traditions spirituelles, plus récemment dans l'enseignement dispensé par Gurdjieff, ce terme est utilisé en référence au Travail Divin auquel les humains sont appelés à participer. Dans l'enseignement dispensé par Mr Lee, le terme traduit *le grand processus d'évolution divine* et le fait que nous devons nous y soumettre, en tant qu'individus. La disposition à être dirigé par le Divin, et non par notre propre volonté, détermine si une activité en cours relève du Travail. Le Travail, c'est la *sadhana* objective (la pratique spirituelle) dont, seul, celui qui s'est soumis à la volonté divine peut connaître la signification, à n'importe quel moment.

27 L'esprit du débutant : Shunryu Suzuki, Roshi, auteur de *Zen Mind, Beginner's Mind* (New-York, Weatherhill, 1970) utilise cette expression de façon descriptive pour traduire la façon d'aborder chaque instant avec un regard neuf. Dans l'enseignement dispensé par Mr Lee Lozowick, l'expression veut dire que l'esprit ne tire aucune conclusion sur quoi que ce soit. (Draw-No-Conclusions-Mind).

28 Il s'agit de magazines féminins dont les équivalents français seraient Marie-Claire, Marie-France, Madame Figaro, etc. (NdT)

29 Dharma : L'enseignement d'un maître spirituel, écrit ou transmis oralement ; l'argument philosophique d'une voie spirituelle; les enseignements spirituels objectifs, à la fois traditionnels et contemporains. Dans l'usage spécifique qui lui est attribué, le mot peut être synonyme de la vérité, de la loi ou de la réalité ultime.

30 Titres de livres qui décrivent des techniques érotiques. (NdT)

31 La stratégie de survie de l'ego : Le vaste répertoire des tentatives de l'ego pour survivre en tant qu'entité indépendante, séparée : tout ce qui maintient dans l'illusion d'être coupé de Dieu.

32 Innocence organique : Expression qui définit le principe premier de l'être, en référence à toutes les formes d'existence, et qui définit l'intelligence fondamentale de l'existence elle-même ou de l'être telle qu'elle se manifeste sous des formes différenciées. Lorsque l'expression est appliquée aux êtres humains, elle signifie que celui ou celle qui vit « en s'appuyant sur l'innocence organique », vit selon les demandes de son corps parce que « le corps sait », intuitivement.

33 L'homme endormi : Expression utilisée par Gurdjieff, et par d'autres, en vue de traduire la condition de l'être humain inconscient qui ne s'est pas encore éveillé au travail à accomplir qu'il porte en lui, ou qui n'a toujours pas réalisé sa condition fondamentale qui fait de lui un être non séparé de Dieu.

34 Les tripes : Il s'agit d'une référence faite au centre vital, ou centre physique, générateur des réactions motrices et des réactions instinctives. Cette terminologie est utilisée d'après celle de Gurdjieff qui considère que l'homme est composé de trois centres : le centre intellectuel, le centre émotionnel, le centre physique. Cependant, selon Gurdjieff, chaque centre se subdivise en centre supérieur et centre inférieur. C'est ainsi que Gurdjieff parle du centre intellectuel supérieur et du centre intellectuel inférieur; du centre émotionnel supérieur et du centre émotionnel inférieur; du centre physique supérieur et du centre physique inférieur. Chaque centre travaille avec une énergie spécifique, plus ou moins grossière ou fine. (NdT)

35 La Déesse : La manifestation ; la création ; l'aspect féminin du Divin ; le Féminin impersonnel. Le terme peut également se rapporter à des déités féminines spécifiques.

36 Chakra : Il s'agit de centres d'accumulation de l'énergie situés dans le système subtil des énergies du corps. Le nombre de ces centres diffère suivant les courants de pensée hindou ou taoïste.

37 Le mot anglais disease (maladie) est orthographié dans le texte dis-ease (dis = sens privatif et ease = état de bien être, de tranquillité). (NdT)

38 Invention : Terme forgé par Werner Erhard pour décrire la création de quelque chose de nouveau, quelque chose qui « n'était pas supposé se produire », quelque chose qui ne pouvait arriver que si la personne avait fait un bond hors du cadre des définitions habituelles, conventionnelles et restrictives, se rapportant à la nature de la réalité. Il s'agit d'une activité organiquement innocente, qui ne s'appuie pas sur une relation dépen-

dante du processus linéaire, du mental et de la chaîne de causes et d'effets.

39 Le domaine du possible : Expression utilisée par Werner Erhard pour décrire un état d'existence qui se situe en dehors du cadre des définitions habituelles, conventionnelles et restrictives, se rapportant à la réalité dans laquelle la majorité des êtres humains vivent. Pour un individu qui vit dans le domaine du possible, et qui agit à partir du domaine du possible, la norme est l'invention.

40 Ma Ananda Moyi : Une sainte de l'Inde, très célèbre, qui en étant mariée, a vécu dans l'état de chasteté toute sa vie.

41 Titres de livres érotiques. (NdT)

42 Ascèse : Travail spirituel ou pratique spirituelle.

43 Le grand processus de l'évolution divine : La volonté de Dieu. C'est le processus Divin ininterrompu, qui englobe l'univers visible et l'univers invisible, et la vie de la naissance à la mort.

44 La loi : La nature sacrificielle de tous les éléments qui constituent la vie. La nature sacrificielle peut être vécue consciemment. Toute chose sert de nourriture à une autre chose. « Tout est nourriture ».

45 Titre d'un feuilleton américain. (NdT)

46 *L'abîme de feu*. (NdT)

47 Bien-aimé : Dans la tradition soufie, le terme se réfère au Divin comme objet de l'amour (personnifié ou non), tel que le considère la personne qui s'est abandonnée à la volonté de Dieu. D'autres appellations lui sont attribuées : l'Invité ou l'Ami. Dans la tradition Bâul, le bien-aimé est *Maner Manush* : « l'Homme du Coeur ». Lorsque dans ce livre le terme est mentionné sans majuscule, il signifie le « bien-aimé » et se rapporte à l'objet d'un amour humain.

48 Moment de liberté : Il s'agit d'un état de conscience, d'un moment d'état de grâce où la personne se vit comme libérée de la conscience duelle habituelle.

49 *John, l'homme de fer*. (NdT)

50 *Kiva* : Il s'agit dans les villages indiens d'Amérique du Sud, d'une vaste cavité creusée dans le sol, complètement ou partiellement enfouie, et dont l'usage est réservé aux rites religieux et également à d'autres fins.

51 Intention : Le mot s'applique communément au fait de se fixer mentalement un objectif ou un résultat à atteindre. Dans le

langage de Mr Lee, le mot est souvent utilisé pour traduire la notion de but, eu égard au travail de transformation de soi. Il peut aussi être l'expression d'un vœu fait pour que le Travail se réalise en nous, ou pour servir le Travail. L'intention peut provoquer les circonstances et les occasions pour le travail sur soi, contrairement à l'ego qui ne peut pas les induire.

52 Dans le texte, Féminin et Masculin sont orthographiés *Woman-ness* et *Man-ness*.

53 L'aspect immanent de l'absolu : Le Dieu personnel, le Dieu reconnu dans la création et au travers de la création.

54 L'aspect transcendantal de l'absolu : Le principe universel de la création, impersonnel et omniprésent, qui dépasse l'entendement humain et échappe à toutes descriptions.

55 « Un kôan est un thème, une proposition ou une question qu'on donne à résoudre à l'étudiant du Zen, et dont la solution doit le conduire à une vision intérieure spirituelle. » (NdT) (D'après D. T. Suzuki, « *Essais sur le Bouddhisme Zen* », Spiritualités vivantes, page 296).

56 Chakras : Voir note 36.

57 En anglais le mot choisi est « way ». Il signifie « chemin » et « moyen », dans le sens de méthode. (NdT)

58 « L'esprit qui ne tire pas de conclusions » : Expression qui exprime un état de lucidité permettant aux présomptions du mental de tomber en faveur de l'innocence, c'est-à-dire, dans l'intérêt de la simple réalité de l'instant.

59 Ce secret s'inspire du chapitre *Activation of centers*, dans *The Gospel according to Orage* (disciple de Gurdjieff).

60 Chakras : Voir note 36.

61 Dans son enseignement, Gurdjieff distingue la voie du fakir, la voie du moine, la voie du yogi et la Quatrième Voie. Cette dernière « ne demande pas que l'on se retire du monde, elle n'exige pas que l'on abandonne tout ce dont on avait vécu jusque-là. Elle commence beaucoup plus loin que la voie du yogi. (...) Il faut être préparé pour s'engager sur la Quatrième Voie et (...) cette préparation doit être acquise dans la vie ordinaire. (...) Cette voie, contrairement à celle du fakir, du moine et du yogi, n'a pas de forme définie. Avant tout, elle doit *être trouvée*. C'est le premier test. » (Ouspensky, *Fragments d'un enseignement inconnu*, Stock, pages 80-81). (NdT)

62 Voir note 34. (NdT)

63 Kundalini : Une énergie puissante qui est lovée à la base de la colonne vertébrale. La kundalini peut s'élever naturellement le long de la colonne vertébrale et traverser tous les chakras, ou centres. Il est plus courant qu'elle se déploie sous l'effet de pratiques spécifiques (plus particulièrement de techniques respiratoires).

64 Bénédiction : L'aide que le disciple, sous l'effet de l'influence divine, peut recevoir personnellement du guide spirituel.

65 Nityananda : Un maître et célèbre Saint hindou qui a vécu au XXème siècle.

66 Ecole : Dans le texte, lorsque ce mot est écrit avec une majuscule, il se rapporte à un groupe, ou une communauté, placé sous la direction d'un guide spirituel.

67 Mr Lee se réfère à la Hohm community dont il est le maître et où il enseigne. (NdT)

68 Mordant : En teinture, il s'agit d'une substance qui permet de fixer le produit colorant. Utilisé dans le vocabulaire propre à l'alchimie, comme c'est le cas dans le texte, le *mordant* est la substance, la force, ou l'influence, qui rend possible n'importe quel processus transformant.

69 Les rouleaux : Gurdjieff considère que « la personnalité est constituée par les « rouleaux » et par les « tampons » qui résultent d'un certain travail des centres. Une personnalité insuffisamment développée signifie un manque dans les rouleaux, c'est-à-dire un manque de savoir, un manque d'informations, un manque de ce matériel sur lequel se fonde le travail sur soi. » (Ouspensky, *Fragments d'un enseignement inconnu*, Stock, page 237.) (NdT)

70 Le monde souterrain : Dans la conception de l'univers selon la tradition chamanique, le monde souterrain est le royaume des ombres où cohabitent les démons, les forces négatives, la souffrance et la douleur. Cependant, pour qui veut mériter l'entrée au monde supérieur, royaume des dieux et des esprits bienveillants, la traversée du monde inférieur est le passage obligé.

71 Voir note 68. (NdT)

72 Littéralement : *Orgasme sexuel prolongé*. (NdT)

73 L'essence : La nature intrinsèque. L'essence se rapporte aux qualités fondamentales d'une personne, non à ce qui est conditionné par l'ego et appris de lui.

74 La machine : Il s'agit de la «machine biologique humaine», c'est-à-dire d'une forme de la conscience qui est programmée et non éveillée.

75 La «*Chambre*» : Terminologie empruntée à celle de la Quatrième Voie de Gurdjieff. A proprement parler, il ne s'agit pas nécessairement d'une pièce ou d'un espace physique, mais d'un champ d'énergie qui crée un lien entre les gens, ou parmi eux, à seule fin de concentrer leur attention dans l'accomplissement d'un travail spirituel ou autre.

«Quelques enseignements comparent l'homme à une maison de quatre pièces. L'homme vit dans la plus petite et la plus misérable, sans soupçonner le moins du monde, jusqu'à ce qu'on le lui ait dit, l'existence des trois autres qui sont pleines de trésors. Lorsqu'il en entend parler, il commence à chercher les clés de ces chambres, et spécialement de la quatrième, la plus importante. Et lorsqu'un homme a trouvé le moyen d'y pénétrer, il devient réellement le maître de sa maison, parce que c'est seulement alors que la maison lui appartient, pleinement et pour toujours. La quatrième chambre donne à l'homme l'immortalité dont tous les enseignements religieux s'efforcent de lui montrer le chemin.» (Ouspensky, *Fragments d'un enseignement inconnu*, Stock, page 75.) (NdT)

76 Mudra : Il s'agit d'une pose particulière du corps ou de contractions musculaires locales qui permettent la manifestation d'une force naturelle supérieure. Voici ce qu'en dit Ma Ananda Moyi : «Les mudrâs naissent lorsque l'adoration entière devient adoration réelle. (...) A tout moment chaque personne prend un mudra ou un autre. Pourquoi ? Le mudra exprime son humeur ou son attitude d'esprit. La pose que l'on prend dépend de l'état d'esprit. (...) Par vos mudras, (...) essayez d'éveiller en vous la divinité que vous adorez». (*L'enseignement de Ma Ananda Moyi*, Albin Michel, Spiritualités vivantes, page 348.) (NdT)

77 Yantra : Signe mystique, symbole graphique. (NdT)

78 Mantra : Série de noms d'une grande puissance. Puisque le nom et la forme sont inséparables, la forme représentée par le nom apparaîtra si le nom est vivant. Un mantra est une parole de puissance, une puissance divine transmise par une parole.

79 Voir Secret 29 : L'amour chimique, l'amour émotionnel et l'amour conscient.

80 Traduction des *Evangiles apocryphes*, réunis et présentés par France Quéré, Editions du Seuil, Points Sagesse, pages 169-170. (NdT)

81 La «*Chambre*» : Voir note 75.

82 Machine : La création dans son aspect physique et subtil ; pour les individus, il s'agit de l'ensemble corps-esprit avec sa subjectivité et son instinct de survie. Voir Secret 62.

83 La dualité éveillée : Correspond à l'étape qui se situe au-delà de la non-dualité. Etape qui est caractérisée par le fait que non seulement la personne n'est plus dans l'illusion d'être séparée de Dieu, mais aussi par deux autres facteurs : la personne voit et apprécie ce qui fait le caractère unique et sacré de l'existence ordinaire, et elle utilise les éléments de la création comme un moyen pour faire l'amour, de façon ininterrompue, avec le Divin. Cette approche définit la voie Bâul.

84 Nourrir la lune : Selon Gurdjieff «Tout ce qui vit à la surface de la terre, les hommes, les animaux, les plantes, servent de nourriture à la lune. La lune est un gigantesque être vivant qui se nourrit de tout ce qui respire et de tout ce qui pousse sur la terre. (...) Dans l'économie de l'univers, rien n'est jamais perdu et lorsqu'une énergie a fini son travail sur un plan, elle passe sur un autre plan.» (Ouspensky, *Fragments d'un enseignement inconnu*, Stock, page 131.) (NdT)
Il faut opposer le fait de «nourrir la lune» au fait de «nourrir le soleil» (se reporter à l'ouvrage préalablement cité).

85 Centre de gravité : «L'endroit» ou le point situé dans le corps subtil, ou dans le système énergétique des chakras, à partir duquel sont émises les réponses aux situations. «Là où l'on vit.»

86 *Courtisane* : En anglais, *consort*. Ce terme est utilisé par l'auteur aussi bien au masculin qu'au féminin. Il signifie courtisane dans son sens sacré, c'est-à-dire initiatrice dans la relation amoureuse. Nous avons traduit ce terme au féminin, soit par *courtisane*, soit par *initiatrice*, et au masculin, par *initiateur*. (NdE)

87 Labyrinthe : Les contorsions du mental qui, pour parler avec une métaphore, entourent le «cœur du labyrinthe» : ce dernier correspond à l'état d'abandon à la volonté divine. Terme utilisé par E.J. Gold de manière descriptive.

88 L'être : On peut, approximativement, faire l'équation être = essence. Il s'agit de la nature intrinsèque de la conscience ; et, aussi, de la qualité de «présence» d'une personne.

89 Voir note 82.

90 L'amour pour Dieu : Il s'agit du niveau d'évolution atteint par l'être humain une fois transcendées ses noces avec Dieu : dès lors, l'être humain vit sa relation avec Dieu dans un état d'extase permanente parce qu'il le voit dans « l'autre ». Dans un des ses livres, *The Only Grace Is Loving God*, Mr Lee décrit cet état comme étant le dernier stade du processus d'évolution de l'être humain.

A un moindre degré de compréhension, « l'amour pour Dieu » se rapporte à la condition fondamentale, bien qu'inconsciente, de l'être humain : à son sentiment inné de dévotion et d'attirance pour Dieu, ainsi qu'à son besoin de coïncider avec tout ce que Dieu attend de lui.

91 « Voici la noble vérité concernant la souffrance : La naissance est souffrance, la vieillesse est souffrance, la maladie est souffrance, la mort est souffrance, être uni à ce que l'on n'aime pas est souffrance, être séparé de ce que l'on aime est souffrance, ne pas réaliser son désir est souffrance. En résumé, les cinq éléments constituant notre être sont souffrance. » (*Le Bouddhisme du Bouddha,* Alexandra David-Neel, Editions du Rocher, page 54). (NdT)

TABLE DES MATIÈRES

Avant-propos de Georges Feuerstein 11

Préface de l'éditeur américain 17

Introduction de Lee Lozowick 27

Première partie :
Causes des obstacles et données de base 33

Deuxième partie :
La sexualité : Ce qu'elle est, ce qu'elle n'est pas 83

Troisième partie :
L'édification de l'amour 129

Quatrième partie :
Les cultures, les polarités et énergies
fondamentales chez l'homme et la femme. 185

Cinquième partie :
Le Tantrisme : Considérations avancées 257

Sixième partie :
S'approcher de Dieu 369

Notes 385

www.ingramcontent.com/pod-product-compliance
Lightning Source LLC
Chambersburg PA
CBHW021137080526